CÉSAR

GUERRE DES GAULES

LIVRES I - IV

COLLECTION DES UNIVERSITÉS DE FRANCE
publiée sous le patronage de l'ASSOCIATION GUILLAUME BUDÉ

CÉSAR

GUERRE DES GAULES

TOME I

LIVRES I - IV

TEXTE ÉTABLI ET TRADUIT
PAR
L.-A. CONSTANS

Neuvième tirage
de la quatorzième édition revue et corrigée
par

A. BALLAND
Professeur à l'Université de Bordeaux III

PARIS
LES BELLES LETTRES
2023

Conformément aux statuts de l'Association Guillaume Budé, ce volume a été soumis à l'approbation de la commission technique, qui a chargé M. J. Martha d'en faire la révision et d'en surveiller la correction en collaboration avec M. L.-A. Constans.

95 boulevard Raspail, 75006 Paris
www.lesbelleslettres.com

Première édition 1926

ISBN : 978-2-251-01031-1
ISSN : 0184-7155

INTRODUCTION

I. LES COMMENTAIRES DE LA GUERRE DES GAULES.

Titre exact du livre. L'ouvrage dans lequel César a raconté les campagnes qui l'ont rendu maître de notre pays est universellement connu sous le nom de *Commentarii de Bello Gallico*. Ce titre n'est pourtant pas celui que lui donnent les mss., et pas davantage celui sous lequel César l'a publié. Les mss. portent le titre suivant : *libri Gaii* (*Iulii*) *Caesaris Belli Gallici (Iuliani) de narratione temporum*. Dans la souscription qui les termine, l'ouvrage est désigné autrement. On lit dans les mss. de la classe α : *C. Caesaris pont. max. ephimeris rerum gestarum Belli Gallici liber VIII explicit feliciter*. Et dans ceux de la classe β : *Hircii Pansae rerum gestarum Belli Gallici Gai Iulii Caesaris pont. max. lib. VIII explicit feliciter*. Le mot *ephimeris*, que donnent les mss. α, est une traduction grecque, d'ailleurs inexacte, comme on le verra tout à l'heure, du mot latin *commentarii*. Ce dernier mot n'apparaît qu'une fois dans les mss., et encore seulement dans ceux de la classe α : c'est à la fin du livre VII : *Iulius Celsus Constantinus u. c. legi commentari(o)s Caesaris*.

Cette souscription du livre VII, et celle du livre VIII que nous citions tout à l'heure, conservent quelque chose du titre exact de l'ouvrage : c'est ce qui apparaît si on en rapproche le témoignage de deux auteurs contemporains de César. Cicéron dit, en effet, dans le *Brutus* : *etiam commentarios quosdam scripsit rerum suarum*[1]. Et Hirtius, dans la préface du VIIIe livre de la *Guerre des Gaules*, par lequel il a complété le récit inachevé de César, désigne l'œuvre de son chef et ami par les mots suivants : *Caesaris nostri commentarios rerum gestarum Galliae*[2]. Au témoignage des contemporains s'ajoute celui de Suétone, postérieur d'environ un siècle : *reliquit et rerum suarum commentarios Gallici ciuilisque belli pompeiani.* Il résulte très clairement de ces trois textes, confirmés par la souscription des mss., que l'œuvre de César s'intitulait :

C. IVLII CAESARIS
COMMENTARII RERVM GESTARVM

avec, en sous-titre : BELLVM GALLICVM ou BELLI GALLICI.

Le titre incorrect sous lequel l'ouvrage de César s'est vulgarisé date des premières éditions. Non point, cependant, de la première : l'édition princeps de 1469 porte comme titre : *Caesaris Commentarii. Item Auli Hirtii, aut Oppii, libri de bello Alexandrino, de bello Africo et de bello Hispano.* De même l'édition de Venise de 1471. C'est dans l'édition in-folio de 1473 qu'on voit apparaître le titre : *Caesaris Commentarii de Bello Gallico.* Sans doute l'éditeur a-t-il été influencé par la suite du titre : *libri de bello Alexandrino*[3].

Caractère de l'ouvrage. Que faut-il entendre au juste par *commentarii* ? Strabon traduit : ὑπομνήματα, ce qui équivaut à « mémoires »[4] ; Plutarque par ἐφημερίδες, c'est-à-dire « journal »[5]. Cha-

1. *Brut.*, 75, 262.
2. *B. G.*, VIII, *praef.*, 2.
3. On observera que la construction *commentarius de* n'apparaît pas avant le IIe siècle (Suétone, A. Gelle) ; au temps de Cicéron et de César, le mot *commentarius* est toujours suivi du génitif.
4. Strab., IV, 1, c. 177. — L'*Interpres graecus*, auteur anonyme d'une bonne traduction grecque des sept premiers livres du *Bellum Gallicum*, qui date vraisemblablement du XIVe siècle, traduit, d'une façon analogue, par Ἀπομνημονεύματα : c'est le titre des *Mémorables* de Xénophon.
5. Plut., *Caes.*, 22. De même Symmaque, *Ep.*, 4, 18, et Arator, *Ep. ad Parthenium*, 39.

cune de ces traductions implique une conception particulière de l'œuvre de César. Mais ni l'une ni l'autre n'est parfaitement exacte, et ce n'est ni comme des *Mémoires*, ni comme un *Journal* qu'il faut se représenter les *Commentaires* : le mot français qui trahirait le moins les intentions de l'auteur, ce serait celui de *Notes*. En effet, *commentarii*, dans le latin classique, désigne couramment des notes brèves et sèches, un recueil de faits, un aide-mémoire. C'est dans ce sens que César a employé le mot : dans sa pensée, il marquait qu'il n'avait pas prétendu écrire une *Histoire de la guerre des Gaules*, mais seulement publier des notes qui rendraient ce travail possible à d'autres. Nous avons là-dessus deux témoignages formels. Cicéron écrit dans le *Brutus* : *...uoluit alios habere parata unde sumerent qui uellent scribere historiam*[1]. Et Hirtius, de même, dans sa Préface : [*commentarii*] *qui sunt editi ne scientia tantarum rerum scriptoribus deesset*[2].

Ainsi l'intention avouée de César, en publiant ses *Commentarii Belli Gallici*, était de fournir aux historiens futurs un ensemble de documents de première main. Mais il ne s'ensuit pas qu'il n'ait eu d'autre dessein que celui-là, ni même que ce fût le principal : il obéissait à d'autres motifs plus secrets, qui nous apparaîtront quand nous aurons déterminé dans quelles conditions et à quelle date César a écrit le *Bellum Gallicum*.

Dans quelles conditions et à quelle date il a été rédigé. Deux thèses sont en présence. Pour les uns, le récit de César aurait été écrit année par année, après chaque campagne. Pour les autres, qui sont le plus grand nombre, César aurait écrit la *Guerre des Gaules* en une fois, après sa victoire sur Vercingétorix[3]. Si l'on devait entendre le

1. *Brut.*, 75, 262.
2. *B. G.*, VIII, *praef.*, 5.
3. M. S. Reinach, dans *Les communiqués de César*, *Rev. de philol.*, 1915, p. 29-49 (cf. *C. r. de l'Acad. des Inscr.*, 1915, p. 180) a tenté de rajeunir la thèse de la composition fragmentaire. M. Max Radin, dans

mot *commentaires* au sens de *journal*, la première opinion serait assez fortement accréditée par le titre même de l'ouvrage. Cet argument écarté, il ne reste en faveur de la rédaction en sept fois que les contradictions qu'on relève entre divers passages des *Commentaires*. Par exemple, César dit au livre II, 28, qu'il ne restait plus aux Nerviens, après la grande bataille de la Sambre, en 57, que trois sénateurs sur 600, 500 hommes armés sur 60.000; au livre V, 38 sq., trois ans après, les Nerviens mettent en péril le camp de Q. Cicéron et César signale qu'ils étaient une multitude; en 52 (VII, 75, 3), ils fournissent à Vercingétorix un contingent de 5.000 hommes. Mais cela prouve-t-il que les livres II, V et VII ont été rédigés à plusieurs années d'intervalle, chacun au lendemain des événements qu'il raconte? En aucune façon. De telles contradictions prouvent seulement que César a usé, pour rédiger le *Bellum Gallicum*, de documents contemporains des différents épisodes de la conquête, documents qui pouvaient, étant d'époques et de provenances diverses, ne pas toujours s'accorder, et que d'autre part il a rédigé avec une certaine hâte, sans se préoccuper assez de rechercher et de supprimer les disparates. Cela est si vrai qu'on trouve de ces contradictions à l'intérieur d'un même livre, alors qu'il ne peut plus être question de rédactions successives : par exemple, au début du livre VI (2, 3), César parle d'une révolte de « tous les Germains cisrhénans »; mais quelques chapitres plus loin (32, 1), on voit que les Sègnes et les Condruses, qui étaient des Germains cisrhénans, n'ont pas pris les armes.

Si l'argument tiré des contradictions n'est pas recevable, on ne saurait davantage faire valoir le fait que chaque livre correspond à une année : c'est une tradition de l'annalistique qui s'est perpétuée chez les historiens romains, et dont l'influence est nettement sensible dans la composition des ouvrages de Tite-Live et de Tacite ; le plan adopté par César était d'ailleurs tout particu-

Classical philology, 1918 (vol. XIII), p. 282-300, a proposé une thèse intermédiaire, celle de la rédaction en trois fois : livres I et II en 57-56, III-VI en 53-52, VII en 52-51.

lièrement indiqué, puisque ses opérations militaires, interrompues pendant la mauvaise saison, reprenaient chaque année au printemps.

Examinons maintenant les raisons qui militent en faveur de la rédaction unique : elles sont convaincantes. C'est d'abord le témoignage d'Hirtius : « Nous savons, dit-il, avec quelle facilité et quelle promptitude il a écrit ses *Commentaires* [1]. » Ces paroles conviennent beaucoup mieux à une rédaction en une fois qu'à sept rédactions successives. D'autre part, certains passages de la *Guerre des Gaules* supposent la connaissance de faits postérieurs à ceux que César raconte. I, 28, 5, à propos des Boïens : « Les Héduens leur donnèrent des terres, et *par la suite* les admirent à jouir des droits et des libertés dont ils jouissaient eux-mêmes. » Comme, au début de 52, les Boïens étaient encore tributaires des Héduens[2], l'assimilation n'a pu se faire qu'après cette date, sans doute au cours de cette même année 52, lorsque les Héduens s'allièrent à Vercingétorix et eurent besoin de tout le concours des Boïens, dont la valeur militaire était grande. Par conséquent, le passage du livre I où est mentionnée cette assimilation n'a pu être écrit avant l'année 52 [3]. — IV, 21, 7, à propos de l'Atrébate Commios, César dit qu'« il appréciait son courage et son intelligence, et pensait qu'il lui était fidèle » : *quem sibi fidelem esse arbitrabatur*. Ces mots semblent bien avoir été écrits après la trahison de Commios, qui se produisit en 52.

C'est pendant l'automne de l'année 52 que César a dû composer les sept premiers livres de la *Guerre des Gaules*. Il venait de vaincre Vercingétorix, et pouvait considérer qu'après cette victoire sa grande œuvre de conquête était virtuellement achevée ; il était temps d'en raconter les épisodes au public romain, qui jusque-là n'avait connu les campagnes du proconsul que par des nouvelles tendancieuses, par les bruits que mettaient en

1. *B. G.*, VIII, *Praef.*, 6 : *quam facile atque celeriter eos perfecerit scimus.*
2. Cf. VII, 9, 6 et 10, 1.
3. Pour d'autres arguments que fournit le livre I, voir p. 31, n. 1 et p. 38, n. 1.

circulation des ennemis malveillants ou des amis trop zélés. D'ailleurs, César voyait arriver le moment où il serait rappelé à Rome, et il convenait de préparer l'opinion pour sa candidature à un deuxième consulat. L'opposition au trop heureux proconsul devenait chaque jour plus vive, et on ne se gênait pas pour faire courir sur son compte des bruits fantaisistes. Une lettre de Caelius à Cicéron, écrite en mai 51, au lendemain de la publication des *Commentaires*, nous en donne une idée : « Pour ce qui est de César, dit-il, bien des bruits, et de vilains bruits, courent sur son compte ; mais on se contente de chuchoter : l'un vous glisse à l'oreille qu'il a perdu sa cavalerie ; l'autre, que la 7e légion a été étrillée, qu'il est assiégé chez les Bellovaques, coupé du reste de son armée[1]. » Les gens sensés se défiaient de ces nouvelles alarmistes ; mais ils ne consentaient pas davantage à croire sans réserve ce que racontaient les lettres enthousiastes venues de l'état-major de César : « Je voudrais, écrit Cicéron à Trébatius, que tu me renseignes sur ce qui se passe en Gaule ; car moins on est guerrier, plus j'ai confiance[2]. » Ainsi César devait avoir à cœur de faire connaître aux Romains la vérité sur ses campagnes. Cicéron et Hirtius nous disent, tous deux, que son dessein, en écrivant les *Commentaires*, était de fournir des matériaux aux historiens futurs ; il est clair, cependant, que César ne songeait pas seulement aux historiens, mais s'adressait à un public très large, et qu'il écrivait autant, sinon plus, pour ses contemporains que pour la postérité.

Nous croyons pouvoir préciser que les *Commentaires de la Guerre des Gaules* ont été écrits dans les mois d'octobre, novembre et décembre 52. En effet, dès le 29 décembre, César part en campagne contre les Bituriges ; puis, ce sont les opérations contre les Bellovaques. Il n'eut de loisirs, ou plutôt de demi-loisirs, qu'entre la chute d'Alésia et la reprise de l'activité militaire. Quant à placer la rédaction de l'ouvrage dans le courant de l'année 50, où César n'eut pas à combattre, cela est

1. *Ad fam.*, VIII, 1,4.
2. *Ad fam.*, VII, 18, 1. 8 avril 53.

rendu difficile, comme l'a fait observer Mommsen dans son *Histoire Romaine*, par le fait qu'au livre VII, 6, 1, César parle de Pompée dans des termes amicaux qui ne se comprendraient plus quelques mois avant la guerre civile.

Que César ait écrit les *Commentaires* en trois mois, ceci donne tout son sens au témoignage admiratif d'Hirtius : *nos etiam quam facile atque celeriter eos perfecerit scimus.* Ceci en même temps nous aide à comprendre que le livre de César, quelle que soit sa valeur littéraire, porte par endroits les traces d'une rédaction hâtive. Ce n'est point l'œuvre d'un homme de lettres qui écrit par amour de l'art — ou de la gloire littéraire ; c'est avant tout un acte : acte d'un général victorieux qui entreprend, entre deux campagnes, de se défendre contre ses ennemis politiques.

Il est clair, dans ces conditions, que l'ouvrage a été publié aussitôt écrit. Cicéron en fait l'éloge dans le *Brutus*, qui fut composé en 46 : à cette date, il y avait déjà cinq ans qu'il avait paru.

César historien. Ce que nous venons de dire du but poursuivi par l'auteur des *Commentaires* pose la question de sa véracité : si César a voulu se justifier devant l'opinion publique, comment a-t-il concilié ce souci avec celui d'être vrai ? On a beaucoup écrit là-dessus, pour et, surtout, contre César[1]. Une chose est incontestable : c'est que nul n'était mieux placé que lui pour renseigner ses contemporains et la postérité sur ce qui s'était passé en Gaule pendant son proconsulat. C'est toujours une fortune insigne pour les historiens que de posséder sur une guerre le récit de celui qui l'a conduite : de semblables documents sont, en tout état de cause, des documents de premier ordre. Mais il est aussi une autre chose qui est hors de conteste : un général qui raconte ses campagnes sera discret sur ses erreurs et sur ses échecs ; des *Mémoires* ne sont pas

1. On trouvera dans Rice Holmes, *Caesar's Conquest of Gaul*, 2e éd., p. 211-256, une analyse et une réfutation des principales critiques dirigées contre le récit des *Commentaires*.

des *Confessions*. Tout ce qu'on peut exiger de lui, c'est de ne pas mentir ; mais entre l'exactitude matérielle des faits et la vérité historique, il y a plus que des nuances.

La question de la véracité de César se pose donc dans les termes suivants : 1° A-t-il fait des récits inexacts ou obscurs, par défaut d'information ? 2° A-t-il sciemment altéré la vérité par désir d'apologie personnelle ou en raison de certaines préoccupations politiques ?

Les détracteurs de César appuient leurs critiques sur un jugement très sévère d'Asinius Pollion, rapporté par Suétone[1] : « Asinius Pollion, dit-il, estime que les *Commentaires* sont écrits avec bien peu de soin et bien peu de respect pour la vérité : en général, pour les actions de ses lieutenants, il a accepté sans contrôle leurs récits, et pour ses propres actions, soit de propos délibéré, soit par défaillance de mémoire, il en a donné une relation inexacte. » Ainsi César aurait été à la fois mal informé et peu sincère. L'accusation est explicite et grave ; elle ne vient pas d'un ennemi de César, puisque Pollion fut à ses côtés depuis le Rubicon jusqu'à Pharsale. Mais, bien que Suétone applique ce jugement à l'ensemble des *Commentaires*, il ne fait guère de doute que Pollion parlait seulement du *Bellum ciuile*. Auteur lui-même d'une *Histoire des guerres civiles*, c'est, apparemment, dans la préface de cet ouvrage qu'il a apprécié l'œuvre de son prédécesseur : n'aura-t-il pas été tenté d'y faire valoir, au détriment du récit de César, l'exacte documentation et la scrupuleuse impartialité du sien ? Ainsi, pour le *Bellum ciuile*, où pourtant il est bien clair qu'on ne peut demander à César de raconter les événements en historien impassible, on n'acceptera le jugement de Pollion que sous réserves. Et pour le *Bellum Gallicum*, on ne le lui appliquera pas. Que si, par impossible, on prétendait que Pollion a entendu juger aussi le *Bellum Gallicum*, il faudrait soulever la question de compétence, et faire observer que Pollion, n'ayant point pris part aux opérations de César en Gaule, ne pouvait se prononcer avec autorité sur l'exactitude de ce que celui-ci en rapporte.

1. *Caes.*, 56, 4.

Pour apprécier la qualité de l'information chez César, il faut se demander à quelles sources il a puisé. Elles sont de trois sortes : rapports du proconsul au Sénat après chaque campagne ; rapports de ses lieutenants ; souvenirs personnels, peut-être appuyés par des notes prises ou dictées par lui au lendemain des événements les plus notoires.

Ce sont là, comme on le voit, des documents de grande valeur. Néanmoins, les rapports au Sénat ne pouvaient manquer de présenter les faits sous un jour favorable au général : lorsque Cicéron demande à son ami Trébatius de lui dire ce qui se passe en Gaule, parce qu'il se méfie de ce que racontent les guerriers, c'est peut-être aux lettres de César qu'il pense. Les rapports des lieutenants n'étaient sans doute pas exempts d'erreurs involontaires, en particulier pour les renseignements concernant l'ennemi, ni même d'inexactitudes ou d'omissions conscientes, quand il s'agissait de pallier une faute : par exemple, les exagérations du chiffre des contingents ennemis qui, dans certains cas, sont indéniables, et où l'on a voulu voir, en Allemagne, un parti pris systématique de César, sont imputables, selon toute apparence, à des rapports erronés. Enfin les souvenirs de César, malgré la précision et la fidélité exceptionnelles de sa mémoire, pouvaient le tromper sur certains points de détail.

Quelle est l'importance de ces erreurs matérielles ? Il faudrait, pour le dire, pouvoir comparer le *Bellum Gallicum* à des récits de la conquête des Gaules composés d'après d'autres sources. Mais la plupart des écrivains postérieurs à César n'ont fait que le répéter. Seuls, Suétone, Plutarque et Appien paraissent, dans une certaine mesure, indépendants. Or, les contradictions sont rares et, généralement, de peu d'importance. Dion Cassius, qui s'inspire sans doute de Tite-Live, ajoute au récit de César plus qu'il ne le modifie. Ainsi la comparaison avec les autres ouvrages est nettement en faveur de l'exactitude du *Bellum Gallicum*.

Ce que l'on peut incriminer, c'est moins la qualité des sources de César que la façon dont il en use. Sa rédaction, nous l'avons dit, a été hâtive : des documents contradictoires ont été utilisés successivement sans que l'on se souciât de les concilier ; il y a des descriptions ou des récits qui sont difficiles à suivre, parce que César a négligé certaines précisions utiles, en particulier les précisions d'ordre topographique.

Si les sources historiques de César sont bonnes, et même excellentes, en revanche, ses sources géographiques sont médiocres. Les indications générales qu'il donne sur l'orientation des différentes parties de la Gaule[1], sur celle de la Grande-Bretagne[2], sont erronées : il s'est fié aux cartes mal dressées qu'il avait sous les yeux, et il n'a pas fait d'observations personnelles qui lui permissent de rectifier les erreurs des géographes de son temps.

Il y a encore plus à redire sur la façon dont il a utilisé ses sources géographiques. C'est au point que les derniers éditeurs allemands de César considèrent comme des interpolations la plupart des passages géographiques du *Bellum Gallicum*. L'édition Meusel, l'édition Klotz mettent entre crochets des chapitres entiers. C'est, à notre sens, une erreur. Les passages en question ne sont pas postérieurs au *Bellum Gallicum* publié par César. Mais ceci ne revient pas à dire qu'ils soient de César. Il y a telles puérilités sur la faune de la forêt hercynienne qu'on répugne à attribuer à un esprit comme le sien. D'autre part, on remarque dans les chapitres géographiques des hellénismes et des tours inattendus qui sentent la traduction. Nul doute, pour nous, que César, désirant offrir à ses lecteurs des renseignements sur les pays lointains où il avait le premier porté les aigles romaines, n'ait chargé un de ses secrétaires de compiler à leur intention quelques géographes grecs. Il y a interpolation, si l'on veut, mais interpolation contemporaine de la publication de l'ouvrage, et opérée par l'auteur lui-même, ou de son aveu. Certes, le procédé est blâmable. Mais il faut répéter une fois de plus que les

1. *B. G.*, I, 1, 5-7. Mêmes erreurs dans Strabon, IV, 5, c. 199, et Méla, III, 12.

2. *B. G.*, V, 13, 1-2. De même Tacite, *Agr.*, 10, 2.

Commentaires sont un livre improvisé, une œuvre de circonstance : on ne doit pas quitter ce point de vue si l'on veut les apprécier sainement.

C'est justement parce que l'ouvrage a été écrit dans de certaines conjonctures, et pour de certaines fins, qu'il n'a pas toute la valeur historique qu'on souhaiterait. Les faits rapportés sont exacts ; mais César, habilement, les colore. Surtout, il sait se taire à propos : il est maître dans l'art des omissions opportunes.

Sur les véritables causes de la guerre des Gaules, événement historique d'une immense portée, l'auteur des *Commentaires* nous renseigne mal : les explications qu'il nous donne de son intervention contre les Helvètes et contre Arioviste ne nous satisfont pas entièrement ; il est une raison qu'il ne dit pas, et c'est la plus puissante : son ambition. De même pour ses expéditions en Bretagne et en Germanie : ce furent des demi-échecs ; mais comme il ne dit pas à ses lecteurs ce qu'avaient été ses rêves, il ne leur permet pas de mesurer sa déception.

Il y a certains aspects de la guerre des Gaules sur lesquels César est d'une grande discrétion : telle phrase de Suétone, telle épigramme de Catulle nous laissent entrevoir quels profits scandaleux César et ses amis tirèrent de l'exploitation du vaincu. « En Gaule, dit Suétone, il pilla les sanctuaires et les temples des dieux, tout remplis de riches offrandes ; il détruisit des villes, plus souvent pour faire du butin que pour les punir de quelque faute. Grâce à ces pratiques, il regorgea d'or[1]. » Et Catulle, à propos d'un favori du proconsul : « Qui peut voir ceci, qui le peut souffrir... : un Mamurra posséder tout ce que possédaient hier la Gaule chevelue et la Bretagne, confins du monde[2] ? »

En revanche, César n'a pas essayé de dissimuler les brutalités de la conquête. C'est qu'ici il était à l'aise : pour le peuple de Rome, « la guerre est la guerre » ; un général qui ne massacrerait pas, qui ne pillerait pas

1. Suet., *Caes.*, 54, 2.
2. Cat., 29, 1-4.

joyeusement, lui paraîtrait un singulier personnage. Aussi, quand César fait vendre à l'encan toute la population de la cité des Atuatuques, il le dit en une phrase lapidaire, et il ajoute négligemment : « D'après les comptes des acheteurs, il y avait 53.000 têtes[1]. » Voilà, auront pensé les lecteurs romains, un homme qui sait remplir les coffres de la République ! Qu'il s'agisse de l'exécution des sénateurs Vénètes et de la vente à l'encan de tout le peuple, du sac d'Orléans, du massacre sans nom des Usipètes et des Tencthères, de la dévastation systématique des Ardennes[2], il raconte avec tranquillité ce qui ne peut paraître à ses contemporains que l'exercice normal du droit de la guerre. Grâce à cette franchise, qui est d'ailleurs sans mérite, le lecteur des *Commentaires* est à même de se former une idée juste de la façon dont les Romains se comportaient en campagne.

Le lecteur n'ignore pas non plus que César connut en Gaule des heures difficiles, angoissantes parfois. Il ne pouvait les dissimuler, car d'autres que lui avaient écrit ou parlé ; et d'ailleurs, en laissant voir combien la tâche avait été rude, ne faisait-il pas mieux valoir les mérites de celui qui en était venu à bout ? Ici encore, il ne faut peut-être pas lui faire trop d'honneur de sa franchise. Mais qu'importe ? il nous suffit de savoir qu'on peut faire fond sur le récit des *Commentaires* : quoi qu'on en ait dit, on ne saurait y relever ni l'omission d'un fait essentiel, ni un mensonge. En somme, le mot du duc d'Aumale reste vrai : « César est le plus sincère de ceux qui ont écrit leur propre histoire[3]. » Ajoutons seulement que la franchise est souvent chez lui une suprême habileté.

La langue et le style. Nulle part cette habileté n'apparaît mieux que dans le ton général de la narration. Le style des *Commentaires* est

1. *B. G.*, II, 33, 7.
2. III, 16, 4 ; VII, 11, 9 ; IV, 15 ; VI, 43.
3. *Revue des Deux Mondes*, 1858, t. XV, p. 118.

un modèle de style « impassible ». Nu et dépouillé de tout ornement, il atteint parfois à la sécheresse d'un *communiqué*. Que César écrivît naturellement ainsi, que ce style soit l'expression d'une intelligence précise et lucide unie à un tempérament d'homme d'action, on ne le saurait nier ; mais il est permis de penser qu'il a volontairement accentué ce caractère de son écriture pour que le ton du récit fût aussi impersonnel, aussi « objectif » que possible. La réussite est admirable. C'est comme un charme de vérité qui saisit le lecteur des *Commentaires*, et il lui faut faire effort pour prendre devant le récit de César une attitude critique.

Le style de César a d'ailleurs d'autres mérites que celui de la sobriété et de la netteté : il a l'élégance la plus rare, celle qui est toute simple et naturelle ; il a une souveraine aisance aristocratique, et les grâces inimitables du bon ton et de l'« urbanité ». César disait de lui-même, en s'opposant à Cicéron, qu'il écrivait en soldat[1] : mais ce soldat était en même temps un des hommes les plus cultivés, un des lettrés les plus fins de son époque.

La langue de César est d'une remarquable pureté. Son vocabulaire est restreint, et n'admet que les mots les plus simples et les plus courants. Peut-être a-t-il volontairement accentué la simplicité de son vocabulaire pour que le *Bellum Gallicum* pût intéresser un public aussi large que possible ; mais ses idées sur la pureté du langage auraient suffi à l'éloigner de l'emploi des mots techniques, ou poétiques, ou nouveaux, ou archaïques. Il a formulé dans un traité *De Analogia*, qu'il composa pendant son proconsulat, au cours d'une traversée des Alpes[2], le principe suivant : « éviter, comme on évite un écueil, le mot rare et non usuel[3]. » C'est le précepte classique : Malherbe, quand il voulait qu'on parlât comme les

1. Plut., *Caes.*, 3, d'après l'*Anticato* : στρατιωτικοῦ λόγος ἀνδρός. A rapprocher Quintilien, *Inst. or.*, X, 1, 114, à propos de son éloquence : *eodem animo dixisse quo bellauit.*

2. Cf. Suet., *Caes.*, 56, 5.

3. A. Gell., I, 10, 9 : *tanquam scopulum sic fugias inauditum atque insolens uerbum.*

crocheteurs du Port aux foins, Buffon, quand il recommandait de nommer toutes choses par les termes les plus généraux, obéissaient à la même inspiration.

Parmi les restrictions que César impose à son vocabulaire, il en est qui paraissent dues à des motifs plus particuliers, à des répugnances ou des préférences personnelles. C'est ainsi qu'il emploie toujours *flumen*, jamais *fluuius* ni *amnis* ; *timere*, et pas *metuere* ; *pati*, et pas *sinere*[1]. Certaines conjonctions, certains adverbes pourtant usuels sont bannis de sa prose : *donec*, *quando*, *quamquam*, *etiamsi*, *quo modo*, *ideo* ; d'autres, dont on trouve un ou deux exemples dans le *Bellum ciuile*, ne se rencontrent pas dans le *Bellum Gallicum* : *igitur*, *quia*, *antequam*, *-ue*. Ainsi les *Commentaires*, écrits à la hâte, ou, plutôt, rapidement dictés à des secrétaires, n'en sont pas moins l'œuvre d'un puriste.

La valeur littéraire du livre de César a été hautement appréciée de ses contemporains. Cicéron en fait dans le *Brutus* un éloge qui n'est pas sans mérite, puisqu'il loue chez César des qualités qui sont à l'opposé des siennes : « Ils (les *Commentaires*) sont nus, simples et élégants, dépouillés, comme on fait d'un vêtement, de tout ornement oratoire. D'ailleurs, en se proposant de fournir des matériaux où puiseraient ceux qui voudraient écrire l'histoire, il a peut-être fait quelque chose d'agréable aux sots, qui seront tentés d'y porter leur fer à friser ; mais les hommes sensés, il leur a ôté l'envie d'écrire : car il n'y a rien de plus agréable dans l'histoire qu'une brièveté pure et lumineuse. » Hirtius dit quelque chose d'analogue dans sa *Préface* : « C'est un fait reconnu de tous : il n'est pas d'ouvrage, quelque soin qu'on y ait mis, qui ne le cède à l'élégance de ces *Commentaires*. Ils ont été publiés pour fournir des documents aux historiens sur des événements si considérables ; et telle est la valeur que chacun leur attribue, qu'ils semblent, au lieu d'avoir facilité la tâche des historiens, la leur avoir rendue impossible. » La postérité a ratifié ces jugements. César a eu la rare fortune d'ajouter à sa gloire d'homme de guerre et

1. IV, 2, 6, *sinunt* α, dans une digression géographique.

d'homme d'Etat la renommée d'un grand écrivain ; et il l'a obtenue sans la chercher, par une œuvre qu'il improvisa en quelques semaines. D'aussi paradoxales réussites sont le privilège du génie.

Le VIIIe livre. On sait que César ne nous a pas raconté la fin de la guerre des Gaules ; le VIIIe livre, qui complète son ouvrage, a été écrit par A. Hirtius[1], un ami de César qui l'avait accompagné en Gaule. On ne sait pas au juste en quelle qualité il était auprès de lui. Du fait qu'il n'est jamais nommé parmi les commandants de troupe, du fait aussi qu'il marque quelque maladresse dans le maniement des termes de la langue militaire[2], on a conclu qu'il devait être le chef de son secrétariat. Il mourut pourtant en soldat. Après avoir accompagné César, pendant la guerre civile, en Espagne, en Grèce et en Orient, il fut préteur en 46, propréteur en Gaule en 45, et, en 44, César le désigna consul pour l'année suivante ; après la mort du dictateur, révolté par les excès d'Antoine, il se rangea dans le parti du Sénat : il tomba héroïquement, en avril 43, devant Modène. C'est entre les ides de mars 44 et le mois d'avril 43 qu'il écrivit le VIIIe livre du *Bellum Gallicum* et le *Bellum Alexandrinum*[3].

Hirtius, qui avait pour les dons littéraires de César une profonde admiration, dont témoigne assez sa Préface, l'a pris, manifestement, pour modèle. Il est loin de l'égaler. Son récit n'est pas toujours clair, sa phrase est lourde, et parfois s'embarrasse ; elle trahit l'effort, et l'expression, par endroits, sent la recherche. Mais il écrit une bonne langue classique, celle du milieu cultivé auquel il appartenait ; et la modestie de son propos l'a servi : en se contentant d'imiter César, il a réussi, tout en lui restant inférieur, à n'être pas indigne de lui.

1. Cf. Suet., *Caes.*, 56, 1.
2. Cf. Klotz, *Cäsarstudien*, p. 149 sq.
3. Cf. VIII, *Praef.*, 2, et la note.

II. HISTOIRE DU TEXTE.

Les manuscrits de la *Guerre des Gaules* sont extrêmement nombreux. On n'en compte pas moins de 33 à la Bibliothèque du Vatican, 25 à la Bibliothèque Nationale, 17 à Florence (Laurentienne et Riccardienne). Il n'est guère de fonds de mss. latins qui n'en possède un ou plusieurs. Cette abondance montre quel prix le Moyen âge et la Renaissance ont attaché à l'œuvre de César. Et cependant, on ne lui en fit pas toujours honneur. Il se produisit sur l'auteur du *Bellum Gallicum* une double confusion, dont la première remonte au moins aux premières années du ve siècle de notre ère. Orose, en effet, qui vivait à cette époque, croyait, en reproduisant de nombreux passages du *Bellum Gallicum*, faire des emprunts à une œuvre de Suétone[1]. L'erreur se retrouve chez Sidoine Apollinaire[2], et une importante famille de mss. en porte la trace[3]. Pourtant, cette confusion ne se développa point au cours du Moyen âge : Flodoard, au xe siècle, Aimoin, au xie, citant des passages du *Bellum Gallicum*, l'attribuent bien à Jules César. Mais alors naquit une autre confusion : le nom d'un réviseur du *Bellum Gallicum*, Julius Celsus Constantinus, donné par plusieurs mss., fit attribuer à ce personnage, d'ailleurs inconnu, l'œuvre de Jules César. Pétrarque lui-même fut victime de cette grossière erreur.

Les mss. du *Bellum Gallicum* se répartissent en deux

1. Oros., VI, 7 : *Hanc historiam Suetonius Tranquillus plenissime explicuit, cuius nos competentes portiunculas decerpsimus.*

2. Sid. Apoll., *Ep.*, IX, 14.

3. C'est la première famille de la classe α, constituée par les mss. A et M. Dans le premier, on a ajouté au titre, à l'encre rouge : *incipit liber Suetoni* ; le second porte comme titre : *Incipit liber Suetonii Tranquilli uictoriarum Gai Iulii Cesaris multimodarum belli Gallici.* Un ms. de la deuxième famille, le *Neapolitanus*, attribue à Suétone tous les commentaires à la suite du *Bellum Gallicum*. A rapprocher, enfin, le fait que certains mss., tel le ms. de Florence *Laur.* 68, 7 ou le ms. du Vatican *Barb.* 148, donnent ensemble les *Commentaires* et la *Vie des Césars.*

grandes classes, que l'on désigne communément par les lettres α et β. Les leçons sur lesquelles α et β diffèrent sont au nombre d'environ 1.500. Les deux plus anciens mss. datent du IXe siècle, et appartiennent à la 1re classe. Celle-ci est la plus nombreuse ; c'est de préférence à des mss. de cette classe que les copistes du XIVe et du XVe siècles se sont adressés pour établir de nouveaux exemplaires du *Bellum Gallicum.* A mesure d'ailleurs qu'on descend vers les mss. les plus récents, la distinction des deux classes se fait moins nette, parce qu'on a affaire à des mss. amalgamés : la majorité des mss. du XVe siècle ont été établis au moyen d'un ms. α revu sur un ms. β, et en accueillant, au surplus, des corrections d'humanistes. Il serait vain de chercher dans ces mss. la trace d'une tradition qui ne soit ni celle d'α, ni celle de β. L'examen d'une quarantaine d'entre eux, auquel nous nous sommes livré tant à Florence et à Rome qu'à Paris, nous a convaincu que la division des mss. du *Bellum Gallicum* en deux classes était intangible.

On a longtemps attribué aux mss. α, à la suite de Nipperdey, une valeur très supérieure à celle des mss. β. Nipperdey appelait les premiers *integri*, les seconds *interpolati*. Mais on est loin aujourd'hui de cet état d'esprit : depuis les travaux de Rudolf Schneider et surtout de Meusel[1], personne ne peut plus contester qu'il faille accorder aux deux classes une autorité sensiblement égale.

α et β dérivent d'un lointain archétype commun[2]. Il n'est pas impossible de déterminer approximativement à quel moment la division s'est faite. Les mss. α portent à la fin de chaque livre la souscription suivante : *Iulius Celsus Constantinus u. c. legi.* Le livre II ajoute :

1. R. Schneider, dans *Jahresbericht des philol. Vereins zu Berlin,* 1885, p. 151 sq. Pour Meusel, voir surtout son article *ibid.*, 1894, p. 214 sq. et ses deux éditions, Weber 1894 et Weidmann 1913-1920.

2. A Klotz, dans *Rhein. Museum,* 1909 (n. f. LXIV), p. 224-234, a proposé une généalogie d'après laquelle α dériverait de β ; mais il a abandonné lui-même son hypothèse dans son édition du *B. G.* (Teubner, ed. maior, 1921).

Flavius Licerius Firminus Lupicinus legi. Cette souscription est propre à α ; dans les mss. β où elle apparaît, elle est due à une addition postérieure. A la fin du VIIIe livre, la souscription d'α est la suivante : *Iulius Celsus Constantinus legi tantum,* ce qui signifie qu'il n'a revu que le *Bellum Gallicum,* et pas les autres *Commentaires.* Effectivement, les meilleurs mss. α ne contiennent que le *Bellum Gallicum* ; le reste des *Commentaires* ne nous a été transmis que par la tradition β : les trois mss. α (SLN) qui contiennent la totalité des *Commentaires,* tout en constituant une famille à part, se rattachent à cette tradition. Ainsi donc, la classe α a été formée du jour où Julius Celsus Constantinus a revu le texte du *Bellum Gallicum.*

Ce personnage nous est inconnu. Mais il n'en est pas de même pour celui qui a revu, après lui, le livre II. Flavius Licérius Firminus Lupicinus était, selon toute probabilité, le neveu de l'évêque de Pavie Ennodius, qui mourut en 521[1]. Donc la classe α s'est définitivement constituée dans la première moitié du VIe siècle. Quant à Julius Constantinus, on peut affirmer qu'il a vécu antérieurement à cette date, et postérieurement au premier quart du Ve siècle. A ce moment-là, en effet, l'historien Orose a utilisé, pour les chapitres 7 à 12 de son VIe livre, un ms. du *Bellum Gallicum* qui présentait un certain nombre de leçons propres à α et un certain nombre de leçons propres à β. Sur 24 mots ou groupes de mots reproduits par Orose, et pour lesquels α et β diffèrent, son texte s'accorde 16 fois avec β, 8 fois avec α. Deux conclusions s'imposent : 1° au temps d'Orose, la formation des deux traditions concurrentes n'était pas encore un fait accompli, mais déjà elle se dessinait ; 2° si le rôle de Julius Constantinus a été décisif dans la division entre α et β, néanmoins sa révision doit être considérée non pas comme un point de départ, mais comme un aboutissement : c'est le dernier terme d'une lente élaboration.

1. Cf. Ennodius, *Dict.*, 8 (*Mon. Germ. hist.*, p. 78, 26) ; *Ep.*, II, 15 et 23, III, 15 (*Mon. Germ. hist.*, p. 68-69, 73, 112). Sirmond est le premier à avoir signalé la chose, dans une note de son éd. de 1611, p. 78.

De cette élaboration, si obscure qu'elle soit, nous pouvons distinguer quelques étapes. Une étude attentive du texte de César nous a permis, croyons-nous, de retrouver, à travers les variantes des deux classes, certains caractères de l'archétype commun d'où elles dérivent. Nous avons essayé de montrer, dans un article auquel nous renvoyons[1], qu'il était écrit en colonnes dont les lignes avaient une vingtaine de lettres ; que ces colonnes comptaient 15 ou 16 lignes, et qu'il y avait deux colonnes par page. Ce n'est pas tout : au delà de cet archétype d'α et de β, que nous désignons par la lettre X, certains indices nous paraissent révéler l'existence d'un ms. Y, source de X, dont les lignes comptaient 30 lettres environ. β paraît avoir connu certaines leçons provenant de Y par une autre voie que celle qui a conduit de Y à X. Le ms. d'Orose se situe entre X et Y, à moins que ce ne soit X lui-même. L'histoire du texte du *Bellum Gallicum* telle que nous nous la représentons se résume dans le tableau suivant :

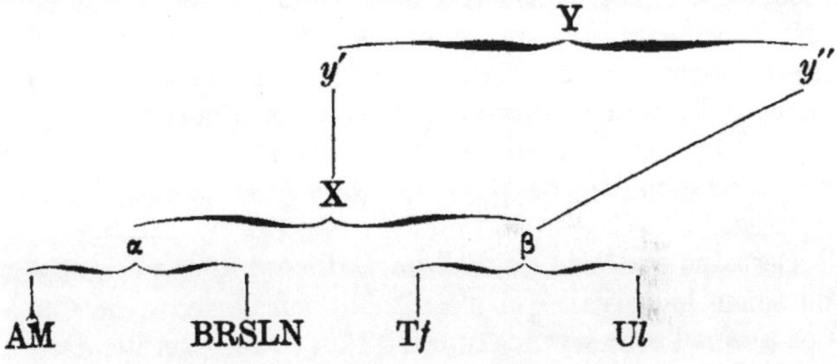

Bien entendu, ce n'est là qu'une représentation très schématique de la généalogie d'α et de β. Il y en a eu dans l'Antiquité un nombre considérable d'éditions du *Bellum Gallicum* ; *y*′, par exemple, ne figure pas à nos yeux un ms. unique, copie directe de Y, mais une tra-

1. *Rev. des Ét. anciennes*, 1925, p. 279-296. Cf. *Rev. de philologie*, 1924 (t. XLVIII), p. 131-139. Un renvoi à ces articles (*R. E. A.* et *Rev. de phil.*) signale dans l'apparat critique les principaux passages que nous avons utilisés pour notre démonstration.

dition dérivant de Y, et à laquelle se rattachait toute une série de mss. De même *y''* désigne non un ms. unique, mais une tradition parallèle à *y'*. De la même manière encore, entre les mss. que nous possédons aujourd'hui et les copies de X que nous désignons par α et β, s'interposent des mss. perdus qui doivent être en assez grand nombre. C'est au cours de cette histoire si remplie, si touffue, et dont nous parvenons à grand'peine à distinguer seulement le sens et les principales étapes, que le texte de César s'est enrichi — ou embarrassé — d'une quantité respectable de variantes.

Mais nous devons beaucoup de reconnaissance aux grammairiens qui ont, comme le fit Julius Constantinus au ve-vi^e^ siècle, revu le texte du *Bellum Gallicum*. Car il en était de l'œuvre de César comme de celle de tous les écrivains latins : dès leur parution, elles étaient entachées de fautes de copie. Cicéron se plaint, dans une lettre à son frère Quintus, de ne savoir à quel libraire s'adresser pour avoir des livres latins, tant la publication en est incorrecte[1]. Les textes qui nous sont parvenus ont subi une double action en sens contraire : corruption par les copistes, essai d'amélioration par les grammairiens. Sans doute ceux-ci ont souvent ajouté, ou modifié, ou maladroitement épuré ; mais, sans eux, on aurait grand'chance de ne posséder que des textes inintelligibles.

Certains endroits du *Bellum Gallicum* nous permettent de saisir le travail qui s'était fait sur le texte de César dès avant l'archétype. Au ch. 13 du livre I, on lit, dans α et dans la 2e famille de β, après la phrase : *is ita cum Caesare egit*, les mots suivants : *legati ab Heluetiis ad Caesarem missi pacem petitum cum denuntiatione terroris.* C'est là, de toute évidence, un résumé qui a passé de la marge dans le texte. Donc l'archétype procède d'un ms. qui comportait des titres de chapitre. Ce ms. comportait aussi des annotations marginales ou interlinéaires. Par exemple, I, 38,4, les mss. des deux classes donnent unani-

1. *Ad Q. fr.*, III, 5-6, 6 : *De latinis uero (libris) quo me uertam nescio : ita mendose et scribuntur et ueneunt.*

mement : *flumen alduas dubis*, ce qui n'a pas de sens. *Alduas* est une glose introduite dans le texte : un glossateur avait écrit en marge, comme substitut à *dubis*, le mot *duas*, précédé de l'abréviation courante *al*, pour *aliter* ; l'abréviation et le mot de remplacement ont passé ensemble dans le texte. Autre exemple : V, 28, 4, tous les mss. donnent : *quantasuis magnas etiam* ; il est clair que *magnas etiam* est une glose de *quantasuis* qui, de la marge ou de l'interligne, a passé dans le texte.

Si des interpolations se sont produites antérieurement à l'archétype, on concevra aisément qu'α n'en soit pas exempt, et que l'épithète *integri*, appliquée par Nipperdey aux mss. de cette classe, n'ait qu'une valeur très relative. Plusieurs passages nous montrent clairement que les mss. α procédent d'un exemplaire corrigé.

II, 8, 3. *castigatus* β *castigatus castratus* α. *castratus* a été proposé dans l'interligne pour remplacer l'inintelligible *castigatus*, puis introduit dans le texte.

IV, 22, 3. *LXXX* β *octingentis octoginta* α.

V, 27, 1. *c. arpinius* [*carpinius* T] β *gaius carpineius* α.

VI, 5, 3. *contenturum* β *concertaturum tenturum* BRS *concertaturum* AM, LN.

VII, 23, 3. *coagmentatis* β *coagminatis coagmentatis* α.

Comme on l'a vu par les exemples IV, 22, 3 et V, 27, 1, α écrit les nombres en toutes lettres, et de même les prénoms. L'exemple V, 27, 1 nous montre clairement que le développement des prénoms a été fait dans l'interligne d'un ms. où ils étaient écrits, selon l'usage classique, en abrégé. Pour les nombres, il en est de même : ils ont été développés en marge d'un ms. où ils étaient écrits en chiffres ; il suffit pour s'en convaincre de rapprocher les trois passages suivants du VIIe livre :

VII, 8, 2. *in altitudinem pedum VI* T*f*
itin altitudine pedum VI U(*l*)
sex in altitudinem pedum α
69, 5. *in altitudinem VI pedum* β.
sex in altitudinem pedum α.

73, 5. *in altitudinem trium pedum* (uel *pedum trium*) β.
tres in altitudinem pedes α.

Le premier passage nous montre, en outre, que le ms. sur lequel a été faite cette transcription marginale n'est autre que l'archétype X. La faute *itin* de la 2e famille de β s'explique en effet par l'erreur d'un copiste qui avait sous les yeux ce ms. à lignes d'environ 20 lettres ; il a sauté une ligne, et, s'étant avisé de son erreur après avoir écrit les deux lettres IT, il a négligé de les annuler. L'archétype X présentait l'aspect suivant :

SEX IN ALTITVDINEM $\overline{\mathrm{P}}$ VI ATQVE
ITA VIIS PATEFACTIS...[1]

La transcription des chiffres en toutes lettres a donné lieu à des erreurs d'α. On en a déjà vu trois exemples ; en voici deux autres. III, 14, 2 : *CCXX* β *ducentas XX* α; il faut *ducentae*. VIII, 9, 3 : *denum quinum* α : c'est une transcription du chiffre *XV* ; la transcription correcte est celle de β, *quinum denum*.

D'après ce que nous venons de dire, on voit que la graphie de β, pour les prénoms, pour les nombres, est plus conforme aux habitudes anciennes[2]. Nous avons vu, d'autre part, tout à l'heure que certaines leçons de β sont plus proches de l'original que les leçons correspondantes d'α. Et cela n'est pas étonnant si, comme nous l'avons dit, β, issu de l'archétype X, a été revu, pour certains passages, à l'aide d'un ms. qui dérivait, par une autre voie, de Y. Mais il ne faudrait pas conclure de là que la valeur de β soit supérieure à celle de la classe rivale. Le texte d'α, dans l'ensemble, a été moins remanié que celui de β. L'éditeur de β, plus intelligent que celui d'α, mais aussi moins discret, est intervenu davantage. On trouvera aisément dans l'apparat critique la justification de ce que nous avançons ici.

1. Cf. *Revue des Etudes anciennes*, 1925, p. 281.
2. Malgré cela, pour éviter d'inutiles difficultés de lecture, nous avons écrit les nombres en toutes lettres chaque fois qu'α les écrivait ainsi ; en cas de désaccord entre les deux familles d'α, nous suivons la première.

III. REMARQUES SUR L'ÉTABLISSEMENT DU TEXTE.

S'il est vrai que des deux classes α et β, aucune ne prime l'autre, il ne saurait être question d'établir une édition du *Bellum Gallicum* d'après α à l'exclusion de β, ou inversement. Il faut constamment confronter les deux traditions, et, au lieu d'appliquer automatiquement un principe d'autorité reconnu une fois pour toutes, on doit juger chaque cas en lui-même, d'après le contexte, d'après l'usage de César, d'après les suggestions du sens critique. Cette méthode est d'un maniement délicat : nous l'avons appliquée de notre mieux. Chaque fois que nous nous sommes trouvé en présence de deux leçons entre lesquelles rien ne permettait de décider, nous avons suivi α, parce qu'il existe en faveur de cette classe une présomption de plus stricte fidélité à l'archétype.

Nous avons pris pour base de la présente édition sept mss. de la classe α et quatre mss. de la classe β.

Classe α

1re famille. A = *Bongarsianus*. Amsterdam, 81. IXe-Xe siècle.

M = *Moysiacensis*. Paris, Bibl. Nat., lat. 5056. XIIe siècle.

2e famille. B = *Parisinus*. Paris, Bibl. Nat., lat. 5763. IXe-Xe siècle.

R = *Romanus*. Rome, Bibl. Vat., 3864. Xe siècle.

S = *Ashburnhamianus*. Florence, Bibl. Laur., Ashburn. R. 33. Xe siècle.

L = *Louaniensis*. Londres, Brit. Mus., Add. MSS. 10084. XIe siècle.

N = *Neapolitanus*. Naples, Bibl. Nat., IV, c. 11. XIIe siècle.

Classe β

1 famille. T = *Thuaneus.* Paris, Bibl. Nat., lat. 5764. XIe siècle.
f = *Vindobonensis.* Vienne, 95. XIIe siècle.

2e famille. U = *Ursinianus.* Rome, Bibl. Vat., 3324. XIe siècle.
l = *Riccardianus.* Florence, Bibl. Laur., Riccard. 541. XIe-XIIe siècle.

On trouvera dans la *Paléographie des classiques latins* de M. Chatelain, aux pl. XLVI-L et LA, des fac-similés d'un certain nombre de ces mss., et, p. 13 et 30 du même volume, une description sommaire des mss. reproduits.

Les mss. L et N d'une part, U et *l* de l'autre, soutiennent entre eux les rapports les plus étroits : pourtant, on ne saurait prétendre que N soit copié sur L, ou *l* sur U ; mais L et N sont deux copies d'un même ms. perdu, et il en va de même pour U et *l*[1]. Le ms. B a été revu, pour les deux premiers livres et les premiers chapitres du troisième, à l'aide d'un ms. de la classe β. Le ms. T a été corrigé, pour un grand nombre de passages, d'après un ms. α. Nous n'indiquons qu'exceptionnellement, dans notre apparat critique, les concordances $B^2β$ ou $T^2α$.

Nous donnons les leçons de A d'après les éditions critiques de Holder (1882) et de Meusel (1894), celles de L d'après la collation de M. Rice Holmes dans *The classical Quarterly*, 1911, p. 137 sq., celles de *f* d'après Meusel. Tous les autres mss., à Paris, Rome, Florence et Naples, ont été revus par nous. Cette révision nous a été grandement facilitée par les travaux antérieurs, notamment par l'excellente édition Meusel de 1894 et, pour le *Neapolitanus*, par l'édition de M. Bassi (*Corpus Parauianum*, n° 28). Mais chaque fois qu'on trouvera notre apparat critique en désaccord avec celui de ces éditions, notre

1. Sur les premiers, cf. notre article dans la *Revue de philologie*, 1926. Sur les seconds, cf. Ramorino, *Riv. di filologia e d'istruzione classica*, 1889 (XVIII), p. 250 sq., et l'échange de lettres entre Ramorino et Meusel, *ibid.*, 1890 (XIX), p. 127 sq.

leçon devra être considérée comme assurée par une vérification personnelle.

Pour certains passages où la tradition est corrompue, nous avons été amené à utiliser les leçons de quelques mss. récents ou de moindre autorité. Lorsqu'il s'agit d'un seul de ces mss., nous le désignons nommément. Lorsque la leçon est donnée par deux ou plusieurs d'entre eux, nous les désignons par la sigle *dett.* (*deteriores*). Ceux qui nous ont le plus servi, et que nous avons vus nous-même, sont les suivants :

Paris. 6106. Paris, Bibl. Nat., lat. 6106. Ce ms., dit aussi *Iadrensis*, copié en 1435 à Zara, appartient à la 2e famille d'α. Il a d'incontestables rapports avec LN, sans cependant qu'on puisse dire qu'il procède directement de l'un ou de l'autre.

Laur. 68,7. Florence, Bibl. Laur., 68, 7. XIe siècle (?). 2e famille d'α ; étroitement apparenté à B^2 pour les deux premiers livres, se rapproche de S pour les autres.

Barb. 148. Rome, Bibl. Vat., Barberini 148. XIVe siècle. Procède de B^2, mais a été revu sur ms. de la 1re famille d'α.

Vat. 1830. Rome, Bibl. Vat., 1830. XVe siècle. Apparenté à R.

Ottob. 1746. Rome, Bibl. Vat., Ottoboni 1746. XVe siècle. Médiocre copie d'un ms. α[1].

Toutes les variantes de quelque intérêt présentées par les onze mss. de base ont été enregistrées dans notre apparat critique. Nous avons, bien entendu, négligé les variantes résultant d'une évidente erreur de transcription : par exemple, VII, 84, 1, nous ne mentionnons pas que *reliquaque, quae* est écrit *reliqua quaeque* dans RLN.

1. Sur le classement d'un certain nombre d'autres mss. secondaires, cf. les articles de Meusel dans *Jahresbericht des philol. Vereins zu Berlin*, 1885, p. 174 sq.

reliqua queque dans B, *reliqua quequae* dans M. Il en va de même de variantes légères et courantes qui résultent d'une habitude de graphie chez certains scribes : suppression de l'*h* initial, ou *ae* écrit *e*.

L'abréviation *codd.* (*codices*) signifie qu'une leçon est celle de tous les mss. Lorsque la leçon adoptée, et reproduite dans l'apparat, n'est accompagnée d'aucune mention de ms., cela signifie que cette leçon est celle de tous les mss. si l'on cite après les deux points une conjecture d'éditeur, ou celle de presque tous si l'on mentionne ensuite une variante de un ou deux mss. La mention B^1 signifie première main de B, B^2, deuxième main; si un ms. revient à sa première version après l'avoir modifiée, nous écrivons : *quodque* $B^{1\text{-}3}$ *quoque* B^2; une leçon suivie de B^m est une leçon qui figure dans la marge du ms. B.

Il nous a semblé que les conjectures les plus intéressantes devaient être admises dans l'apparat, et cela pour deux raisons. La première, c'est que mentionner une conjecture, c'est souvent le moyen le plus clair et le plus rapide de signaler au lecteur une difficulté du texte : cela dispense d'un long commentaire. La deuxième, c'est que nous avons conçu notre apparat critique non pas comme une simple justification des leçons choisies, mais comme un tableau de la vie du texte : or, il est évident que celle-ci ne s'est pas arrêtée avec la parution de l'édition princeps, et que le travail des grands philologues de la Renaissance et des temps modernes sur les textes latins ou grecs n'a pas moins d'intérêt que celui des grammairiens anciens, enregistré par les mss[1].

Le texte de César pose de délicates questions morphologiques et orthographiques. Nous avons eu généralement pour guide en cette matière le précieux *Lexicon Caesa-*

1. Nous renvoyons quelquefois, sous l'abréviation *Tab. coniect.*, à la *Tabula coniecturarum* que Meusel a placée à la suite de son *Lexicon Caesarianum*. Elle a été éditée à part, sous le nom de *Coniecturae Caesarianae* (Berlin, Weber, 1893).

rianum de Meusel. Cependant, nous nous sommes refusé à uniformiser de parti pris. En particulier, relativement à l'emploi de *a* ou *ab*, *e* ou *ex* devant les différentes consonnes, il ne nous a pas paru que toutes les conclusions de Meusel fussent assez sûres pour autoriser des corrections systématiques[1]. Lorsqu'il y a doute, nous suivons α. Nous nous sommes conformé au même principe pour certaines désinences sujettes à variantes. Lorsque tous les mss. donnent un accusatif pluriel en *is*, nous l'admettons dans le texte ; lorsque la majorité des mss. donne la terminaison *es*, nous écrivons *es*. Au témoignage d'Aulu-Gelle, César recommandait les datifs de la 4e déclinaison en *ū*, les génitifs de la 5e en *ē* pour les thèmes en *iē*[2]. Le datif en *ū* ne se trouve qu'une fois dans les mss., et seulement dans ceux de la 1re classe : VI, 42, 1, *casu* α ; le génitif en *ē* est donné par α et la 1re famille de β dans II, 23, 1 : *acie* ; partout ailleurs, on trouve la terminaison *ei*. Nous écrivons, dans les deux passages en question, *casu* et *acie*, mais nous gardons dans les autres les terminaisons *ui* et *ei* des mss. Même règle pour les formes contractes du parfait et des temps dérivés du parfait : nous écrivons, avec tous les mss., 1, 7, 6, *imperauerat*, et IV, 22, 1, *imperasset*. De même encore pour l'assimilation des préfixes : nous suivons, dans chaque cas, les indications de la tradition manuscrite, en préférant α lorsqu'il y a désaccord des deux classes, la majorité des mss. α lorsqu'ils ne sont pas d'accord entre eux. On ne devra donc pas s'étonner de trouver, par exemple, 1, 26, 3, *coniciebant* et VII, 72, 2, *coicere* ; IV, 7, 4, *adtribuant* et VII, 76, 1, *attribuerat* ; VII, 24, 1, *inpedita* et 59, 5, *impedimentis* ; 1, 18, 6 *conlocasse* et 18, 7, *collocasse*, etc.

Le parti que nous avons pris n'est sans doute pas le plus logique ; mais il est le plus prudent, car aller contre l'accord des mss. parce qu'on s'est formé la conviction qu'un auteur préférait telle forme ou telle graphie à

1. Voir sur ce point Meusel, *Jahresb. des phil. Vereins zu Berlin*, 1894, p. 246-249.
2. A. Gell., IV, 16, 8 et IX, 14, 25.

telle autre, c'est d'une méthode aventureuse ; il est aussi le plus conforme aux conditions de la réalité, car un texte écrit est œuvre humaine, et, partant, sujette aux contradictions. S'aviserait-on de corriger, chez un auteur moderne, « quand bien même il l'eût dit » en « quand bien même il l'aurait dit », sous prétexte qu'il a employé cinq fois cette tournure, et seulement une fois la première ? Rien n'est plus trompeur, en cette matière, que la statistique : la personnalité vivante d'un écrivain s'évanouit devant elle, et il ne reste plus à sa place qu'un code illusoire des lois de son langage. Quant aux variantes orthographiques, pouvons-nous affirmer que les Latins aient eu, en matière d'orthographe, une doctrine rigoureuse ? L'aspect des mss. qui nous sont parvenus nous assure plutôt du contraire. Dès lors, on ne saurait éliminer d'un texte ancien les disparates d'ordre graphique sans en altérer la physionomie.

***

Nous nous sommes souvent inspiré dans nos notes du commentaire de l'édition Meusel 1913-1920, refonte de l'édition Kraner et Dittenberger ; c'est pour nous un devoir de le dire ici. Mais notre dette est encore plus grande envers M. Camille Jullian ; il a accumulé au bas des pages de son *Histoire de la Gaule* un incomparable trésor d'érudition dans lequel nous avons, comme on le verra, largement puisé. Nous renvoyons au tome III de cet ouvrage par la seule mention du nom de l'auteur, suivis de l'indication du tome et de la page. La référence « Napoléon, page 250 » signifie : Napoléon III, *Histoire de Jules César,* tome II *(Guerre des Gaules)*, 1866, édition in 4°, page 250. Par le nom de M. Rice Holmes, nous renvoyons à Rice Holmes, *Conquest of Gaul*, 2e édition.

Dans l'apparat critique, partout où l'on rencontre la mention *Müller*, il s'agit du philologue Hermann Johannes Müller.

Pour les sigles des mss., voir plus haut p. XXVII-XXX.

On trouvera en outre dans l'apparat critique les abréviations suivantes :

R. E. A.* — *Revue des Etudes anciennes.
Rev. de phil.* — *Revue de philologie.
Tab. coniect.* — *Tabula coniecturarum.
Lex. Caes.* — *Lexicon Caesarianum.

CHOIX BIBLIOGRAPHIQUE (1960-1988)

1) Éditions

— M. Rambaud, César, *De Bello gallico*, II et III, Collection Erasme, 12, Paris, P.U.F., 1965 (avec bibliographie sommaire).
— M. Rambaud, César, *Bellum Gallicum*, IV, Collection Erasme, 19, Paris, P.U.F., 1967 (avec bibliographie sommaire).

2) Ouvrages et articles

— M. Rambaud, *L'art de la déformation historique dans les Commentaires de César*, 2e tirage revu et augmenté, Paris, Les Belles-Lettres, 1966 (avec bibliographie).
— J. Carcopino, *César*, dans *l'Histoire générale* de Glotz, *Histoire romaine*, II, 2, Paris, P.U.F., 1937 (nouvelle édition par Libraires associés et Plon, Paris, 1965, avec bibliographie).
— Z. Yavetz, *César, les limites du charisme politique*, trad. E. Barnavi, Paris, Les Belles-Lettres, 1990.
— *Présence de César*, Actes du colloque des 9-11 décembre 1983, Hommages à M. Rambaud, éd. par R. Chevallier, Caesarodunum XX bis, Paris, Les Belles-Lettres, 1986.
— E. Odelman, *Aspects du vocabulaire de César*, Eranos, 83, 1985, 147-154.

— Z. Yavetz, *Julius Caesar and his public image*, Ithaca, 1983.

— G. B. R. Pelling, *Cesar's battle-descriptions and the defeat of Ariovistus*, Latomus, 40, 1981, 741-766.

— Chr. Peyre, *Le champ de bataille de l'Aisne (César B. G. 2,8-9)*, REL, 56, 1978, 175-215.

— W. Goerler, *Ein Darstellungsprinzip Caesars. Zur Technik der Peripetie und ihrer Vorbereitung in B. G.*, Hermes, 105, 1977, 307-331.

— E. D. Kollmann, *Die Macht des Namens. Beobachtungen zum « unpersönlichen » Stil Caesars*, Stud. Clas., 17, 1975, 45-60.

— M. Rambaud, *À propos de la publication du B. G.*, Hommages J. Carcopino, Paris, Les Belles-Lettres, 1977, 245-251.

— K. Steewe, *Wahrheit und Rhetorik in Caesars B. G.*, WJA, N.F., 2, 1976, 144-163.

— F. H. Mutschler, *Erzählstil und Propaganda in Caesars Kommentarien*, Heidelberg, 1975.

— K. Christ, *Caesar und Ariovist*, Chiron, IV, 1974, 251-292.

— M. Rambaud, *L'espace dans le récit césarien*, Mélanges Dion, Caesarodunum IX bis, Paris, Picard, 1974, 111-129.

— M. Rambaud, *Réflexions sur la véracité de César dans le B. G.*, GIF, 21, 1969, 313-324.

— M. Goelzer, *Caesar, politician and statesman*, (trad. anglaise), Oxford, 1968.

— L. Richard, *Les quartiers d'hiver de César à l'automne de 57*, LEC, 36, 1986, 223-246.

LIVRE PREMIER

GUERRE DES GAULES

LIVRE PREMIER

La Gaule et ses habitants. I. L'ensemble de la Gaule est divisé en trois parties[1] : l'une est habitée par les Belges, l'autre par les Aquitains, la troisième par le peuple qui, dans sa langue, se nomme Celte, et, dans la nôtre, Gaulois. Tous ces peuples diffèrent entre eux par le langage, les coutumes, les lois[2]. Les Gaulois sont séparés des Aquitains par la Garonne, des Belges par la Marne et la Seine. Les plus braves de ces trois peuples sont les Belges, parce qu'ils sont les plus éloignés de la province romaine et des raffinements de sa civilisation, parce que les marchands y vont très rarement, et, par conséquent, n'y introduisent pas ce qui est propre à amollir les cœurs, enfin parce qu'ils sont les plus voisins des Germains, qui habitent sur l'autre rive du Rhin, et avec qui ils sont continuellement en guerre. C'est pour la même raison que les Helvètes aussi surpassent en valeur guerrière les autres Gaulois[3] : des combats presque quotidiens les mettent aux prises avec les Germains, soit qu'ils leur interdisent l'accès de leur terri-

1. César ne comprend pas sous le nom de *Gallia* la partie de la Gaule déjà soumise aux Romains.

2. La différence de langage entre les Belges et les Celtes n'était qu'une différence dialectale.

3. Les Helvètes, qui, au témoignage de Tacite, *Germ.*, 28,

BELLVM GALLICVM

LIBER PRIMVS

I. [1]Gallia est omnis diuisa in partes tres, quarum unam incolunt Belgae, aliam Aquitani, tertiam qui ipsorum lingua Celtae, nostra Galli appellantur. [2]Hi omnes lingua, institutis, legibus inter se differunt. Gallos ab Aquitanis Garunna flumen, a Belgis Matrona et Sequana diuidit. [3]Horum omnium fortissimi sunt Belgae, propterea quod a cultu atque humanitate prouinciae longissime absunt, minimeque ad eos mercatores saepe commeant atque ea quae ad effeminandos animos pertinent inportant, proximique sunt Germanis, qui trans Rhenum incolunt, quibuscum continenter bellum gerunt. [4]Qua de causa Heluetii quoque reliquos Gallos uirtute praecedunt, quod fere cotidianis proeliis cum Germanis contendunt, cum aut suis finibus eos prohibent,

I. *Capita* I-XXX *usque ad* bello heluetiorum *in* S *desunt. Cap.* I-VI, 3 *usque ad* bono animo *in* L *a manu recentiore suppleta sunt, folio primo exciso.* 2 garunna BR β : -mna AM, N || 4 heluetii : -itii A -icii M [*fere constanter*].

toire, soit qu'ils les attaquent chez eux. La partie de la Gaule qu'occupent, comme nous l'avons dit, les Gaulois commence au Rhône, est bornée par la Garonne, l'Océan et la frontière de Belgique ; elle touche aussi au Rhin du côté des Séquanes et des Helvètes ; elle est orientée vers le nord. La Belgique commence où finit la Gaule[1]; elle va jusqu'au cours inférieur du Rhin ; elle regarde vers le nord et vers l'est. L'Aquitaine s'étend de la Garonne aux Pyrénées et à la partie de l'Océan qui baigne l'Espagne; elle est tournée vers le nord-ouest[2].

Les Helvètes. Plans ambitieux d'Orgétorix. Sa mort.

II. — Orgétorix était chez les Helvètes l'homme de beaucoup le plus distingué par la naissance et par la fortune. Sous le consulat de M. Messala et de M. Pison[3], séduit par le désir d'être roi, il forma une conspiration de la noblesse et persuada à ses concitoyens de sortir de leur pays avec la population entière : « Rien n'était plus facile, puisque leur valeur les mettait au-dessus de tous, que de devenir les maîtres de la Gaule entière. » Il eut d'autant moins de peine à les convaincre que les Helvètes, en raison des conditions géographiques, sont de toutes parts enfermés : d'un côté par le Rhin, dont le cours très large et très profond sépare l'Helvétie de la Germanie, d'un autre par le Jura, chaîne très haute qui se dresse entre les Helvètes et les Séquanes, et du troisième par le lac Léman et le Rhône, qui sépare notre province de leur territoire. Cela restreignait le champ de leurs courses vagabondes et les gênait pour porter la guerre chez leurs voisins : situation fort irritante pour des hommes qui avaient la passion de la guerre. Ils estimaient d'ailleurs que l'étendue de leur territoire, qui avait 240 milles de

avaient longtemps habité « entre la forêt hercynienne, le Rhin et le Mein », n'en étaient pas moins un peuple de race celtique.

1. Le mot *Gallia* est employé ici dans un sens restreint, et désigne seulement la Celtique, à l'exclusion de l'Aquitaine et de la Belgique. De même I, 44, 3, II, 3,1. III, 11, 3.

2. Sur ces erreurs d'orientation, voir l'*Introduction*, p. XIV.

3. 61 av. J.-C. = 693 ab V. c.

aut ipsi in eorum finibus bellum gerunt. [5]Eorum una pars, quam Gallos optinere dictum est, initium capit a flumine Rhodano, continetur Garunna flumine, Oceano, finibus Belgarum, attingit etiam ab Sequanis et Heluetiis flumen Rhenum, uergit ad septentriones. [6]Belgae ab extremis Galliae finibus oriuntur, pertinent ad inferiorem partem fluminis Rheni, spectant in septentrionem et orientem solem. [7]Aquitania a Garunna flumine ad Pyrenaeos montes et eam partem Oceani quae est ad Hispaniam pertinet; spectat inter occasum solis et septentriones.

II. [1]Apud Heluetios longe nobilissimus fuit et ditissimus Orgetorix. Is M. Messala [et P.] M. Pisone consulibus regni cupiditate inductus coniurationem nobilitatis fecit et ciuitati persuasit ut de finibus suis cum omnibus copiis exirent : [2]perfacile esse, cum uirtute omnibus praestarent, totius Galliae imperio potiri. [3]Id hoc facilius eis persuasit quod undique loci natura Heluetii continentur : una ex parte flumine Rheno latissimo atque altissimo, qui agrum Heluetium a Germanis diuidit ; altera ex parte monte Iura altissimo, qui est inter Sequanos et Heluetios ; tertia lacu Lemanno et flumine Rhodano, qui prouinciam nostram ab Heluetiis diuidit. [4]His rebus fiebat ut et minus late uagarentur et minus facile finitimis bellum inferre possent ; qua ex parte homines bellandi cupidi magno dolore adficiebantur. [5]Pro multitudine autem hominum et pro gloria belli atque fortitudinis angustos se fines

5-7 eorum una... et septentriones : *del. Bacher* || oceano *Aldus* : -um *codd.* || **6** septentrionem : -es *Aldus* || **7** garunna : -mna T || est α : *om.* β.

II. **1** et p *del. Max Bonnet* || **3** eis : iis *Spillmann* || **3-4** una ex. adficiebantur : *del. Lange.*

long et 180 de large[1], n'était pas en rapport avec leur nombre, ni avec leur gloire militaire et leur réputation de bravoure.

III. Sous l'influence de ces raisons, et entraînés par l'autorité d'Orgétorix, ils décidèrent de tout préparer pour leur départ : acheter bêtes de somme et chariots en aussi grand nombre que possible, ensemencer toutes les terres cultivables, afin de ne point manquer de blé pendant la route, assurer solidement des relations de paix et d'amitié avec les Etats voisins. A la réalisation de ce plan, deux ans, pensèrent-ils, suffiraient : une loi fixe le départ à la troisième année. Orgétorix fut choisi pour mener à bien l'entreprise : il se chargea personnellement des ambassades. Au cours de sa tournée, il persuade à Casticos, fils de Catamantaloédis, Séquane, dont le père avait été longtemps roi dans son pays et avait reçu du Sénat romain le titre d'ami, de s'emparer du pouvoir qui avait auparavant appartenu à son père ; il persuade également à l'Héduen Dumnorix, frère de Diviciacos, qui occupait alors le premier rang dans son pays et était particulièrement aimé du peuple, de tenter la même entreprise, et il lui donne sa fille en mariage. Il leur démontre qu'il est tout à fait aisé de mener ces entreprises à bonne fin, pour la raison qu'il est lui-même sur le point d'obtenir le pouvoir suprême dans son pays : on ne peut douter que de tous les peuples de la Gaule le peuple helvète ne soit le plus puissant ; il se fait fort de leur donner le pouvoir en mettant à leur service ses ressources et son armée. Ce langage les séduit ; les trois hommes se lient par des serments, et se flattent que, devenus rois, la puissance de leurs trois peuples, qui sont les plus grands et les plus forts, leur permettra de s'emparer de la Gaule entière[2].

1. Le mille romain valant 1.478 m. 50, ces chiffres représentent 355 kilomètres de long (de l'ouest à l'est) et 266 kilomètres de large (du nord au sud).

2. Ces trois personnages ne poursuivaient-ils que des fins personnelles ? N'avaient-ils pas l'ambition plus noble d'assurer, en face de la double menace germaine et romaine, l'indépendance nationale d'une Gaule unifiée ? Cf. Jullian, III, p. 160-162.

habere arbitrabantur, qui in longitudinem milia passuum CCXL, in latitudinem CLXXX patebant.

III. [1]His rebus adducti et auctoritate Orgetorigis permoti constituerunt ea quae ad proficiscendum pertinerent comparare, iumentorum et carrorum quam maximum numerum coemere, sementes quam maximas facere, ut in itinere copia frumenti suppeteret, cum proximis ciuitatibus pacem et amicitiam confirmare. [2]Ad eas res conficiendas biennium sibi satis esse duxerunt : in tertium annum profectionem lege confirmant. [3]Ad eas res conficiendas Orgetorix deligitur. Is sibi legationem ad ciuitates suscepit. [4]In eo itinere persuadet Castico, Catamantaloedis filio, Sequano, cuius pater regnum in Sequanis multos annos optinuerat et a senatu populi romani amicus appellatus erat, ut regnum in ciuitate sua occuparet quod pater ante habuerat ; [5]itemque Dumnorigi Haeduo, fratri Diuiciaci, qui eo tempore principatum in ciuitate obtinebat ac maxime plebi acceptus erat, ut idem conaretur persuadet eique filiam suam in matrimonium dat. [6]Perfacile factu esse illis probat conata perficere, propterea quod ipse suae ciuitatis imperium obtenturus esset : [7]non esse dubium quin totius Galliae plurimum Heluetii possent ; se suis copiis suoque exercitu illis regna conciliaturum confirmat. [8]Hac oratione adducti inter se fidem et ius iurandum dant et regno occupato per tres potentissimos ac firmissimos populos totius Galliae sese potiri posse sperant.

III. 3 ad eas res conficiendas : *del. Gruter* || deligitur. is : *del. Gruter* ; dux *ante* deligitur *add. Schiller* || sibi : ubi B[2] *del. Müller* || suscepit : -ipit *Davies* || 4 catamantaloedis : -hedis AM || habuerat : -it *Meusel* ; quod... habuerat *del. Kraffert* || 5 diuiciaci AM : *de uariis huius uerbi scripturis* [diuic- deuic- diuit- deuit-] *uide Meusel, Lex. Caes.*

IV. Une dénonciation fit connaître aux Helvètes cette intrigue. Selon l'usage du pays, Orgétorix dut plaider sa cause chargé de chaînes. S'il était condamné, la peine qu'il devait subir était le supplice du feu. Au jour fixé pour son audition, Orgétorix amena devant le tribunal tous les siens, environ dix mille hommes, qu'il avait rassemblés de toutes parts, et il fit venir aussi tous ses clients et ses débiteurs, qui étaient en grand nombre : grâce à leur présence, il put se soustraire à l'obligation de parler. Cette conduite irrita ses concitoyens : ils voulurent obtenir satisfaction par la force, et les magistrats levèrent un grand nombre d'hommes dans la campagne ; sur ces entrefaites, Orgétorix mourut : et l'on n'est pas sans soupçonner — c'est l'opinion des Helvètes — qu'il se suicida.

Préparatifs d'émigration des Helvètes.

V. Après sa mort, les Helvètes n'en persévèrent pas moins dans le dessein qu'ils avaient formé de quitter leur pays. Quand ils se croient prêts pour cette entreprise, ils mettent le feu à toutes leurs villes — il y en avait une douzaine —, à leurs villages — environ quatre cents — et aux maisons isolées ; tout le blé qu'ils ne devaient pas emporter, ils le livrent aux flammes : ainsi, en s'interdisant l'espoir du retour, ils seraient mieux préparés à braver tous les hasards qui les attendaient ; chacun devait emporter de la farine pour trois mois. Ils persuadent aux Rauraques, aux Tulinges et aux Latobices[1], qui étaient leurs voisins, de suivre la même conduite, de brûler leurs villes et leurs villages et de partir avec eux; enfin les Boïens[2] qui, d'abord établis au delà du Rhin, venaient de passer dans le Norique et de mettre le siège devant Noréia, deviennent leurs alliés et se joignent à eux.

1. Les Rauraques habitaient la région de Bâle : *Augusta Rauracorum*, sous l'Empire, s'identifie avec Augst, à 10 kilomètres à l'est de Bâle. Les Tulinges et les Latobices sont inconnus par ailleurs.

2. Les Boïens, peuple celtique cantonné au nord du Danube venaient d'être contraints par les Daces de refluer dans le Norique.

IV. [1]Ea res est Heluetiis per indicium enuntiata. Moribus suis Orgetorigem ex uinculis causam dicere coegerunt ; damnatum poenam sequi oportebat ut igni cremaretur. [2]Die constituta causae dictionis Orgetorix ad iudicium omnem suam familiam, ad hominum milia decem, undique coegit et omnes clientes obaeratosque suos, quorum magnum numerum habebat, eodem conduxit ; per eos ne causam diceret se eripuit. [3]Cum ciuitas ob eam rem incitata armis ius suum exsequi conaretur, multitudinemque hominum ex agris magistratus cogerent, Orgetorix mortuus est ; [4]neque abest suspicio, ut Heluetii arbitrantur, quin ipse sibi mortem consciuerit.

V. [1]Post eius mortem nihilo minus Heluetii id quod constituerant facere conantur, ut e finibus suis exeant. [2]Vbi iam se ad eam rem paratos esse arbitrati sunt, oppida sua omnia, numero ad duodecim, uicos ad quadringentos, reliqua priuata aedificia incendunt, [3]frumentum omne, praeterquam quod secum portaturi erant, comburunt, ut domum reditionis spe sublata paratiores ad omnia pericula subeunda essent, trium mensum molita cibaria sibi quemque domo efferre iubent. [4]Persuadent Rauracis et Tulingis et Latobicis finitimis suis uti, eodem usi consilio, oppidis suis uicisque exustis, una cum *iis* proficiscantur, Boiosque, qui trans Rhenum incoluerant et in agrum Noricum transierant Noreiamque oppugnarant, receptos ad se socios sibi adsciscunt.

IV. **1** uinculis RN β : uinclis AM, B.

V. **3** praeterquam α : praeter β || mensum α : -ium B^m R^2 β || **4** tulingis AM^2, B^1 RN : -guis M^1, B^2 β || latobicis B : -uicis A (M) -cibis R -oucis β -brigis *Vascosan* [*cf.* 28,3 *et* 29,2] || finitimis suis AM : finitimis BRN β || iis *Manutius* : his *codd.* || oppugnarant : -abant *Kraffert.*

VI. Il y avait en tout deux routes qui leur permettaient de quitter leur pays. L'une traversait le territoire des Séquanes : étroite et malaisée, elle était resserrée entre le Jura et le Rhône, et les chariots y passaient à peine un à un[1]; d'ailleurs, une très haute montagne la dominait[2], en sorte qu'une poignée d'hommes pouvait facilement l'interdire. L'autre route passait par notre province : elle était beaucoup plus praticable et plus aisée, parce que le territoire des Helvètes et celui des Allobroges, nouvellement soumis, sont séparés par le cours du Rhône, et que ce fleuve est guéable en plusieurs endroits. La dernière ville des Allobroges et la plus voisine de l'Helvétie est Genève. Un pont la joint à ce pays. Les Helvètes pensaient qu'ils obtiendraient des Allobroges le libre passage, parce que ce peuple ne leur paraissait pas encore bien disposé à l'égard de Rome[3]; en cas de refus, ils les contraindraient par la force. Une fois tous les préparatifs de départ achevés, on fixe le jour où ils doivent se rassembler tous sur les bords du Rhône. Ce jour était le 5 des calendes d'avril, sous le consulat de L. Pison et d'A. Gabinius[4].

César s'apprête à leur barrer le passage.

VII. César, à la nouvelle qu'ils prétendaient faire route à travers notre province, se hâte de quitter Rome, gagne à marches forcées la Gaule transalpine et arrive devant Genève. Il ordonne de lever dans toute la province le plus de soldats possible (il y avait en tout dans la Gaule transalpine une légion) et fait couper le pont de Genève. Quand ils savent son arrivée, les Helvètes lui envoient une ambassade composée des plus grands personnages de l'Etat, et qui avait à sa tête Namméios et Verucloétios ; ils devaient lui tenir ce

1. C'est le col de l'Ecluse, où passe la route actuelle de Lyon à Genève.

2. Le Plat des Roches, et, plus loin, le Grand Credo.

3. Les Allobroges s'étaient révoltés en 61, et avaient été pacifiés l'année suivante par le préteur C. Pomptinus.

4. 28 mars 58. Mais le calendrier était en avance sur l'année réelle. Peut-être les Helvètes ont-ils choisi le jour de la nouvelle lune, qui était le 24 mars.

VI. [1]Erant omnino itinera duo, quibus itineribus domo exire possent : unum per Sequanos, angustum et difficile, inter montem Iuram et flumen Rhodanum, uix qua singuli carri ducerentur ; mons autem altissimus inpendebat, ut facile perpauci prohibere possent ; [2]alterum per prouinciam nostram, multo facilius atque expeditius, propterea quod inter fines Heluetiorum et Allobrogum, qui nuper pacati erant, Rhodanus fluit isque non nullis locis uado transitur. [3]Extremum oppidum Allobrogum est proximumque Heluetiorum finibus Genua. Ex eo oppido pons ad Heluetios pertinet. Allobrogibus sese uel persuasuros, quod nondum bono animo in populum romanum uiderentur, existimabant, uel ui coacturos, ut per suos fines eos ire paterentur. [4]Omnibus rebus ad profectionem conparatis diem dicunt, qua die ad ripam Rhodani omnes conueniant. Is dies erat a. d. V. Kal. Apr. L. Pisone A. Gabinio consulibus.

VII. [1]Caesari cum id nuntiatum esset, eos per prouinciam nostram iter facere conari, maturat ab urbe proficisci et quam maximis potest itineribus in Galliam ulteriorem contendit et ad Genuam peruenit. [2]Prouinciae toti quam maximum potest militum numerum imperat (erat omnino in Gallia ulteriore legio una), pontem qui erat ad Genuam iubet rescindi. [3]Vbi de eius aduentu Heluetii certiores facti sunt, legatos ad eum mittunt nobilissimos ciuitatis, cuius legationis Nammeius et Verucloetius

VI. 2 per : iter per AM || pacati AM, B, T/ : pacti RNB[m], U*l* || 3 genua *codd. constanter* : genaua *Mommsen.*

VII. 3 nammeius : nammeus L nameius U*l* || uerucloetius α : uerudoetius β.

langage : « L'intention des Helvètes est de passer, sans causer aucun dommage, à travers la province, parce qu'ils n'ont pas d'autre chemin ; ils lui demandent de vouloir bien autoriser ce passage. » César, se souvenant que les Helvètes avaient tué le consul L. Cassius, battu et fait passer sous le joug son armée[1], pensait qu'il ne devait pas y consentir : il estimait d'ailleurs que des hommes dont les dispositions d'esprit étaient hostiles, si on leur permettait de traverser la province, ne sauraient le faire sans violences ni dégâts. Néanmoins, voulant gagner du temps jusqu'à la concentration des troupes dont il avait ordonné la levée, il répondit aux envoyés qu'il se réservait quelque temps pour réfléchir : « S'ils avaient un désir à exprimer, qu'ils revinssent aux ides d'avril. »

VIII. En attendant, il employa la légion qu'il avait et les soldats qui étaient venus de la province à construire, sur une longueur de dix-neuf milles, depuis le lac Léman, qui déverse ses eaux dans le Rhône, jusqu'au Jura, qui forme la frontière entre les Séquanes et les Helvètes, un mur haut de seize pieds et précédé d'un fossé[2]. Ayant achevé cet ouvrage, il distribue des postes, établit des redoutes, afin de pouvoir mieux leur interdire le passage s'ils veulent le tenter contre son gré. Quand on fut au jour convenu, et que les envoyés revinrent, il déclara que les traditions de la politique romaine et les précédents ne lui permettaient pas d'accorder à qui que ce fût le passage à travers la province ; s'ils voulaient passer de force, ils le voyaient prêt à s'y opposer. Les Helvètes, déchus de leur espérance, essayèrent, soit à l'aide de bateaux liés ensemble et de radeaux qu'ils construisirent en grand nombre, soit à gué, aux endroits où le Rhône avait le moins de profondeur, de forcer le passage du fleuve, quelquefois de jour, plus souvent de nuit ; mais ils se heurtèrent aux ouvrages

1. L. Cassius, consul avec Marius en 107, avait poursuivi les Helvètes jusqu'à l'Océan (Oros., V, 15,23) ; la bataille a dû avoir lieu dans la région d'Agen (cf. Jullian, III, p. 64).

2. Dion, XXXVIII, 31, 4, ne parle pas d'un mur continu, mais de la fortification des points les plus importants. Ces travaux étaient-ils sur la rive droite, de Genève au Jura, ou sur la rive gauche, de Genève à l'éperon du Vuache ? Cf. Jullian, III, p. 199 et n. 5.

principem locum obtinebant, qui dicerent sibi esse in animo sine ullo maleficio iter per prouinciam facere, propterea quod aliud iter haberent nullum ; rogare ut eius uoluntate id sibi facere liceat. [4]Caesar, quod memoria tenebat L. Cassium consulem occisum exercitumque eius ab Heluetiis pulsum et sub iugum missum, concedendum non putabat ; [5]neque homines inimico animo data facultate per prouinciam itineris faciundi temperaturos ab iniuria et maleficio existimabat. [6]Tamen, ut spatium intercedere posset dum milites quos imperauerat conuenirent, legatis respondit diem se ad deliberandum sumpturum : si quid uellent, ad Id. April. reuerterentur.

VIII. [1]Interea ea legione quam secum habebat militibusque qui ex prouincia conuenerant a lacu Lemanno, qui in flumen Rhodanum influit, ad montem Iuram, qui fines Sequanorum ab Heluetiis diuidit, milia passuum decem nouem murum in altitudinem pedum sedecim fossamque perducit. [2]Eo opere perfecto praesidia disponit, castella communit, quo facilius, si se inuito transire conarentur, prohibere possit. [3]Vbi ea dies quam constituerat cum legatis uenit et legati ad eum reuerterunt, negat se more et exemplo populi romani posse iter ulli per prouinciam dare et, si uim facere conentur, prohibiturum ostendit. [4]Heluetii ea spe deiecti nauibus iunctis ratibusque compluribus factis, alii uadis Rhodani, qua minima altitudo fluminis erat, non numquam interdiu, saepius noctu si perrumpere

3 principem T*f* : -um α U*l* || *ab* principum *usque ad* haec cum (20,5) *lacunam praebet* B, *quattuor excisis foliis* || 4 iugum α T : -o *f*, U*l* || 5 faciundi : -endi A², U.

VIII. 1 decem nouem : XVIIII *Meusel* || 2 possit α T : -et R², U*l*.

de défense, ils essuyèrent les attaques de nos soldats et furent accablés de traits ; ils finirent par renoncer à leur entreprise.

Ils traversent le pays des Séquanes. Mesures de César.

IX. Il ne leur restait plus qu'une route, celle qui traversait le territoire des Séquanes ; ils ne pouvaient, à cause des défilés, s'y engager sans le consentement de ce peuple. Ne pouvant le persuader à eux seuls, ils envoient une ambassade à l'Héduen Dumnorix, afin que par son intercession il leur obtienne le passage. Dumnorix, qui était populaire et généreux, disposait de la plus forte influence auprès des Séquanes ; c'était en même temps un ami des Helvètes, parce qu'il s'était marié dans leur pays, ayant épousé la fille d'Orgétorix ; son désir de régner le poussait à favoriser les changements politiques, et il voulait s'attacher le plus de nations possible en leur rendant des services. Aussi prend-il l'affaire en mains : il obtient des Séquanes qu'ils laissent passer les Helvètes sur leur territoire, et amène les deux peuples à échanger des otages, les Séquanes s'engageant à ne pas s'opposer au passage des Helvètes, ceux-ci garantissant que leur passage s'effectuera sans dommages ni violences.

X. On rapporte à César que les Helvètes se proposent de gagner, par les territoires des Séquanes et des Héduens, celui des Santons, qui n'est pas loin de la cité des Tolosates[1], laquelle fait partie de la province romaine. Il se rend compte que si les choses se passent ainsi, ce sera un grand danger pour la province que d'avoir, sur la frontière d'un pays sans défenses naturelles et très riche en blé, un peuple belliqueux, hostile aux Romains. Aussi, confiant à son légat T. Labiénus le commandement de la ligne fortifiée qu'il avait établie, il gagne l'Italie par grandes étapes ; il y lève deux légions, en met en campagne trois autres qui prenaient leurs quartiers d'hiver autour d'Aquilée, et avec ces cinq légions il se dirige vers la Gaule

1. La distance est, en réalité, d'environ 200 kilomètres. Le motif invoqué par César a bien l'air de n'être qu'un prétexte.

possent conati, operis munitione et militum concursu et telis repulsi hoc conatu destiterunt.

IX. [1]Relinquebatur una per Sequanos uia, qua Sequanis inuitis propter angustias ire non poterant. [2]His cum sua sponte persuadere non *possent*, legatos ad Dumnorigem Haeduum mittunt, ut eo deprecatore a Sequanis impetrarent. [3]Dumnorix gratia et largitione apud Sequanos plurimum poterat et Heluetiis erat amicus, quod ex ea ciuitate Orgetorigis filiam in matrimonium duxerat, et cupiditate regni adductus nouis rebus studebat et quam plurimas ciuitates suo beneficio habere obstrictas uolebat. [4]Itaque rem suscipit et a Sequanis impetrat ut per fines suos Heluetios ire patiantur, obsidesque uti inter sese dent perficit : Sequani, ne itinere Heluetios prohibeant, Heluetii, ut sine maleficio et iniuria transeant.

X. [1]Caesari renuntiatur Heluetiis esse in animo per agrum Sequanorum et Haeduorum iter in Santonum fines facere, qui non longe a Tolosatium finibus absunt, quae ciuitas est in prouincia. [2]Id si fieret, intellegebat magno cum periculo prouinciae futurum ut homines bellicosos, populi romani inimicos, locis patentibus maximeque frumentariis finitimos haberet. [3]Ob eas causas ei munitioni quam fecerat T. Labienum legatum praefecit ; ipse in Italiam magnis itineribus contendit duasque ibi legiones conscribit et tres, quae circum Aquileiam hiemabant, ex hibernis educit et, qua proximum iter in ulteriorem

IX. 2 possent l^2 *dett.* : poterant *uett.* || 4 sese : se AM || perficit AM, *f* : -ecit RLN β.

X. 1 renuntiatur AM, LN : -antur Rβ nuntiatur *Lipsius* || 3 praefecit : -icit *Meusel* || circum : -ca T*f*.

ultérieure, en prenant au plus court, à travers les Alpes. Là les Ceutrons, les Graiocèles, les Caturiges[1], qui avaient occupé les positions dominantes, essayent d'interdire le passage à son armée. Parti d'Océlum[2], qui est la dernière ville de la Gaule citérieure, il parvient en sept jours, après plusieurs combats victorieux, chez les Voconces, en Gaule ultérieure ; de là il conduit ses troupes chez les Allobroges, et des Allobroges chez les Ségusiaves[3]. C'est le premier peuple qu'on rencontre hors de la province au delà du Rhône.

XI. Les Helvètes avaient déjà franchi les défilés et traversé le pays des Séquanes ; ils étaient parvenus chez les Héduens[4], et ravageaient leurs terres. Ceux-ci, ne pouvant se défendre ni protéger leurs biens, envoient une ambassade à César pour lui demander secours : « Ils s'étaient, de tout temps, assez bien conduits envers le peuple romain pour ne pas mériter que presque sous les yeux de notre armée leurs champs fussent dévastés, leurs enfants emmenés en esclavage, leurs villes prises d'assaut. » En même temps les Ambarres[5], peuple ami des Héduens et de même souche, font savoir à César que leurs campagnes ont été ravagées, et qu'ils ont de la peine à défendre leurs villes des agressions de l'ennemi. Enfin des Allobroges qui avaient sur la rive droite du Rhône des villages et des propriétés cherchent un refuge auprès de César et lui exposent que, sauf le sol même, il ne leur reste plus rien. Ces faits décident César : il n'attendra pas que les Helvètes soient arrivés en Saintonge après avoir consommé la ruine de nos alliés.

1. Les Ceutrons habitaient la haute vallée de l'Isère, ou Tarentaise, les Graiocèles la région du Mont-Cenis, les Caturiges la haute vallée de la Durance, avec le col du Mont-Genèvre.

2. Probablement Avigliana, sur la Dora Riparia. Cf. R. Holmes, p. 430-432.

3. César campa à Lyon, soit sur la colline même de Fourvières (Jullian), soit à Sathonay (Napoléon).

4. Sur la route suivie par les Helvètes, cf. Jullian, III, p. 205, n. 1.

5. Le nom de ce peuple paraît signifier qu'il habitait sur les deux rives de la Saône (*Arar*).

Galliam per Alpes erat, cum his quinque legionibus ire contendit. [4]Ibi Ceutrones et Graioceli et Caturiges locis superioribus occupatis itinere exercitum prohibere conantur. [5]Conpluribus his proeliis pulsis ab Ocelo, quod est citerioris prouinciae extremum, in fines Vocontiorum ulterioris prouinciae die septimo peruenit ; inde in Allobrogum fines, ab Allobrogibus in Se*g*usia*u*os exercitum ducit. Hi sunt extra prouinciam trans Rhodanum primi.

XI. [1]Heluetii iam per angustias et fines Sequanorum suas copias traduxerant et in Haeduorum fines peruenerant eorumque agros populabantur. [2]Haedui, cum se suaque ab iis defendere non possent, legatos ad Caesarem mittunt rogatum auxilium : [3]ita se omni tempore de populo romano meritos esse, ut paene in conspectu exercitus nostri agri uastari, liberi eorum in seruitutem abduci, oppida expugnari non debuerint. [4]Eodem tempore [Haedui] Ambarri, necessarii et consanguinei Haeduorum, Caesarem certiorem faciunt sese depopulatis agris non facile ab oppidis uim hostium prohibere. [5]Item Allobroges qui trans Rhodanum uicos possessionesque habebant fuga se ad Caesarem recipiunt et demonstrant sibi praeter agri solum nihil esse reliqui. [6]Quibus rebus adductus Caesar non expectandum sibi statuit dum omnibus fortunis sociorum consumptis in Santonos Heluetii peruenirent.

3 his T*f*, *l*: iis α U || **4** ceutrones : cen- *dett.*, *Glück* || graioceli LN : graiocaeli AM, R gaioceli β grai oceli *Mommsen* || **5** his T*f*, *l* : iis α U || ocelo quod est : oppido ocelo quod est *Walther* ocelo quod est oppidum *R. Schneider* || segusiauos *Nipperdey* : sebusianos *codd.*

XI. **2** iis α : his T*f*, *l* eis U || **3** eorum : *del. Meusel* || **4** haedui *del. f*[2], *Ciacconius* : quo haedui *Aldus.*

Les Helvètes passent la Saône. Défaite des Tigurins.

XII. Il y a une rivière, la Saône, qui va se jeter dans le Rhône en passant par les territoires des Héduens et des Séquanes; son cours est d'une incroyable lenteur, au point que l'œil ne peut juger du sens du courant. Les Helvètes étaient en train de la franchir à l'aide de radeaux et de barques assemblées. Quand César sut par ses éclaireurs que déjà les trois quarts de leurs troupes avaient franchi la rivière et qu'il ne restait plus sur la rive gauche que le quart environ de l'armée, il partit de son camp pendant la troisième veille avec trois légions et rejoignit ceux qui n'avaient pas encore passé. Ils étaient embarrassés de leurs bagages et ne s'attendaient pas à une attaque : César en tailla en pièces la plus grande partie ; le reste chercha son salut dans la fuite et se cacha dans les forêts voisines [1]. Ces hommes étaient ceux du canton des Tigurins : l'ensemble du peuple helvète se divise, en effet, en quatre cantons. Ces Tigurins, ayant quitté seuls leur pays au temps de nos pères, avaient tué le consul L. Cassius et fait passer son armée sous le joug. Ainsi, soit effet du hasard, soit dessein des dieux immortels, la partie de la nation helvète qui avait infligé aux Romains un grand désastre fut la première à être punie. En cette occasion, César ne vengea pas seulement son pays, mais aussi sa famille : L. Pison, aïeul de son beau-père L. Pison [2], et lieutenant de Cassius, avait été tué par les Tigurins dans le même combat où Cassius avait péri.

Ambassade de Divico.

XIII. Après avoir livré cette bataille [3], César, afin de pouvoir poursuivre le reste de l'armée helvète, fait jeter un pont sur la Saône et par ce moyen porte son armée sur l'autre rive. Sa soudaine approche surprend les Helvètes, et ils s'effraient de voir qu'un jour lui a suffi pour franchir

1. Le lieu de la bataille est incertain : entre Villefranche et Trévoux, d'après Napoléon et R. Holmes, à Mâcon d'après M. Jullian.

2. César avait épousé Calpurnia, fille du consul de 58 mentionné plus haut, 6, 4.

3. Plutarque, *Caes.*, 18 et Appien, *Celt.*, 15, attribuent le fait

XII. [1]Flumen est Arar, quod per fines Haeduorum et Sequanorum in Rhodanum influit, incredibili lenitate, ita ut oculis in utram partem fluat iudicari non possit. Id Heluetii ratibus ac lintribus iunctis transibant. [2]Vbi per exploratores Caesar certior factus est tres iam partes copiarum Heluetios id flumen traduxisse, quartam fere partem citra flumen Ararim reliquam esse, de tertia uigilia cum legionibus tribus e castris profectus ad eam partem peruenit quae nondum flumen transierat. [3]Eos impeditos et inopinantes adgressus magnam partem eorum concidit : reliqui sese fugae mandarunt atque in proximas siluas abdiderunt. [4]Is pagus appellabatur Tigurinus : nam omnis ciuitas Heluetia in quattuor pagos diuisa est. [5]Hic pagus unus cum domo exisset patrum nostrorum memoria L. Cassium consulem interfecerat et eius exercitum sub iugum miserat. [6]Ita siue casu siue consilio deorum immortalium, quae pars ciuitatis Heluetiae insignem calamitatem populo romano intulerat, ea princeps poenas persoluit. [7]Qua in re Caesar non solum publicas, sed etiam priuatas iniurias ultus est, quod eius soceri L. Pisonis auum, L. Pisonem legatum, Tigurini eodem proelio quo Cassium interfecerant.

XIII. [1]Hoc proelio facto reliquas copias Heluetiorum ut consequi posset pontem in Arare faciendum curat atque ita exercitum traducit. [2]Heluetii, repentino eius aduentu commoti, cum id quod ipsi diebus XX aegerrime confecerant, ut flumen tran-

XII. **2** fere α : uero β || **3** partem eorum α *Ul* : eorum partem *Tf* || sese α *Ul* : se *Tf* || proximas siluas α : siluas proximas *Tf* proximis siluis *Ul* || **4** pagos α *Ul* : partes uel pagos *Tf* || est diuisa *Tf* || **5** immortalium deorum *Tf*.

XIII. **1** arare : -i T.

la rivière, quand ils ont eu beaucoup de peine à le faire en vingt. Ils lui envoient une ambassade : le chef en était Divico, qui avait commandé aux Helvètes dans la guerre contre Cassius. Il tint à César ce langage : « Si le peuple romain faisait la paix avec les Helvètes, ceux-ci iraient où César voudrait, et s'établiraient à l'endroit de son choix ; mais s'il persistait à les traiter en ennemis, il ne devait pas oublier que les Romains avaient éprouvé autrefois quelque désagrément, et qu'un long passé consacrait la vertu guerrière des Helvètes. Il s'était jeté à l'improviste sur les troupes d'un canton, alors que ceux qui avaient passé la rivière ne pouvaient porter secours à leurs frères ; il ne devait pas pour cela trop présumer de sa valeur ni mépriser ses adversaires. Ils avaient appris de leurs aïeux à préférer aux entreprises de ruse et de fourberie la lutte ouverte où le plus courageux triomphe. Qu'il prît donc garde : les lieux où ils s'étaient arrêtés pourraient bien emprunter un nom nouveau à une défaite romaine et à la destruction de son armée, ou prêter leur nom à ce souvenir. »

XIV. César répondit en ces termes : « Il hésitait d'autant moins sur le parti à prendre que les faits rappelés par les ambassadeurs helvètes étaient présents à sa mémoire, et il avait d'autant plus de peine à en supporter l'idée que le peuple romain était moins responsable de ce qui s'était passé. Si, en effet, il avait eu conscience d'avoir causé quelque tort, il ne lui eût pas été difficile de prendre ses précautions ; mais ce qui l'avait trompé, c'est qu'il ne voyait rien dans sa conduite qui lui donnât sujet de craindre, et qu'il ne pensait pas qu'il dût craindre sans motif. Et à supposer qu'il consentît à oublier l'ancien affront, leurs nouvelles insultes — tentative pour passer de force à travers la province dont on leur refusait l'accès, violences contre

d'armes à Labiénus seul, tandis que César et Dion ne le nomment pas. Il est impossible d'admettre que César, qui ne dissimule jamais, par la suite, les mérites de son lieutenant, se les soit ici attribués. On résoudra la contradiction en supposant, avec M. Jullian, que Labiénus accompagnait César.

sirent, illum uno die fecisse intellegerent, legatos ad eum mittunt ; cuius legationis Diuico princeps fuit, qui bello Cassiano dux Heluetiorum fuerat. [3]Is ita cum Caesare egit : Si pacem populus romanus cum Heluetiis faceret, in eam partem ituros atque ibi futuros Heluetios ubi eos Caesar constituisset atque esse uoluisset : [4]sin bello persequi perseueraret, reminisceretur et ueteris incommodi populi romani et pristinae uirtutis Heluetiorum. [5]Quod inprouiso unum pagum adortus esset, cum ii qui flumen transissent suis auxilium ferre non possent, ne ob eam rem aut suae magnopere uirtuti tribueret aut ipsos despiceret. [6]Se ita a patribus maioribusque suis didicisse, ut magis uirtute quam dolo contenderent aut insidiis niterentur. [7]Quare ne committeret ut is locus ubi constitissent ex calamitate populi romani et internecione exercitus nomen caperet aut memoriam proderet.

XIV. [1]His Caesar ita respondit : Eo sibi minus dubitationis dari, quod eas res quas legati Heluetii commemorassent memoria teneret, atque eo grauius ferre quo minus merito populi romani accidissent : [2]qui si alicuius iniuriae sibi conscius fuisset, non fuisse difficile cauere ; sed eo deceptum, quod neque commissum a se intellegeret quare timeret, neque sine causa timendum putaret. [3]Quod si ueteris contumeliae obliuisci uellet, num etiam recentium iniu-

3 egit T/ : egit. legati ab heluetiis ad caesarem missi pacem petitum. cum denuntiatione terroris α Ul [*in* M *secunda manu scriptum* ; *legitur* : titulus est : legati ab heluiciis *etc*...] 5 esset : fudisset *Gertz* || 6 quam dolo contenderent : contenderent quam dolo *Dinter* contenderent *del. Gruter* dolo contenderent aut *del. Mommsen* || aut insidiis niterentur : *del. Gertz* || 7 constitissent α : -uissent M[1], R[1] β.

XIV. 1 accidissent AM : -et *cett.* || 3 quod si : qui si U.

les Héduens, les Ambarres, les Allobroges, pouvait-il les oublier[1] ? Quant à l'insolent orgueil que leur inspirait leur victoire, et à leur étonnement d'être restés si longtemps impunis, la résolution de César s'en fortifiait. Car les dieux immortels, pour faire sentir plus durement les revers de la fortune aux hommes dont ils veulent punir les crimes, aiment à leur accorder des moments de chance et un certain délai d'impunité. Telle est la situation ; pourtant, s'ils lui donnent des otages qui lui soient une garantie de l'exécution de leurs promesses, et si les Héduens reçoivent satisfaction pour les torts qu'eux et leurs alliés ont subis, si les Allobroges obtiennent également réparation, il est prêt à faire la paix. » Divico répondit que « les Helvètes tenaient de leurs ancêtres un principe : ils recevaient des otages, ils n'en donnaient point ; le peuple romain pouvait en porter témoignage. » Sur cette réponse, il partit.

César suit les Helvètes. Combats d'arrière-garde.

XV. Le lendemain, les Helvètes lèvent le camp. César fait de même, et il envoie en avant toute sa cavalerie, environ 4.000 hommes qu'il avait levés dans l'ensemble de la province et chez les Héduens et leurs alliés : elle devait se rendre compte de la direction prise par l'ennemi[2]. Ayant poursuivi avec trop d'ardeur l'arrière-garde des Helvètes, elle a un engagement avec leur cavalerie sur un terrain qu'elle n'a pas choisi, et perd quelques hommes. Ce combat exalta l'orgueil de nos adversaires, qui avaient avec 500 cavaliers repoussé une cavalerie si nombreuse : ils commencèrent à se montrer plus audacieux, faisant face quelque-

1. César s'efface derrière le peuple romain, qu'il représente. C'est une habileté : il tient à représenter les opérations contre les Helvètes, début d'une guerre qui devait durer huit ans, comme imposées par l'honneur national et par l'intérêt de Rome ; il veut écarter l'idée qu'il ait pu obéir à des calculs d'ambition.

2. Les Helvètes se dirigeaient vers le nord-ouest, dans la direction d'Autun, à travers les monts du Beaujolais et du Charolais.

riarum, quod eo inuito iter per prouinciam per uim temptassent, quod Haeduos, quod Ambarros, quod Allobrogas uexassent, memoriam deponere posse? [4]Quod sua uictoria tam insolenter gloriarentur, quodque tam diu se inpune iniurias tulisse admirarentur, eodem pertinere. [5]Consuesse enim deos immortales, quo grauius homines ex commutatione rerum doleant, quos pro scelere eorum ulcisci uelint, his secundiores interdum res et diuturniorem impunitatem concedere. [6]Cum ea ita sint, tamen, si obsides ab iis sibi dentur, uti ea quae polliceantur facturos intellegat, et si Haeduis de iniuriis quas ipsis sociisque eorum intulerint, item si Allobrogibus satis faciant, sese cum iis pacem esse facturum. [7]Diuico respondit : Ita Heluetios a maioribus suis institutos esse uti obsides accipere, non dare consuerint : eius rei populum romanum esse testem. Hoc responso dato discessit.

XV. [1]Postero die castra ex eo loco mouent. Idem facit Caesar equitatumque omnem ad numerum quattuor milium, quem ex omni prouincia et Haeduis atque eorum sociis coactum habebat, praemittit, qui uideant quas in partes hostes iter faciant. [2]Qui cupidius nouissimum agmen insecuti alieno loco cum equitatu Heluetiorum proelium committunt ; et pauci de nostris cadunt. [3]Quo proelio sublati Heluetii, quod quingentis equitibus tantam multitudinem equitum propulerant, audacius subsistere non numquam et nouissimo agmine proelio nostros

3 allobrogas A, RLN : -os M -es β || memoriam AM : -a *cett.* || posse RLN β : -et AM, *f*[2] || **4** iniurias : *del. Mommsen* || tulisse : int- *Prammer* || **5** his : iis AM || **6** ab iis sibi AM, R, U : ab his sibi T*f*, *l* sibi ab iis LN || cum iis : cum his T*f*.

XV. **1** iter hostes LN.

fois et livrant des combats d'arrière-garde. César retenait ses soldats, et se contentait pour le moment d'empêcher l'ennemi de voler, d'enlever le fourrage et de détruire. On marcha ainsi près de quinze jours, sans qu'il y eût jamais entre l'arrière-garde ennemie et notre avant-garde plus de cinq ou six mille pas.

Mauvaise volonté des Héduens. Diviciacos et Liscos dénoncent Dumnorix.

XVI. Cependant César réclamait chaque jour aux Héduens le blé qu'ils lui avaient officiellement promis. Car, à cause du froid, — la Gaule, comme on l'a dit précédemment, est un pays septentrional — non seulement les moissons n'étaient pas mûres, mais le fourrage aussi manquait ; quant au blé qu'il avait fait transporter par eau en remontant la Saône, il ne pouvait guère en user, parce que les Helvètes s'étaient écartés de la rivière et qu'il ne voulait pas les perdre de vue. Les Héduens différaient leur livraison de jour en jour : « On rassemblait les grains, disaient-ils, ils étaient en route, ils arrivaient. » Quand César vit qu'on l'amusait, et que le jour était proche où il faudrait distribuer aux soldats leur ration mensuelle, il convoque les chefs héduens, qui étaient en grand nombre dans son camp ; parmi eux se trouvaient Diviciacos et Liscos ; ce dernier était le magistrat suprême, que les Héduens appellent vergobret[1] : il est nommé pour un an, et a droit de vie et de mort sur ses concitoyens ; César se plaint vivement que, dans l'impossibilité d'acheter du blé ou d'en trouver dans la campagne, quand les circonstances sont si critiques, l'ennemi si proche, il ne trouve pas d'aide auprès d'eux, et cela, quand c'est en grande partie pour répondre à leurs prières qu'il a entrepris la guerre ; plus vivement encore il leur reproche d'avoir trahi sa confiance.

1. D'après le texte des manuscrits (*praeerant*), Diviciacos et Liscos auraient été tous deux vergobrets ; mais le passage VII, 32, 3 indique très nettement qu'il n'y avait qu'un seul vergobret. — Une inscription et une médaille mentionnent un magistrat de ce nom chez les Santons et chez les Lexovii.

lacessere coeperunt. [4]Caesar suos a proelio continebat ac satis habebat in praesentia hostem rapinis, pabulationibus populationibusque prohibere. [5]Ita dies circiter quindecim iter fecerunt, uti inter nouissimum hostium agmen et nostrum primum non amplius quinis aut senis milibus passuum interesset.

XVI. [1]Interim cotidie Caesar Haeduos frumentum quod essent publice polliciti flagitare. [2]Nam propter frigora, quod Gallia sub septentrionibus, ut ante dictum est, posita est, non modo frumenta in agris matura non erant, sed ne pabuli quidem satis magna copia suppetebat : [3]eo autem frumento quod flumine Arare nauibus subuexerat, propterea minus uti poterat quod iter ab Arare Heluetii auerterant, a quibus discedere nolebat. [4]Diem ex die ducere Haedui : conferri, conportari, adesse dicere. [5]Vbi se diutius duci intellexit et diem instare, quo die frumentum militibus metiri oporteret, conuocatis eorum principibus, quorum magnam copiam in castris habebat, in his Diuiciaco et Lisco, qui summo magistratui praeerat, quem uergobretum appellant Haedui, qui creatur annuus et uitae necisque in suos habet potestatem, [6]grauiter eos accusat quod, cum neque emi neque ex agris sumi posset, tam necessario tempore, tam propinquis hostibus ab iis non subleuetur, praesertim cum magna ex parte eorum precibus adductus bellum susceperit ; multo etiam grauius quod sit destitutus queritur.

4 a proelio suos T/ || pabulationibus : *om. Laur. 68,7, del. Aldus* || **5** uti: ut T/.

XVI. **2** quod gallia... posita est : *del. Schiller* || **3** arare [*bis*] : -i T || **5** praeerat *Nicaise* : -ant *codd.* || **6** posset: -it *Meusel* || iis RLN, U: his AM, T/, *l* || multo etiam... queritur : *del. Koch.*

XVII. Ces paroles de César décident Liscos à dire enfin ce que jusqu'alors il avait tu : « Il y a un certain nombre de personnages qui ont une influence prépondérante sur le peuple, et qui, simples particuliers, sont plus puissants que les magistrats eux-mêmes[1]. Ce sont ceux-là qui, par leurs excitations criminelles, détournent la masse des Héduens d'apporter le blé qu'ils doivent : ils leur disent qu'il vaut mieux, s'ils ne peuvent plus désormais prétendre au premier rang dans la Gaule, obéir à des Gaulois qu'aux Romains ; ils se déclarent certains que, si les Romains triomphent des Helvètes, ils raviront la liberté aux Héduens en même temps qu'au reste de la Gaule. Ce sont ces mêmes personnages qui instruisent l'ennemi de nos plans et de ce qui se passe dans l'armée ; il est impuissant à les contenir. Bien plus : s'il a attendu d'y être forcé pour révéler à César une situation aussi grave, c'est qu'il se rend compte du danger qu'il court ; voilà pourquoi, aussi longtemps qu'il l'a pu, il a gardé le silence. »

XVIII. César sentait bien que ces paroles de Liscos visaient Dumnorix, frère de Diviciacos ; mais, ne voulant pas que l'affaire soit discutée en présence de plusieurs personnes, il congédie promptement l'assemblée, et ne retient que Liscos. Seul à seul, il l'interroge sur ce qu'il avait dit dans le conseil. Celui-ci parle avec plus de liberté et d'audace. César interroge en secret d'autres personnages ; il constate que Liscos a dit vrai. « C'était bien Dumnorix : l'homme était plein d'audace, sa libéralité l'avait mis en faveur auprès du peuple, et il voulait un bouleversement politique. Depuis de longues années il avait à vil prix la ferme des douanes et de tous les autres impôts des Héduens, parce que, lorsqu'il enchérissait, personne n'osait enchérir contre lui. Cela lui avait permis

1. La plèbe gauloise ne formait pas un corps politique ; elle ne jouait de rôle dans la vie publique que par la clientèle : groupés autour des nobles, les gens du peuple fournissaient à ceux-ci, en échange de leur protection, une force armée qui faisait d'eux de véritables seigneurs féodaux. Voir, au chapitre suivant, l'exemple de Dumnorix.

XVII. [1]Tum demum Liscus oratione Caesaris adductus quod antea tacuerat proponit : Esse non nullos, quorum auctoritas apud plebem plurimum ualeat, qui priuatim plus possint quam ipsi magistratus. [2]Hos seditiosa atque inproba oratione multitudinem deterrere ne frumentum conferant quod debeant : [3]praestare si iam principatum Galliae optinere non poss*i*nt, Gallorum quam Romanorum imperia perferre ; [4]neque dubitare [debeant] quin, si Heluetios superauerint Romani, una cum reliqua Gallia Haeduis libertatem sint erepturi. [5]Ab *i*sdem nostra consilia quaeque in castris gerantur hostibus enuntiari : hos a se coerceri non posse. [6]Quin etiam, quod necessariam rem coactus Caesari enuntiarit, intellegere sese quanto id cum periculo fecerit, et ob eam causam quam diu potuerit tacuisse.

XVIII. [1]Caesar hac oratione Lisci Dumnorigem, Diuiciaci fratrem, designari sentiebat, sed, quod pluribus praesentibus eas res iactari nolebat, celeriter concilium dimittit, Liscum retinet. [2]Quaerit ex solo ea quae in conuentu dixerat. Dicit liberius atque audacius. Eadem secreto ab aliis quaerit ; reperit esse uera. [3]Ipsum esse Dumnorigem, summa audacia, magna apud plebem propter liberalitatem gratia, cupidum rerum nouarum. Compluris annos portoria reliquaque omnia Haeduorum uectigalia paruo pretio redempta habere, propterea quod illo licente contra licer*i*

XVII. 1 possint AM, LN : -ent *cett.* || 2 debeant : praestare *Heller* : praestare debeant *codd.* || 3 possint *Hotman* : -ent *codd.* || perferre α Ul : praeferre T*f* || 4 dubitare : -i *Iurinius* || debeant *del Daehne* : debere *Clarke* || 5 isdem *Spillmann*: iisdem RLN, T, U : hisdem AM,*l* eisdem *f* || 6 necessariam : -(i)o LN *Paris. 6106* || rem : re *Paris. 6106* || id cum : *om.* LN.

XVIII. 2 reperit AM, LN, *f* : repperit R, T, U*l* || 3 licente α : dicente β || liceri *Aldus* : -e α dicere β.

d'amasser, tout en enrichissant sa maison, de quoi pourvoir abondamment à ses largesses ; il entretenait régulièrement, à ses frais, une nombreuse cavalerie qui lui servait de garde du corps, et son influence ne se limitait pas à son pays, mais s'étendait largement sur les nations voisines. Il avait même, pour développer cette influence, marié sa mère chez les Bituriges, à un personnage de haute noblesse et de grand pouvoir ; lui-même avait épousé une Helvète ; sa sœur du côté maternel et des parentes avaient été mariées par ses soins dans d'autres cités. Il aimait et favorisait les Helvètes à cause de cette union ; en outre, il nourrissait une haine personnelle contre César et les Romains, parce que leur arrivée avait diminué son pouvoir et rendu à son frère Diviciacos crédit et honneurs d'autrefois. Un malheur des Romains porterait au plus haut ses espérances de devenir roi grâce aux Helvètes ; la domination romaine lui ferait perdre l'espoir non seulement de régner, mais même de conserver son crédit[1]. » L'enquête de César lui apprit encore que, dans le combat de cavalerie défavorable à nos armes qui avait eu lieu quelques jours auparavant, Dumnorix et ses cavaliers avaient été les premiers à tourner bride (la cavalerie auxiliaire que les Héduens avaient fournie à César était, en effet, commandée par Dumnorix); c'était leur fuite qui avait jeté la panique dans le reste de la troupe.

XIX. Aux soupçons que faisaient naître ces renseignements se joignaient d'absolues certitudes : il avait fait passer les Helvètes à travers le pays des Séquanes, il s'était occupé de faire échanger des otages entre les deux peuples, il avait agi en tout cela non seulement sans l'ordre de César ni de ses concitoyens, mais encore à leur insu, il était dénoncé par le premier magistrat des Héduens. César pensait qu'il y avait là motif suffisant pour sévir lui-même ou inviter sa cité à le punir. A ces raisons, une seule s'opposait : il avait pu apprécier chez Divicia-

1. César fait de Dumnorix un ambitieux vulgaire ; mais il convient d'observer qu'il représentait le parti populaire et national en face d'une aristocratie favorable à l'influence romaine.

audeat nemo. [4]His rebus et suam rem familiarem auxisse et facultates ad largiendum magnas comparasse; [5]magnum numerum equitatus suo sumptu semper alere et circum se habere, [6]neque solum domi, sed etiam apud finitimas ciuitates largiter posse, atque huius potentiae causa matrem in Biturigibus homini illic nobilissimo ac potentissimo conlocasse; [7]ipsum ex Heluetiis uxorem habere, sororem ex matre et propinquas suas nuptum in alias ciuitates collocasse. [8]Fauere et cupere Heluetiis propter eam adfinitatem, odisse etiam suo nomine Caesarem et Romanos, quod eorum aduentu potentia eius deminuta et Diuiciacus frater in antiquum locum gratiae atque honoris sit restitutus. [9]Si quid accidat Romanis, summam in spem per Heluetios regni obtinendi uenire; imperio populi romani non modo de regno, sed etiam de ea quam habeat gratia desperare. [10]Reperiebat etiam in quaerendo Caesar, quod proelium equestre aduersum paucis ante diebus esset factum, initium eius fugae factum a Dumnorige atque eius equitibus (nam equitatui quem auxilio Caesari Haedui miserant Dumnorix praeerat); eorum fuga reliquum esse equitatum perterritum.

XIX. [1]Quibus rebus cognitis, cum ad has suspiciones certissimae res accederent, quod per fines Sequanorum Heluetios traduxisset, quod obsides inter eos dandos curasset, quod ea omnia non modo iniussu suo et ciuitatis, sed etiam inscientibus ipsis fecisset, quod a magistratu Haeduorum accusaretur, satis esse causae arbitrabatur quare in eum aut ipse animaduerteret aut ciuitatem animaduertere iuberet.

6 biturigibus *f, dett.*: uitur- αT bitor- U uitor- *l* ‖ **10 in quaerendo:** inquirendo LN, T*f*.

cos, frère du traître, un entier dévouement au peuple romain, un très grand attachement à sa personne, les plus remarquables qualités de fidélité, de droiture, de modération ; et il craignait de lui porter un coup cruel en envoyant son frère au supplice. Aussi, avant de rien tenter, il fait appeler Diviciacos, et, écartant ses interprètes ordinaires, il a recours, pour s'entretenir avec lui, à C. Valérius Troucillus[1], grand personnage de la Gaule romaine, qui était son ami et en qui il avait la plus entière confiance. Il lui rappelle ce qu'on a dit de Dumnorix en sa présence, dans le conseil, et lui fait connaître les renseignements qu'il a obtenus dans des entretiens particuliers ; il le prie instamment de ne pas s'offenser s'il statue lui-même sur le coupable après information régulière ou s'il invite sa cité à le juger.

XX. Diviciacos, tout en larmes, entoure César de ses bras et le conjure de ne pas prendre contre son frère des mesures trop rigoureuses. Il savait qu'on avait dit vrai, et personne n'en souffrait plus que lui : car alors qu'il jouissait dans son pays et dans le reste de la Gaule d'une très grande influence et que son frère, à cause de son jeune âge, n'en possédait aucune, il l'avait aidé à s'élever ; et la fortune et la puissance ainsi acquises, il s'en servait non seulement à affaiblir son crédit, mais même à préparer sa perte[2]. Pourtant, c'était son frère, et d'autre part l'opinion publique ne pouvait le laisser indifférent. Si César le traitait avec rigueur quand lui, Diviciacos, occupait un si haut rang dans son amitié, personne ne penserait que c'eût été contre son gré : et dès lors tous les Gaulois lui deviendraient hostiles. Il parlait avec abondance et versait des larmes ; César prend sa main, le rassure, lui demande de mettre fin à ses instances ;

1. Ce surnom est attesté par deux inscriptions de Suse (*C.I.L.*, V, 7269, 7287) et une du Norique (*C. I. L.*, III, 5037). Le personnage ne doit pas être confondu avec le C. Valérius Procillus de 47,4 et 53,5.

2. Il arrivait fréquemment en Gaule que la politique divisât les familles : autres exemples V, 56, 3 et VII, 4,2 ; T. Live, XXI, 31, 6-7 et Polybe, III, 49, 8-9. Cf. plus loin, VI, 11, 2: *paene etiam in singulis domibus factiones sunt.*

[2]His omnibus rebus unum repugnabat, quod Diuiciaci fratris summum in populum romanum studium, summam in se uoluntatem, egregiam fidem, iustitiam, temperantiam cognouerat : nam ne eius supplicio Diuiciaci animum offenderet uerebatur. [3]Itaque prius quam quicquam conaretur Diuiciacum ad se uocari iubet et cotidianis interpretibus remotis per C. Valerium Troucillum, principem Galliae prouinciae, familiarem suum, cui summam omnium rerum fidem habebat, cum eo conloquitur : [4]simul commonefacit quae ipso praesente in concilio Gallorum de Dumnorige sint dicta, et ostendit quae separatim quisque de eo apud se dixerit ; [5]petit atque hortatur ut sine eius offensione animi uel ipse de eo causa cognita statuat, uel ciuitatem statuere iubeat.

XX. [1]Diuiciacus multis cum lacrimis Caesarem complexus obsecrare coepit ne quid grauius in fratrem statueret : [2]Scire se illa esse uera, nec quemquam ex eo plus quam se doloris capere, propterea quod, cum ipse gratia plurimum domi atque in reliqua Gallia, ille minimum propter adulescentiam posset, per se creuisset ; [3]quibus opibus ac neruis non solum ad minuendam gratiam, sed paene ad perniciem suam uteretur. Sese tamen et amore fraterno et existimatione uulgi commoueri. [4]Quod si quid ei a Caesare grauius accidisset, cum ipse eum locum amicitiae apud eum teneret, neminem existimaturum non sua uoluntate factum ; qua ex re futurum uti totius Galliae animi a se auerterentur.

XIX. **2** fratris diuitiaci LN || populum. r. AM : populum *cett.* || **3** trouoillum *Holder*: trauc- A², T*f* troauc- α U*l* procillum *Manutius* || **4** gallorum : *del. Meusel.*

XX. **2** uera esse T*f*, *l* || nec : neque *Novák* || plurimum gratia LN || **4** uti α : ut β.

il lui déclare qu'il estime assez haut son amitié pour sacrifier à son désir et à ses prières le tort fait aux Romains et l'indignation qu'il éprouve[1]. Il fait venir Dumnorix et, en présence de son frère, lui dit ce qu'il lui reproche ; il lui expose ce qu'il sait, et les griefs de ses compatriotes ; il l'avertit d'avoir à éviter, pour l'avenir, tout soupçon ; il lui pardonne le passé en faveur de son frère Diviciacos ; il lui donne des gardes, afin de savoir ce qu'il fait et avec qui il s'entretient.

Projet d'attaque combinée de César et de Labiénus. Il échoue.

XXI. Le même jour, ayant appris par ses éclaireurs que l'ennemi s'était arrêté au pied d'une montagne à huit milles de son camp[2], César envoya une reconnaissance pour savoir ce qu'était cette montagne et quel accès offrait son pourtour. On lui rapporta qu'elle était d'accès facile. Il ordonne à T. Labiénus, légat propréteur, d'aller, au cours de la troisième veille, occuper la crête de la montagne avec deux légions, en se faisant guider par ceux qui avaient reconnu la route ; il lui fait connaître son plan. De son côté, pendant la quatrième veille, il marche à l'ennemi par le même chemin que celui-ci avait pris, et détache en avant toute sa cavalerie. Elle était précédée par des éclaireurs sous les ordres de P. Considius, qui passait pour un soldat très expérimenté et avait servi dans l'armée de L. Sulla, puis dans celle de M. Crassus[3].

XXII. Au point du jour, comme Labiénus occupait le sommet de la montagne et que lui-même n'était plus qu'à 1.500 pas du camp ennemi, et quand — il le sut plus tard par des prisonniers — on ne s'était aperçu ni de son

1. La mansuétude de César n'eut-elle pas d'autres motifs ? Il a dû obéir au moins autant à des raisons d'ordre politique qu'à des considérations de sentiment : il s'agissait de ne pas s'aliéner une fraction importante du peuple héduen, et de ménager l'opinion gauloise.

2. D'après l'opinion de Stoffel, qu'adopte M. Jullian, le camp aurait été à Saint-Romain-sous-Gourdon, et la montagne serait celle de Sanvignes.

3. Pendant la guerre contre Spartacus. — P. Considius était, selon toute apparence, un centurion.

[5]Haec cum pluribus uerbis flens a Caesare peteret, Caesar eius dextram prendit ; consolatus rogat finem orandi faciat ; tanti eius apud se gratiam esse ostendit, uti et rei publicae iniuriam et suum dolorem eius uoluntati ac precibus condonet. [6]Dumnorigem ad se uocat, fratrem adhibet ; quae in eo reprehendat ostendit ; quae ipse intellegat, quae ciuitas queratur proponit ; monet ut in reliquum tempus omnes suspiciones uitet ; praeterita se Diuiciaco fratri condonare dicit. Dumnorigi custodes ponit, ut quae agat, quibuscum loquatur scire possit.

XXI. [1]Eodem die ab exploratoribus certior factus hostes sub monte consedisse milia passuum ab ipsius castris octo, qualis esset natura montis et qualis in circuitu ascensus qui cognoscere*n*t misit. Renuntiatum est facilem esse. [2]De tertia uigilia T. Labienum, legatum pro praetore, cum duabus legionibus et *i*is ducibus qui iter cognouerant, summum iugum montis ascendere iubet ; quid sui consilii sit ostendit. [3]Ipse de quarta uigilia eodem itinere quo hostes ierant ad eos contendit equitatumque omnem ante se mittit. [4]P. Considius, qui rei militaris peritissimus habebatur et in exercitu L. Sullae et postea in M. Crassi fuerat, cum exploratoribus praemittitur.

XXII. [1]Prima luce, cum summus mons a [Lucio] Labieno teneretur, ipse ab hostium castris non longius mille et quingentis passibus abesset, neque, ut postea

5 faciat finem orandi LN || 6 reprehendat AM, B : -it RLN β.

XXI. 1 qualis in AM, B², T/ : quales in B¹ RLN, U (*l*) || cognoscerent N² *Paris. 6106, Aldus* : -et *uett.* || 2 iis *ed. pr.* : his *codd.* || iubet ascendere T/ || 4 p. AM : *om. cett.*

XXII. 1 lucio *del. Nipperdey.*

approche, ni de celle de Labiénus, Considius accourt vers lui à bride abattue : « La montagne, dit-il, que Labiénus avait ordre d'occuper, ce sont les ennemis qui la tiennent : il a reconnu les Gaulois à leurs armes et à leurs insignes[1]. » César ramène ses troupes sur une colline voisine et les range en bataille. Il avait recommandé à Labiénus de n'engager le combat qu'après avoir vu ses troupes près du camp ennemi, car il voulait que l'attaque se produisît simultanément de tous côtés : aussi le légat, après avoir pris position sur la montagne, attendait-il les nôtres et s'abstenait-il d'attaquer. Ce ne fut que fort avant dans la journée que César apprit par ses éclaireurs la vérité : c'étaient les siens qui occupaient la montagne, les Helvètes avaient levé le camp, Considius, égaré par la peur, avait dit avoir vu et avait seulement rêvé. Ce jour même César suit les ennemis à la distance ordinaire et établit son camp à trois mille pas du leur.

Défaite des Helvètes près de Bibracte.

XXIII. Le lendemain, comme deux jours en tout et pour tout le séparaient du moment où il faudrait distribuer du blé aux troupes, et comme d'autre part Bibracte, de beaucoup la plus grande et la plus riche ville des Héduens, n'était pas à plus de 18 milles, il pensa qu'il fallait s'occuper de l'approvisionnement, et, laissant les Helvètes, il se dirigea vers Bibracte[2]. Des esclaves de L. Emilius, décurion de la cavalerie gauloise, s'enfuient et apprennent la chose à l'ennemi. Les Helvètes crurent-ils que les Romains rompaient le contact sous le coup de la terreur, pensée d'autant plus naturelle que la veille, maîtres des hauteurs, nous n'avions pas attaqué ? ou bien se firent-ils forts de nous couper les vivres ? toujours est-il que, modifiant leurs plans et faisant demi-tour, ils se mirent à suivre et à harceler notre arrière-garde.

1. Les longs boucliers des Gaulois et leurs casques à cornes étaient particulièrement caractéristiques. Ce sont ces cornes, ou les hauts cimiers, ou les rouelles, panaches et autres ornements des casques, que César désigne par *insignia*.

2. Sur le Mont-Beuvray, à l'ouest d'Autun.

ex captiuis comperit, aut ipsius aduentus aut Labieni cognitus esset, [2]Considius equo admisso ad eum accurrit, dicit montem quem a Labieno occupari uoluerit ab hostibus teneri ; id se a gallicis armis atque insignibus cognouisse. [3]Caesar suas copias in proximum collem subducit, aciem instruit. Labienus, ut erat ei praeceptum a Caesare ne proelium committeret, nisi ipsius copiae prope hostium castra uisae essent, ut undique uno tempore in hostes impetus fieret, monte occupato nostros expectabat proelioque abstinebat. [4]Multo denique die per exploratores Caesar cognouit et montem a suis teneri et Heluetios castra mouisse et Considium timore perterritum quod non uidisset pro uiso sibi renuntiasse. [5]Eo die quo consuerat interuallo hostes sequitur et milia passuum tria ab eorum castris castra ponit.

XXIII. [1]Postridie eius diei, quod omnino biduum supererat, cum exercitui frumentum metiri oporteret, et quod a Bibracte, oppido Haeduorum longe maximo et copiosissimo, non amplius milibus passuum XVIII aberat, rei frumentariae prospiciendum existimauit : iter ab Heluetiis auertit ac Bibracte ire contendit. [2]Ea res per fugitiuos L. Aemilii, decurionis equitum Gallorum, hostibus nuntiatur. [3]Heluetii, seu quod timore perterritos Romanos discedere a se existimarent, eo magis quod pridie superioribus locis occupatis proelium non commisissent, siue eo quod re frumentaria intercludi posse confiderent, commutato consilio atque itinere conuerso nostros a nouissimo agmine insequi ac lacessere coeperunt.

2 a gallicis : gallicis M, LN || 5 consuerat α T[1] : -euerat β.
XXIII. 1 existimauit : -ans *Iurinius.*

XXIV. Quand il s'aperçut de cette manœuvre, César se mit en devoir de ramener ses troupes sur une colline voisine[1] et détacha sa cavalerie pour soutenir le choc de l'ennemi. De son côté, il rangea en bataille sur trois rangs, à mi-hauteur, ses quatre légions de vétérans[2]; au dessus de lui, sur la crête, il fit disposer les deux légions qu'il avait levées en dernier lieu dans la Gaule[3], et toutes les troupes auxiliaires ; la colline entière était ainsi couverte de soldats ; il ordonna qu'en même temps les sacs fussent réunis en un seul lieu et que les troupes qui occupaient la position la plus haute s'employassent à le fortifier. Les Helvètes, qui suivaient avec tous leurs chariots, les rassemblèrent sur un même point ; et les combattants, après avoir rejeté notre cavalerie en lui opposant un front très compact, formèrent la phalange et montèrent à l'attaque de notre première ligne.

XXV. César fit éloigner et mettre hors de vue son cheval d'abord, puis ceux de tous les officiers, afin que le péril fût égal pour tous et que personne ne pût espérer s'enfuir ; alors il harangua ses troupes et engagea le combat. Nos soldats, lançant le javelot de haut en bas, réussirent aisément à briser la phalange des ennemis. Quand elle fut disloquée, ils tirèrent l'épée et chargèrent. Les Gaulois éprouvaient un grave embarras du fait que souvent un seul coup de javelot avait percé et fixé l'un à l'autre plusieurs de leurs boucliers[4]; comme le fer s'était tordu, ils ne pouvaient l'arracher, et, n'ayant pas le bras gauche libre, ils étaient gênés pour se battre : aussi plusieurs, après avoir longtemps secoué le bras, préféraient-ils laisser tomber les boucliers et combattre à

1. Près de Montmort, à l'ouest de Toulon-sur-Arroux.

2. Les 7e, 8e, 9e et 10e légions. L'*acies triplex* est l'ordre de bataille le plus fréquemment employé par César : 4 cohortes de chaque légion au 1er rang, 3 au 2e, 3 au 3e, formant quinconce.

3. La 11e et la 12e.

4. Les Gaulois et les Germains (I, 52), quand ils formaient la phalange, mettaient bord sur bord les boucliers du premier rang. Cf. T. Live, X, 29, 6.

XXIV. [1]Postquam id animum aduertit, copias suas Caesar in proximum collem subducit equitatumque, qui sustineret hostium impetum, misit. [2]Ipse interim in colle medio triplicem aciem instruxit legionum quattuor ueteran*a*rum, ita uti supra se in summo iugo duas legiones quas in Gallia citeriore proxime conscripserat et omnia auxilia conlocar*et* ac totum montem hominibus compleret; [3] interea sarcinas in unum locum conferri et eum ab his qui in superiore acie constiterant muniri iussit. [4]Heluetii cum omnibus suis carris secuti inpedimenta in unum locum contulerunt; [5]ipsi confertissima acie reiecto nostro equitatu phalange facta sub primam nostram aciem successerunt.

XXV. [1]Caesar primum suo, deinde omnium ex conspectu remotis equis, ut aequato omnium periculo spem fugae tolleret, cohortatus suos proelium commisit. [2]Milites e loco superiore pilis missis facile hostium phalangem perfregerunt. Ea disiecta gladiis destrictis in eos impetum fecerunt. [3]Gallis magno ad pugnam erat impedimento quod, pluribus eorum scutis uno ictu pilorum transfixis et conligatis, cum ferrum se inflexisset, neque euellere neque sinistra impedita satis commode pugnare poterant, [4]multi ut diu iactato brachio praeoptarent scuta e manu emittere et nudo corpore pugnare. [5]Tandem uulne-

XXIV. 1 subducit : -xit *Meusel* || 2 ueteranarum *Vettori* : -orum *codd.* || se RLNB^2 β : sed AM, B^1 ; ita uti supra se *del. Whitte* || conlocaret *Graeuius* : -ari *codd.* || compleret *Graeuius* : compleri et *codd.* [*totius huius loci ab* ita uti supra se *permultas emendationes proposuerunt edd.* : *quas uide in Tab. coniect. apud Meusel, Lex. Caes.* ; *adde Klotz* : ...conlocauit, ita uti supra se totum montem hominibus compleret; impedimenta sarcinas<que>...] || 3 his *codd.* : iis *Frigell.*

XXV. 3 inflexisset *ed. pr.* : inflix- *codd.* || 4 brachio : bracchio *edd.* || scuta e AM : scute [= -ae] B^1 scutum *cett.*

découvert. Enfin, épuisés par leurs blessures, ils commencèrent à reculer et à se replier vers une montagne qui était à environ un mille de là[1]. Ils l'occupèrent, et les nôtres s'avançaient pour les en déloger quand les Boïens et les Tulinges, qui au nombre d'environ 15.000 fermaient la marche et protégeaient les derniers éléments de la colonne, soudain attaquèrent notre flanc droit[2] et cherchèrent à nous envelopper ; ce que voyant, les Helvètes qui s'étaient réfugiés sur la hauteur redevinrent agressifs et engagèrent à nouveau le combat. Les Romains firent une conversion et attaquèrent sur deux fronts : la première et la deuxième lignes résisteraient à ceux qui avaient été battus et forcés à la retraite, tandis que la troisième soutiendrait le choc des troupes fraîches.

XXVI. Cette double bataille fut longue et acharnée. Quand il ne leur fut plus possible de supporter nos assauts, ils se replièrent, les uns sur la hauteur, comme ils l'avaient fait une première fois, les autres auprès de leurs bagages et de leurs chariots. Pendant toute cette action, qui dura de la septième heure du jour[3] jusqu'au soir, personne ne put voir un ennemi tourner le dos. On se battit encore autour des bagages fort avant dans la nuit : les Barbares avaient en effet formé une barricade de chariots et, dominant les nôtres, ils les accablaient de traits à mesure qu'ils approchaient ; plusieurs aussi lançaient par dessous, entre les chariots et entre les roues, des piques et des javelots qui blessaient nos soldats. Après un long combat, nous nous rendîmes maîtres des bagages et du camp. La fille d'Orgétorix et un de ses fils y furent faits prisonniers. Cent trente mille hommes environ s'échappèrent, et durant cette nuit-là ils marchèrent sans arrêt ; le quatrième jour, sans jamais avoir fait halte un moment la nuit, ils arrivèrent chez les Lingons; nos troupes

1. D'après Stoffel, la colline au nord-est de Montmort. D'après Jullian, une hauteur au sud, près de la route de Toulon à Luzy.

2. Les mots *latus apertum* désignent toujours chez César le côté qui n'est pas couvert par le bouclier, donc le flanc droit. (Cf. VII, 50, 1).

3. La journée était divisée en 12 « heures » depuis le lever jusqu'au coucher du soleil ; midi marquait toujours la fin de la sixième heure. Comme on est en juin, la septième heure est entre midi et 1 heure.

ribus defessi et pedem referre et, quod mons suberat circiter mille passuum, eo se recipere coeperunt. [6]Capto monte et succedentibus nostris Boii et Tulingi, qui hominum milibus circiter XV agmen hostium claudebant et nouissimis praesidio erant, ex itinere nostros latere aperto adgressi circumuenire et id conspicati Heluetii qui in montem sese receperant rursus instare et proelium redintegrare coeperunt. [7]Romani conuersa signa bipertito intulerunt : prima et secunda acies, ut uictis ac submotis resisteret, tertia, ut uenientes sustineret.

XXVI. [1]Ita ancipiti proelio diu atque acriter pugnatum est. Diutius cum sustinere nostrorum impetus non possent, alteri se, ut coeperant, in montem receperunt, alteri ad impedimenta et carros suos se contulerunt. [2]Nam hoc toto proelio, cum ab hora septima ad uesperum pugnatum sit, *a*uersum hostem uidere nemo potuit. [3]Ad multam noctem etiam ad impedimenta pugnatum est, propterea quod pro uallo carros obiecerant et e loco superiore in nostros uenientes tela coniciebant, et non nulli inter carros rotasque mataras ac tragulas subiciebant nostrosque uulnerabant. [4]Diu cum esset pugnatum, impedimentis castrisque nostri potiti sunt. Ibi Orgetorigis filia atque unus e filiis captus est. [5]Ex eo proelio circiter milia hominum CXXX superfuerunt eaque tota nocte continenter ierunt : nullam partem noctis itinere intermisso in fines Lingonum die quarto

5 passuum : spatio *post* p. *add. Dinter* || **6** boii : boi *Müller* || latere : ab latere *Meusel* || circumuenire M, U^1 : -enere *cett.* || **7** conuersa : *om.* LN *del. Mommsen.*

XXVI. **2** auersum A^2, B^2, f^2, U^2 : aduersum *codd.* || **3** rotasque : raedasque *Meiser* || **4** filia AM, $BLNR^2$: -iae β -ior R^1 || **5** nullam... intermisso : *del. Morus* || lingonum : linguonum R^1 B^2, T || quarto : -a AM.

n'avaient pu les suivre, ayant été retenues trois jours par les soins à donner aux blessés et par l'ensevelissement des morts. César envoya aux Lingons une lettre et des messagers pour les inviter à ne fournir aux Helvètes ni ravitaillement, ni aide d'aucune sorte ; sinon, il les traiterait comme eux. Et lui-même, au bout de trois jours, se mit à les suivre avec toute son armée.

Soumission des Helvètes. Ils rentrent dans leur pays.

XXVII. Les Helvètes, privés de tout, furent réduits à lui envoyer des députés pour traiter de leur reddition. Ceux-ci le rencontrèrent tandis qu'il était en marche ; ils se jetèrent à ses pieds et, suppliant, versant des larmes, lui demandèrent la paix ; il ordonna que les Helvètes attendissent sans bouger de place son arrivée : ils obéirent. Quand César les eut rejoints, il exigea la remise d'otages, la livraison des armes et celle des esclaves qui s'étaient enfuis auprès d'eux. Dès le lendemain, on recherche, on rassemble ce qui doit être livré ; cependant, six mille hommes du pagus Verbigénus[1], soit qu'ils craignissent d'être envoyés au supplice une fois leurs armes livrées, soit qu'ils eussent l'espoir que leur fuite, tandis qu'un si grand nombre d'hommes faisaient leur soumission, passerait sur le moment inaperçue, ou même resterait toujours ignorée, sortirent du camp des Helvètes aux premières heures de la nuit et partirent vers le Rhin et la Germanie.

XXVIII. Quand César apprit la chose, il enjoignit aux peuples dont ils avaient traversé les territoires de les rechercher et de les lui ramener, s'ils voulaient être justifiés à ses yeux ; on les ramena et il les traita comme des ennemis ; tous les autres, une fois qu'ils eurent livré otages, armes et transfuges, virent leur soumission acceptée. Helvètes, Tulinges et Latobices reçurent l'ordre de regagner le pays d'où ils étaient partis ; comme ils avaient

1. La *ciuitas* des Helvètes était divisée en quatre *pagi* (cf. plus haut, 12, 4) ; César n'en nomme que deux, le pagus Tigurinus et le pagus Verbigénus.

peruenerunt, cum et propter uulnera militum et propter sepulturam occisorum nostri triduum morati eos sequi non potuissent. [6]Caesar ad Lingonas litteras nuntiosque misit, ne eos frumento neue alia re iuuarent : qui si iuuissent, se eodem loco quo Heluetios habiturum. Ipse triduo intermisso cum omnibus copiis eos sequi coepit.

XXVII. [1]Heluetii omnium rerum inopia adducti legatos de deditione ad eum miserunt. [2]Qui cum eum in itinere conuenissent seque ad pedes proiecissent suppliciterque locuti flentes pacem petissent, atque eos in eo loco quo tum essent suum aduentum expectare iussisset, paruerunt. [3]Eo postquam Caesar peruenit, obsides, arma, seruos qui ad eos perfugissent poposcit. [4]Dum ea conquiruntur et conferuntur nocte intermissa, circiter hominum milia VI eius pagi qui Verbigenus appellatur, siue timore perterriti, ne armis traditis supplicio adficerentur, siue spe salutis inducti, quod in tanta multitudine dediticiorum suam fugam aut occultari aut omnino ignorari posse existimarent, prima nocte e castris Heluetiorum egressi ad Rhenum finesque Germanorum contenderunt.

XXVIII. [1]Quod ubi Caesar resciit, quorum per fines ierant, his uti conquirerent et reducerent, si sibi purgati esse uellent, imperauit : [2]reductos in hostium numero habuit ; reliquos omnes obsidibus, armis, perfugis traditis in deditionem accepit. [3]Heluetios, Tulingos, Latobicos in fines suos, unde erant profecti, reuerti iussit et, quod omnibus fructibus

5 nostri AM, BLNR^2 : nisi R^1 β || triduum morati : *del. Kraner.*
XXVII. 2 tum : tunc LN, T/ || 4 nocte intermissa : *del. Meusel.*
XXVIII. 1 his : iis AM || 3 latobicos B^m : -uicos A^m -brigos *codd.* ||
3 fructibus AM, B^1 : -gibus RLN$B^2\beta$.

détruit toutes leurs récoltes, et qu'il ne leur restait rien pour se nourrir, César donna ordre aux Allobroges de leur fournir du blé ; à eux, il enjoignit de reconstruire les villes et les villages qu'ils avaient incendiés. Ce qui surtout lui dicta ces mesures, ce fut le désir de ne pas laisser désert le pays que les Helvètes avaient abandonné, car la bonne qualité des terres lui faisait craindre que les Germains qui habitent sur l'autre rive du Rhin ne quittassent leur pays pour s'établir dans celui des Helvètes, et ne devinssent ainsi voisins de la province et des Allobroges. Quant aux Boïens, les Héduens demandèrent, parce qu'ils étaient connus comme un peuple d'une particulière bravoure, à les installer chez eux ; César y consentit ; ils leur donnèrent des terres, et par la suite[1] les admirent à jouir des droits et des libertés dont ils jouissaient eux-mêmes.

Un document sur leur nombre.

XXIX. On trouva dans le camp des Helvètes des tablettes écrites en caractères grecs ; elles furent apportées à César. Elles contenaient la liste nominative des émigrants en état de porter les armes, et aussi une liste particulière des enfants, des vieillards et des femmes. Le total général était de 263.000 Helvètes, 36.000 Tulinges, 14.000 Latobices, 23.000 Rauraques, 32.000 Boïens ; ceux qui parmi eux pouvaient porter les armes étaient environ 92.000. En tout, c'était une population de 368.000 âmes[2]. Ceux qui retournèrent chez eux furent recensés, suivant un ordre de César : on trouva le chiffre de 110.000.

Les Gaulois implorent le secours de César contre Arioviste.

XXX. Une fois achevée la guerre contre les Helvètes, des députés de presque toute la Gaule, qui étaient les premiers dans leur cité, vinrent féliciter César. Ils compre-

1. Cf. *Introduction*, p. IX.
2. Plutarque, Polyen, Appien, Strabon, Orose donnent d'autres chiffres ; mais ils doivent provenir, en dernière analyse, de la corruption de ceux de César. Cf. Jullian, III, p. 197, n. 8.

amissis domi nihil erat quo famem tolerarent, Allobrogibus imperauit ut *i*is frumenti copiam facerent; ipsos oppida uicosque quos incenderant restituere iussit. [4]Id ea maxime ratione fecit, quod noluit eum locum unde Heluetii discesserant uacare, ne propter bonitatem agrorum Germani qui trans Rhenum incolunt e suis finibus in Heluetiorum fines transirent et finitimi Galliae prouinciae Allobrogibusque essent. [5]Boios petentibus Haeduis, quod egregia uirtute erant cogniti, ut in finibus suis conlocarent concessit; quibus illi agros dederunt quosque postea in pa*r*em iuris libertatisque condicionem atque ipsi erant receperunt.

XXIX. [1]In castris Heluetiorum tabulae repertae sunt litteris Graecis confectae et ad Caesarem relatae, quibus in tabulis nominatim ratio confecta erat, qui numerus domo exisset eorum qui arma ferre possent, et item separatim pueri, senes mulieresque. [2]Quarum omnium rerum summa erat capitum Heluetiorum milia CCLXIII, Tulingorum milia XXXVI, Lato*b*icorum XIV, Rauracorum XXIII, Boiorum XXXII; ex his, qui arma ferre possent, ad milia nonaginta duo. [3]Summa omnium fuerunt ad milia CCCLXVIII. Eorum qui domum redierunt censu habito, ut Caesar imperauerat, repertus est numerus milium C et X.

XXX. [1]Bello Heluetiorum confecto totius fere Galliae legati, principes ciuitatum, ad Caesarem

3 iis *ed. pr.* : his *codd.* || **4** e LNR² : *om. cett.* || **5** parem *Aldus* : partem *codd.* || condicionem : conditionem T conditione *uel* condicione *cett.* || atque : hac qua M².

XXIX. **1** pueri : qui pueri *Wopkens* quot pueri *Müller* erant enumerati pueri *Meusel* || **2** quarum omnium rerum : *del. Prammer* quorum omnium numerorum *Walther* quarum omnium rationum *Paul* || milia [*bis*] : -um *Meusel* || latobicorum *ego* [*cf.* 1, 5, 4] : latobrigorum *codd.* || **3** domum T*f* : -o α U*l*.

naient, dirent-ils, que si par cette guerre il avait vengé d'anciens outrages des Helvètes au peuple romain, toutefois les événements qui venaient de se produire n'étaient pas moins avantageux pour le pays gaulois que pour Rome : car les Helvètes, en pleine prospérité, n'avaient abandonné leurs demeures que dans l'intention de faire la guerre à la Gaule entière, d'en devenir les maîtres, de choisir pour s'y fixer, parmi tant de régions, celle qu'ils jugeraient la plus favorable et la plus fertile, et de faire payer tribut aux autres nations. Ils exprimèrent leur désir de fixer un jour pour une assemblée générale de la Gaule[1] et d'avoir pour cela la permission de César : ils avaient certaines choses à lui demander après s'être mis d'accord entre eux. César donna son assentiment ; ils fixèrent le jour de la réunion, et, chacun s'engagea par serment à ne révéler à personne ce qui s'y dirait, sauf mandat formel de l'assemblée.

XXXI. Quand celle-ci se fut séparée, les mêmes chefs de nations qui avaient une première fois parlé à César revinrent le trouver et sollicitèrent la faveur de l'entretenir sans témoins et dans un lieu secret d'une question qui intéressait leur salut et celui du pays tout entier. César y consentit ; alors ils se jetèrent tous à ses pieds en pleurant : « Leur désir, dirent-ils, de ne pas voir ébruiter leurs déclarations était aussi vif et aussi anxieux que celui d'obtenir ce qu'ils voulaient ; car, si leurs paroles étaient connues, ils se savaient voués aux pires supplices. » L'Héduen Diviciacos parla en leur nom : « L'ensemble de la Gaule était divisé en deux factions : l'une avait à sa tête les Héduens, l'autre les Arvernes[2]. Depuis de

1. Ce *concilium totius Galliae* se réunit-il pour la première fois en 58, ou bien les Gaulois avaient-ils l'habitude de ces grandes assises nationales ? Cf. Jullian, III, p. 141, n. 1. — Ils ne pouvaient se passer de l'autorisation de César sans lui laisser croire qu'ils complotaient contre lui ; mais leur démarche est le premier pas dans la voie de la soumission à Rome.

2. La rivalité des Héduens et des Arvernes, à la fois politique et économique, était très ancienne. Depuis la mort de Celtillos, qui avait un moment, vers 80, restauré l'empire arverne, elle s'était exaspérée. Les Séquanes, rivaux des Héduens sur la Saône, s'étaient joints aux Arvernes.

gratulatum conuenerunt : [2]Intellegere sese, tametsi pro ueteribus Heluetiorum iniuriis populi romani ab his poenas bello repetisset, tamen eam rem non minus ex usu terrae Galliae quam populi romani accidisse, [3]propterea quod eo consilio florentissimis rebus domos suas Heluetii reliquissent, uti toti Galliae bellum inferrent imperioque potirentur, locumque domicilio ex magna copia deligerent quem ex omni Gallia opportunissimum ac fructuosissimum iudicassent, reliquasque ciuitates stipendiarias haberent. [4]Petierunt uti sibi concilium totius Galliae in diem certam indicere idque Caesaris uoluntate facere liceret : sese habere quasdam res quas ex communi consensu ab eo petere uellent. [5]Ea re permissa diem concilio constituerunt ét iure iurando ne quis enuntiaret, nisi quibus communi consilio mandatum esset, inter se sanxerunt.

XXXI. [1]Eo concilio dimisso idem principes ciuitatum qui ante fuerant ad Caesarem reuerterunt petieruntque uti sibi secreto in occulto de sua omniumque salute cum eo agere liceret. [2]Ea re impetrata sese omnes flentes Caesari ad pedes proiecerunt : Non minus se id contendere et laborare, ne ea quae dixissent enuntiarentur, quam uti ea quae uellent impetrarent, propterea quod, si enuntiatum esset, summum in cruciatum se uenturos uiderent. [3]Locutus est pro his Diuiciacus Haeduus : Galliae totius factiones esse duas : harum alterius principatum tenere Haeduos, alterius Aruernos. [4]Hi cum tantopere de

XXX. **2** tametsi AM, L (?), T*f* : iam et si BRSN, U*l* || populi romani A, RS, U*l* : p. r. *cett.* populus romanus *Aldus* || **3** ex omni gallia : *del. Gertz.*

XXXI. **1** qui ante fuerant : qui ante adfuerant *Gerz* qui ante *Scaliger del. Ciacconius* || in occulto : *del. ed. pr.* || **3** totius galliae T*f*, *l.*

longues années, ils luttaient âprement pour l'hégémonie, et il s'était produit ceci, que les Arvernes et les Séquanes avaient pris des Germains à leur solde. Un premier groupe d'environ quinze mille hommes avait d'abord passé le Rhin ; puis, ces rudes barbares prenant goût au pays, aux douceurs de sa civilisation, à sa richesse, il en vint un plus grand nombre ; ils étaient à présent aux environs de 120.000. Les Héduens et leurs clients s'étaient plus d'une fois mesurés avec eux ; ils avaient été battus, subissant un grand désastre où ils avaient perdu toute leur noblesse, tout leur sénat, toute leur cavalerie. Epuisés par ces combats, abattus par le malheur, eux qui auparavant avaient été, grâce à leur courage et aux liens d'hospitalité et d'amitié qui les unissaient aux Romains, si puissants en Gaule, ils avaient été réduits à donner en otage aux Séquanes leurs premiers citoyens, et à jurer, au nom de la cité, qu'ils ne les redemanderaient pas, qu'ils n'imploreraient pas le secours de Rome, qu'ils ne chercheraient jamais à se soustraire à l'absolue domination des Séquanes. Il était le seul de toute la nation héduenne qui ne se fût pas plié à prêter serment et à livrer ses enfants comme otages. Il avait dû, pour cette raison, s'enfuir de son pays, et il était allé à Rome demander du secours au Sénat[1], étant le seul qui ne fût lié ni par un serment, ni par des otages. Mais les Séquanes avaient eu plus de malheur dans leur victoire que les Héduens dans leur défaite, car Arioviste, roi des Germains, s'était établi dans leur pays et s'était emparé d'un tiers de leurs terres, qui sont les meilleures de toute la Gaule ; et à présent il leur intimait l'ordre d'en évacuer un autre tiers, pour la raison que peu de mois auparavant 24.000 Harudes[2] étaient venus le trouver, et qu'il fallait leur faire une place et les établir. Sous peu d'années, tous les Gaulois seraient chassés de Gaule et tous les

1. Il fut l'hôte de Cicéron, qu'il renseigna sur la religion gauloise (cf. *De diuin.*, I, 41, 90). Un passage des *Panégyriques*, 8, 3, le représente parlant devant le Sénat, appuyé sur son grand bouclier.

2. Les Harudes venaient vraisemblablement de la région de Hambourg.

potentatu inter se multos annos contenderent, factum esse uti ab Aruernis Sequanisque Germani mercede arcesserentur. [5]Horum primo circiter milia xv Rhenum transisse : posteaquam agros et cultum et copias Gallorum homines feri ac barbari adamassent, traductos plures : nunc esse in Gallia ad centum et xx milium numerum. [6]Cum his Haeduos eorumque clientes semel atque iterum armis contendisse ; magnam calamitatem pulsos accepisse, omnem nobilitatem, omnem senatum, omnem equitatum amisisse. [7]Quibus proeliis calamitatibusque fractos, qui et sua uirtute et populi romani hospitio atque amicitia plurimum ante in Gallia potuissent, coactos esse Sequanis obsides dare nobilissimos ciuitatis et iure iurando ciuitatem obstringere, sese neque obsides repetituros neque auxilium a populo romano inploraturos neque recusaturos quo minus perpetuo sub illorum dicione atque imperio essent. [8]Vnum se esse ex omni ciuitate Haeduorum qui adduci non potuerit ut iuraret aut liberos suos obsides daret. [9]Ob eam rem se ex ciuitate profugisse et Romam ad senatum uenisse auxilium postulatum, quod solus neque iure iurando neque obsidibus teneretur. [10]Sed peius uictoribus Sequanis quam Haeduis uictis accidisse, propterea quod Ariouistus, rex Germanorum, in eorum finibus consedisset tertiamque partem agri Sequani, qui esset optimus totius Galliae, occupauisset et nunc de altera parte tertia Sequanos decedere iuberet, propterea quod paucis mensibus ante Harudum milia hominum xxiv ad eum uenissent, quibus locus ac sedes pararentur. [11]Futurum esse paucis annis uti omnes ex Galliae finibus pellerentur atque

10 uenissent ad eum U*l*.

Germains passeraient le Rhin : car le sol de la Gaule et celui de la Germanie n'étaient pas à comparer, non plus que la façon dont on vivait dans l'un et l'autre pays. Et Arioviste, depuis qu'il a remporté une victoire sur les armées gauloises, — la victoire d'Admagétobrige[1] — se conduit en tyran orgueilleux et cruel, exige comme otages les enfants des plus grandes familles et les livre, pour faire des exemples, aux pires tortures, si on n'obéit pas au premier signe ou si seulement son désir est contrarié. C'est un homme grossier, irascible, capricieux ; il est impossible de souffrir plus longtemps sa tyrannie. A moins qu'ils ne trouvent une aide auprès de César et du peuple romain, tous les Gaulois seront dans la nécessité de faire ce qu'ont fait les Helvètes, d'émigrer, de chercher d'autres toits, d'autres terres, loin des Germains, de tenter enfin la fortune, quelle qu'elle puisse être[2]. Si ces propos sont rapportés à Arioviste, point de doute : il fera subir le plus cruel supplice à tous les otages qui sont entre ses mains. Mais César, par son prestige personnel et celui de son armée, grâce à sa récente victoire, grâce au respect qu'inspire le nom romain, peut empêcher qu'un plus grand nombre de Germains ne franchisse le Rhin, et protéger toute la Gaule contre les violences d'Arioviste. »

XXXII. Quand Diviciacos eut achevé ce discours, tous les assistants se mirent, avec force larmes, à implorer le secours de César[3]. Celui-ci observa que, seuls entre tous, les Séquanes ne faisaient rien de ce que faisaient les autres, mais gardaient tristement la tête baissée et les regards fixés au sol. Etonné de cette attitude, il leur en demanda la raison. Aucune réponse : les Séquanes restaient muets et toujours accablés. Il insista à plusieurs reprises, et

1. Ce lieu doit être cherché en Alsace, vraisemblablement dans la région de Schlettstadt. Cf. Julian, III, p. 157, n. 4. Cicéron fait allusion à la bataille dans une lettre de l'année 60 (*ad Att.*, 1, 19,2). Voir plus loin, p. 36, n. 2.

2. Ceci paraît impliquer que les Helvètes ont quitté leur pays sous la pression des Suèves. Et c'est la vérité. Mais César ne l'a jamais dit : cf. 2, 3-5 et 30, 3. Il semble qu'il ait voulu éviter de représenter la migration des Helvètes sous son vrai jour, pour qu'on ne le blâmât point de les avoir traités en ennemis.

3. Le discours de Diviciacos était-il une révélation pour César ? Ce

omnes Germani Rhenum transirent; neque enim conferendum esse gallicum cum Germanorum agro, neque hanc consuetudinem uictus cum illa comparandam. [12]Ariouistum autem, ut semel Gallorum copias proelio uicerit, quod proelium factum sit Admagetobrigae, superbe et crudeliter imperare, obsides nobilissimi cuiusque liberos poscere et in eos omnia exempla cruciatusque edere, si qua res non ad nutum aut ad uoluntatem eius facta sit. [13]Hominem esse barbarum, iracundum, temerarium; non posse eius imperia diutius sustinere. [14]Nisi si quid in Caesare populoque romano sit auxilii, omnibus Gallis idem esse faciendum quod Heluetii fecerint, ut domo emigrent, aliud domicilium, alias sedes, remotas a Germanis, petant fortunamque, quaecumque accidat, experiantur. [15]Haec si enuntiata Ariouisto sint, non dubitare quin de omnibus obsidibus qui apud eum sint grauissimum supplicium sumat. [16]Caesarem uel auctoritate sua atque exercitus uel recenti uictoria uel nomine populi romani deterrere posse ne maior multitudo Germanorum Rhenum traducatur, Galliamque omnem ab Ariouisti iniuria posse defendere.

XXXII. [1]Hac oratione ab Diuiciaco habita omnes qui aderant magno fletu auxilium a Caesare petere coeperunt. [2]Animaduertit Caesar unos ex omnibus Sequanos nihil earum rerum facere quas ceteri facerent, sed tristes capite demisso terram intueri. Eius rei quae causa esset miratus ex ipsis quaesiit.

12 a(d)magetobrige AM : admagetobriae BRS, T, (U)*l* admagetrobiae LN ad magetobriam *f*[2] ad magetobrigam *Marlianus* || **13** posse : se *post.* p. *add. Oudendorp* || sustinere : -eri SB[2] [e *in* B[m] *restitutum*] || **14** nisi si α : nisi β || **15** sint AM, LNB[2],T : sunt B[1] RS, U*l* || **16** traducatur : red- RLN[1], U*l*.

XXXII. **2** unos *dett.* : unus *uett.*

ne put obtenir d'eux le moindre mot ; ce fut l'Héduen Diviciacos qui, reprenant la parole, lui répondit. « Le sort des Séquanes avait ceci de particulièrement pitoyable et cruel, que seuls entre tous ils n'osaient pas, même en cachette, se plaindre ni demander du secours, et, en l'absence d'Arioviste, redoutaient sa cruauté comme s'il était là : les autres peuples, en effet, avaient malgré tout la ressource de fuir, tandis qu'eux, qui avaient admis Arioviste sur leur territoire et dont toutes les villes étaient en sa possession[1], ils étaient voués à toutes les atrocités. »

Essai de négociation avec Arioviste.

XXXIII. Quand il eut connaissance de ces faits, César rassura les Gaulois et leur promit qu'il donnerait ses soins à cette affaire : « Il avait, leur dit-il, grand espoir que par le souvenir de ses bienfaits[2] et par son autorité il amènerait Arioviste à cesser ses violences. » Leur ayant tenu ce discours, il renvoya l'assemblée. Outre ce qu'il venait d'entendre, plusieurs motifs l'invitaient à penser qu'il devait se préoccuper de cette situation et intervenir ; le principal était qu'il voyait les Héduens, à qui le Sénat avait si souvent donné le nom de frères, soumis aux Germains, devenus leurs sujets, et qu'il savait que des otages héduens étaient au pouvoir d'Arioviste et des Séquanes : cela lui paraissait, quand on songeait à la toute-puissance de Rome, une grande honte et pour la République et pour lui-même. Il se rendait compte d'ailleurs qu'il était dangereux pour le peuple romain que les Germains prissent peu à peu l'habitude de passer le Rhin et de venir par grandes masses dans la Gaule ; il estimait que ces hommes violents et incultes ne sauraient se retenir, après avoir occupé toute la Gaule, de passer dans la province romaine et, de

n'est guère vraisemblable. Le chef héduen devait l'avoir mis d'abord au courant dans des entretiens particuliers. Peut-être même toute la scène avait-elle été machinée d'avance entre eux.

1. Exagération : cela ne doit s'entendre que de la partie du territoire séquane qu'Arioviste s'était fait donner. Besançon, par exemple, ne lui appartenait pas (cf. 38,1).

2. Cf. plus loin, 35, 2.

[3]Nihil Sequani respondere, sed in eadem tristitia taciti permanere. Cum ab his saepius quaereret neque ullam omnino uocem exprimere posset, idem Diuiciacus Haeduus respondit : [4]Hoc esse miseriorem et grauiorem fortunam Sequanorum quam reliquorum, quod soli ne in occulto quidem queri neque auxilium implorare auderent absentisque Ariouisti crudelitatem, uelut si coram adesset, horrerent, [5]propterea quod reliquis tamen fugae facultas daretur, Sequanis uero, qui intra fines suos Ariouistum recepissent, quorum oppida omnia in potestate eius essent, omnes cruciatus essent perferendi.

XXXIII. [1]His rebus cognitis Caesar Gallorum animos uerbis confirmauit pollicitusque est sibi eam rem curae futuram : magnam se habere spem, et beneficio suo et auctoritate adductum Ariouistum finem iniuriis facturum. [2]Hac oratione habita concilium dimisit. Et secundum ea multae res eum hortabantur quare sibi eam rem cogitandam et suscipiendam putaret, in primis quod Haeduos fratres consanguineosque saepe numero a senatu appellatos in seruitute atque in dicione uidebat Germanorum teneri eorumque obsides esse apud Ariouistum ac Sequanos intellegebat ; quod in tanto imperio populi romani turpissimum sibi et rei publicae esse arbitrabatur. [3]Paulatim autem Germanos consuescere Rhenum transire et in Galliam magnam eorum multitudinem uenire populo romano periculosum uidebat ; [4]neque sibi homines feros ac barbaros *t*emperaturos existimabat quin, cum omnem Galliam occupauissent, ut

3 permanere M, $B^{1.3}$ RSLN, U : permansere A, B^2, T*f*, *l* || **5** tamen RS LN^1 : tam B^1 tantum AM, B^2 β tuta N^2.

XXXIII. **2** et secundum : et *del. Meusel* || in (dicione) : *om.* LN^1 *del. Meusel* || di(c)ione AM, BRS : deditione β || **4** temperaturos *dett.* : obtemp- *uett.*

là, marcher sur l'Italie, comme avaient fait avant eux les Cimbres et les Teutons[1] : entreprise d'autant plus aisée que les Séquanes n'étaient séparés de notre province que par le Rhône ; à de pareilles éventualités il fallait, pensait-il, parer au plus tôt. Arioviste enfin était devenu si orgueilleux, si insolent, qu'il le jugeait intolérable.

XXXIV. Il décida donc d'envoyer à Arioviste une ambassade qui lui demanderait de choisir un endroit pour une entrevue à mi-chemin des deux armées : « Il voulait traiter avec lui d'affaires d'Etat et qui les intéressaient au plus haut point l'un et l'autre. » Arioviste répondit que « s'il avait eu quelque chose à demander à César, il serait allé le trouver ; si César voulait quelque chose de lui, c'était à César à le venir voir. » Il ajouta qu'il n'osait pas se rendre sans armée dans la partie de la Gaule qui était au pouvoir de César, que, d'autre part, le rassemblement d'une armée exigeait de grands approvisionnements et coûtait beaucoup de peine. Au reste, il se demandait ce qu'avaient affaire César, et d'une façon générale les Romains, dans une Gaule qui lui appartenait, qu'il avait conquise.

XXXV. Quand on lui rapporta cette réponse du chef germain, César lui envoya une deuxième ambassade chargée du message suivant : « Il avait reçu de lui et du peuple romain un grand bienfait, s'étant vu décerner par le Sénat, sous le consulat de César, les titres de roi et d'ami ; puisque sa façon de témoigner à César et à Rome sa reconnaissance, c'était, quand César l'invitait à une entrevue, de mal recevoir cette invitation, et de se refuser à un échange de vues sur les affaires qui leur étaient communes, il lui signifiait les exigences suivantes. En

1. Allusion aux grandes invasions de 113-101 av. J.-C., qui prirent fin avec la victoire de Marius à Verceil. — César éprouve le besoin de justifier aux yeux des Romains une guerre qu'il a entreprise, de son propre mouvement, contre un « ami du peuple romain », sans l'aveu du peuple ni du Sénat.

ante Cimbri Teutonique fecissent, in prouinciam exirent atque inde in Italiam contenderent, praesertim cum Sequanos a prouincia nostra Rhodanus diuideret; quibus rebus quam maturrime occurrendum putabat. [5]Ipse autem Ariouistus tantos sibi spiritus, tantam adrogantiam sumpserat, ut ferendus non uideretur.

XXXIV. [1]Quam ob rem placuit ei ut ad Ariouistum legatos mitteret, qui ab eo postularent uti aliquem locum medium utriusque conloquio deligeret : uelle sese de re publica et summis utriusque rebus cum eo agere. [2]Ei legationi Ariouistus respondit : Si quid ipsi a Caesare opus esset, sese ad eum uenturum fuisse ; si quid ille se uelit, illum ad se uenire oportere. [3]Praeterea se neque sine exercitu in eas partes Galliae uenire audere quas Caesar possideret, neque exercitum sine magno commeatu atque *moli*mento in unum locum contrahere posse. [4]Sibi autem mirum uideri quid in sua Gallia, quam bello uicisset, aut Caesari aut omnino populo romano negotii esset.

XXXV. [1]His responsis ad Caesarem *rel*atis iterum ad eum Caesar legatos cum his mandatis mittit : [2]Quoniam tanto suo populique romani beneficio adfectus, cum in consulatu suo rex atque amicus a senatu appellatus esset, hanc sibi populoque romano gratiam referret ut in conloquium uenire inuitatus grauaretur neque de communi re dicendum sibi et cognoscendum putaret, haec esse quae ab eo postu-

4 praesertim... diuideret : *del. Bentley.*

XXXIV. 1 utriusque : utrisque *Ciaçconius* || 3 molimento *Faernus* : emolu- M², LNβ emulu- M¹ emulo-A, BRS.

XXXV. 1 responsis : legatis M || relatis *dett.* : legatis *plerique* responsis M reuersis *l*ᵐ legatis redeuntibus N² || 2 dicendum : discendum *Faernus.*

premier lieu, qu'il s'abstînt désormais de faire franchir le Rhin à de nouvelles bandes pour les établir en Gaule ; deuxièmement, qu'il rendît les otages que les Héduens lui avaient donnés, et laissât les Séquanes rendre, avec son consentement exprès, ceux qu'ils détenaient ; il devait enfin cesser de poursuivre de ses violences les Héduens, et ne faire la guerre ni à eux ni à leurs alliés. Si telle était sa conduite, César et le peuple romain continueraient de lui donner leur faveur et leur amitié ; mais si ses demandes n'étaient pas reçues, César, fort de la décision du Sénat qui, sous le consulat de M. Messala et de M. Piso, avait décrété que tout gouverneur de la province de Gaule devrait, autant que le permettrait le bien de l'Etat, protéger les Héduens et les autres amis de Rome, César ne laisserait pas impunis les torts qu'on leur ferait.»

XXXVI. Arioviste répliqua que les lois de la guerre voulaient que les vainqueurs imposassent leur autorité aux vaincus comme bon leur semblait. C'est ainsi qu'il était dans les traditions de Rome de dicter la loi aux vaincus non point d'après les ordres d'un tiers, mais selon son gré. Puisque, de son côté, il s'abstenait de prescrire aux Romains l'usage qu'ils devaient faire de leur droit, il ne convenait pas qu'il fût gêné par eux dans l'exercice du sien. Si les Héduens étaient ses tributaires, c'était parce qu'ils avaient tenté la fortune des armes, parce qu'ils avaient livré bataille et avaient eu le dessous. César lui faisait un tort grave en provoquant, par son arrivée, une diminution de ses revenus. Il ne rendrait pas les otages aux Héduens ; il ne leur ferait pas, à eux ni à leurs alliés, de guerre injuste, mais il fallait qu'ils observassent les

1. Ce sénatus-consulte de l'année 61 a dû être rendu à la suite de la démarche de Diviciacos dont il est question plus haut, 31, 9. — César essaie ici une justification juridique de son initiative ; Dion Cassius, sans doute d'après T. Live, qui n'était pas favorable au dictateur, apprécie cette initiative sévèrement : « Aux yeux de César, tout cela [l'amitié et l'alliance du peuple romain] n'était rien au prix de la gloire que lui promettait la guerre et de la puissance qu'il espérait en recueillir. Il voulait seulement que le roi barbare fît naître l'occasion d'un différend, afin qu'on ne l'accusât pas d'avoir conçu d'avance le projet de l'attaquer. » (XXXVIII, 34, 3, traduction Gros.)

laret : [3]primum ne quam multitudinem hominum amplius trans Rhenum in Galliam traduceret ; deinde obsides quos haberet ab Haeduis redderet Sequanisque permitteret ut quos illi haberent uoluntate eius reddere illis liceret ; neue Haeduos iniuria lacesseret, neue his sociisque eorum bellum inferret. [4]Si id ita fecisset, sibi populoque romano perpetuam gratiam atque amicitiam cum eo futuram ; si non impetraret, sese, quoniam M. Messala *M.* Pisone consulibus senatus censuisset uti quicumque Galliam prouinciam obtineret, quod commodo rei publicae facere posset, Haeduos ceterosque amicos populi romani defenderet, se Haeduorum iniurias non neglecturum.

XXXVI. [1]Ad haec Ariouistus respondit : Ius esse belli ut qui uicissent *i*is quos uicissent quem ad modum uellent imperarent : i*t*em populum romanum uictis non ad alterius praescriptum, sed ad suum arbitrium imperare consuesse. [2]Si ipse populo romano non praescriberet quem ad modum suo iure uteretur, non oportere se a populo romano in suo iure impediri. [3]Haeduos sibi, quoniam belli fortunam temptassent et armis congressi ac superati essent, stipendiarios esse factos. [4]Magnam Caesarem iniuriam facere, qui suo aduentu uectigalia sibi deteriora faceret. [5]Haeduis se obsides redditurum non esse, neque his neque eorum sociis iniuria bellum inlaturum, si in eo manerent quod conuenisset

4 si id : id *del.* *Oudendorp* || m. pisone *Glandorp*: l. [*uel* lucio] pisone *codd.* || se : *del.* *Vascosan.*

XXXVI. **1** iis *dett., ed. pr.* : his *uett.* || item *ed. pr.* : idem M[1], BSLN, T id est A, R, M[2], U*l*[1] ideo *l*[2] || **2** se : sese AM || **5** iniuria α*l*[2] : iis β || conuenisset : -ent A[1] M[2], *f*.

conventions et payassent chaque année le tribut ; sinon, le titre de frères du peuple romain[1] ne leur servirait guère. Quant à l'avis que lui donnait César, qu'il ne laisserait pas impunis les torts qu'on ferait aux Héduens, personne ne s'était encore mesuré avec lui que pour son malheur. Il pouvait, quand il voudrait, venir l'attaquer : il apprendrait ce que des Germains qui n'avaient jamais été vaincus, qui étaient très entraînés à la guerre, qui, dans l'espace de quatorze ans, n'avaient pas couché sous un toit, étaient capables de faire ».

Nouvelles plaintes contre Arioviste.

XXXVII. En même temps qu'on rapportait à César cette réponse, arrivaient deux ambassades, l'une des Héduens, l'autre des Trévires ; les premiers venaient se plaindre que les Harudes, qui étaient récemment passés en Gaule, ravageaient leur territoire : « Ils avaient eu beau donner des otages, cela n'avait pu leur valoir la paix de la part d'Arioviste » ; quant aux Trévires, ils faisaient savoir que cent clans de Suèves s'étaient établis sur les bords du Rhin, et cherchaient à franchir le fleuve[2]; ils étaient commandés par Nasua et Cimbérios, deux frères. César, vivement ému de ces nouvelles, estima qu'il devait faire diligence, pour éviter que, la nouvelle troupe de Suèves ayant fait sa jonction avec les anciennes forces d'Arioviste, la résistance ne lui fût rendue plus difficile. Aussi, ayant réuni des vivres en toute hâte, il marcha contre Arioviste à grandes étapes.

César le précède à Besançon.

XXXVIII. Après trois jours de marche, on lui apprit qu'Arioviste, avec toutes ses forces, se dirigeait vers Besançon, la ville la plus importante des Séquanes, pour s'en emparer, et qu'il était déjà

1. Cf. plus haut, 33, 2: *fratres consanguineosque*; Cic., *ad Att.*, I, 19, 2 et *ad fam.*, VII, 10, 4; Tac., *Ann.*, XI, 25 : *soli Gallorum fraternitatis nomen cum populo romano usurpant.* Les Troyens sont le seul peuple, avec les Héduens, que les Romains appellent *consanguinei* (Suet. *Claud.*, 25, 3) ; peut-être quelque légende comparable à celle d'Enée attribuait-elle aux Héduens et aux Romains une origine commune ?

2. Les Trévires habitant de part et d'autre de la Moselle, les Suèves

stipendiumque quotannis penderent ; si id non fecissent, longe his fraternum nomen populi romani afuturum. [6]Quod sibi Caesar denuntiaret, se Haeduorum iniurias non neglecturum, neminem secum sine sua pernicie contendisse. [7]Cum uellet, congrederetur : intellecturum quid inuicti Germani, exercitatissimi in armis, qui inter annos XIV tectum non subissent, uirtute possent.

XXXVII. [1]Haec eodem tempore Caesari mandata referebantur, et legati ab Haeduis et a Treueris ueniebant : [2]Haedui questum quod Harudes, qui nuper in Galliam transportati essent, fines eorum popularentur : sese ne obsidibus quidem datis pacem Ariouisti redimere potuisse ; [3]Treueri autem, pagos centum Sue*b*orum ad ripas Rheni consedisse, qui Rhenum transire conarentur ; his praeesse Nasuam et Cimberium fratres. [4]Quibus rebus Caesar uehementer commotus maturandum sibi existimauit, ne, si noua manus Sue*b*orum cum ueteribus copiis Ariouisti sese coniunxisset, minus facile resisti posset. [5]Itaque re frumentaria quam celerrime potuit comparata magnis itineribus ad Ariouistum contendit.

XXXVIII. [1]Cum tridui uiam processisset, nuntiatum est ei Ariouistum cum suis omnibus copiis ad occupandum Vesontionem, quod est oppidum maximum Sequanorum, contendere, triduique uiam

5 his : iis *ed. pr.* || 7 inter : intra B², *f*².

XXXVII. 1 treueris AM, T*f*, U² : -iris BRSLN, U¹ *l* || 2 harudes : ar- M¹ *f* || potuisse AM, B¹ L : -ent RB² N, T, U possent *l* || 3 treueri α T¹ *f*, U² : iri B² R², T², U¹ *l* || sueborum *Mommsen* [*cf. Mon. Ancyr.*, 6, 3] : sueu -*codd.* || cimberium : cymb- T, U*l* || 4 sueborum : sueu- *codd.* || 5 itaque αT² : *om.* β.

XXXVIII. 1 triduique... profecisse : *del. Kraffert.*

à trois jours des frontières de son royaume. César pensa qu'il fallait tout faire pour éviter que la place ne fût prise. En effet, elle possédait en très grande abondance tout ce qui est nécessaire pour faire la guerre ; de plus, sa position naturelle la rendait si forte qu'elle offrait de grandes facilités pour faire durer les hostilités : le Doubs entoure presque la ville entière d'un cercle qu'on dirait tracé au compas ; l'espace que la rivière laisse libre ne mesure pas plus de seize cents pieds, et une montagne élevée le ferme si complètement que la rivière en baigne la base des deux côtés. Un mur qui fait le tour de cette montagne la transforme en citadelle et la joint à la ville[1]. César se dirige vers cette place à marches forcées de jour et de nuit ; il s'en empare, et y met garnison.

Panique de l'armée romaine.

XXXIX. Tandis qu'il faisait halte quelques jours près de Besançon pour se ravitailler en blé et autres vivres, les soldats questionnaient, indigènes et marchands bavardaient : ils parlaient de la taille immense des Germains, de leur incroyable valeur militaire, de leur merveilleux entraînement : « Bien des fois, disaient les Gaulois, nous nous sommes mesurés avec eux[2], et le seul aspect de leur visage, le seul éclat de leurs regards nous furent insoutenables. » De tels propos provoquèrent dans toute l'armée une panique soudaine, et si forte qu'un trouble peu commun s'empara des esprits et des cœurs. Cela commença par les tribuns militaires, les préfets, et ceux qui, ayant quitté Rome avec César pour cultiver son amitié, n'avaient pas grande expérience de la guerre[3] ;

dont ils parlent ne peuvent guère avoir paru en amont de Mayence. Il s'agit donc d'une entreprise indépendante de celle d'Arioviste.

1. Cette montagne est le Mont des Buis, que couronne aujourd'hui encore la citadelle de Besançon.

2. *Congressos.* Le mot ne convient pas aux marchands. Mais si on le traduit par « nous en avons rencontrés », il n'est plus en accord avec le contexte : *incredibili uirtute atque exercitatione in armis.* On pourrait à la rigueur considérer *ac mercatorum* comme une glose ; mais nous croyons plutôt à une négligence de César.

3. D'après Dion, XXXVIII, 35, 2, les officiers se plaignaient que la guerre fût illégale, et que César les sacrifiât à son ambition.

a suis finibus profecisse. [2]Id ne accideret magnopere sibi praecauendum Caesar existimabat. [3]Namque omnium rerum quae ad bellum usui erant summa erat in eo oppido *f*acultas, [4]idque natura loci sic muniebatur ut magnam ad ducendum bellum daret facultatem, propterea quod flumen [alduas] Dubis ut circino circumductum paene totum oppidum cingit ; [5]reliquum spatium, quod est non amplius pedum *M* sexcentorum, qua flumen intermittit, mons continet magna altitudine, ita ut radices montis ex utraque parte ripae fluminis contingant. [6]Hunc murus circumdatus arcem efficit et cum oppido coniungit. [7]Huc Caesar magnis nocturnis diurnisque itineribus contendit occupatoque oppido ibi praesidium conlocat.

XXXIX. [1]Dum paucos dies ad Vesontionem rei frumentariae commeatusque causa moratur, ex percontatione nostrorum uocibusque Gallorum ac mercatorum, qui ingenti magnitudine corporum Germanos, incredibili uirtute atque exercitatione in armis esse praedicabant (saepe numero sese cum his congressos ne uultum quidem atque aciem oculorum dicebant ferre potuisse), tantus subito timor omnem exercitum occupauit, ut non mediocriter omnium mentes animosque perturbaret. [2]Hic primum ortus est a tribunis militum, praefectis reliquisque qui ex urbe amicitiae causa Caesarem secuti non magnum in re militari usum habebant : [3]quorum

1 a suis α : suis β || profecisse α : processisse β || 3 facultas *ed.* 1473 : difficultas *codd.* || 4 idque : idemque *Paul* || daret α : -ent β || dubis *H. de Valois* : alduasdubis *codd.* || 5 est non α : non est β || MDC *Napoléon*: se(x)centorum *uel* DC *codd.* || montis α : eius montis β || ripae... contingant : ripa... contingat T[1] *f*.

XXXIX. 1 dum α : cum β || 2 a *αl* : ab T*f*, U || non magnum RSLN : non magnum periculum miserabantur B[1] [quod non magnum *add.* B[2]] magnum periculum miserabantur quod non magnum AM β [*cf.* *R. E. A.*, 1925, *p.* 281-282].

sous des prétextes variés dont ils faisaient autant de motifs impérieux de départ, ils demandaient la permission de quitter l'armée ; un certain nombre pourtant, retenus par le sentiment de l'honneur et voulant éviter le soupçon de lâcheté, restaient au camp : mais ils ne pouvaient composer leur visage ni s'empêcher, par moments, de pleurer ; ils se cachaient dans leurs tentes pour gémir chacun sur leur sort ou pour déplorer, en compagnie de leurs intimes, le danger qui les menaçait tous. Dans tout le camp on ne faisait que sceller des testaments[1]. Les propos, la frayeur de ces gens peu à peu ébranlaient ceux-là même qui avaient une grande expérience militaire, soldats, centurions, officiers de cavalerie. Ceux qui parmi eux voulaient passer pour plus braves disaient qu'ils ne craignaient point l'ennemi, mais les défilés qu'il fallait franchir[2] et les forêts immenses qui les séparaient d'Arioviste, ou bien ils prétendaient redouter que le ravitaillement ne pût se faire dans d'assez bonnes conditions. Quelques-uns étaient allés jusqu'à faire savoir à César que, quand il aurait donné l'ordre de lever le camp et de se porter en avant, les soldats n'obéiraient pas et, sous l'empire de la peur, refuseraient de marcher.

Discours de César. XL. Voyant cela, César réunit le conseil, et il y convoqua les centurions de toutes les cohortes ; il commença par leur reprocher avec véhémence leur prétention de savoir où on les menait, ce qu'on se proposait, et de raisonner là-dessus. « Arioviste avait, sous son consulat, recherché avec le plus grand empressement l'amitié des Romains ; quelle raison de penser qu'il manquerait avec tant de légèreté à son devoir ? Pour sa part, il était convaincu que lorsque le Germain connaîtrait ce que César demande

1. L'ironie est cruelle. César, qui écrit cela à un moment (fin de 52) où il sait qu'il ne lui servirait plus de rien, désormais, de ménager le parti aristocratique, se venge des fils de famille qui avaient failli ruiner, par leur pusillanimité, tout son avenir militaire.

2. La vallée du Doubs, fort encaissée, qu'il fallait remonter pour aller vers Belfort.

alius alia causa inlata, quam sibi ad proficiscendum necessariam esse diceret, petebat ut eius uoluntate discedere liceret ; non nulli pudore adducti, ut timoris suspicionem uitarent, remanebant. [4]Hi neque uultum fingere neque interdum lacrimas tenere poterant ; abditi in tabernaculis aut suum fatum querebantur aut cum familiaribus suis commune periculum miserabantur. [5]Vulgo totis castris testamenta obsignabantur. Horum uocibus ac timore paulatim etiam ii qui magnum in castris usum habebant, milites centurionesque quique equitatui praeerant, perturbabantur. [6]Qui se ex his minus timidos existimari uolebant, non se hostem uereri, sed angustias itineris et magnitudinem siluarum quae intercederent inter ipsos atque Ariouistum, aut rem frumentariam, ut satis commode supportari posset, timere dicebant. [7]Non nulli etiam Caesari nuntiarant, cum castra moueri ac signa ferri iussisset, non fore dicto audientes milites neque propter timorem signa laturos.

XL. [1]Haec cum animaduertisset, conuocato consilio omniumque ordinum ad id consilium adhibitis centurionibus uehementer eos incusauit : primum, quod aut quam in partem aut quo consilio ducerentur sibi quaerendum aut cogitandum putarent. [2]Ariouistum se consule cupidissime populi romani amicitiam adpetisse : cur hunc tam temere quisquam ab officio discessurum iudicaret ? [3]Sibi quidem persuaderi cognitis suis postulatis atque aequitate condicionum

4 miserabantur : -ebantur A[1], T*f* ‖ **5** uulgo... obsignabantur : *del.* *Paul* ‖ ii *ed. pr.* : hi *codd.* ‖ quique β : ut quisque α ‖ **6** et magnitudinem β : magnitudinem α ‖ quae intercederent inter ipsos atque ariouistum α : quae inter eos atque ariouistum intercederent β ‖ **7** nuntiarant α : renuntiabant β nuntiabant *Paris. 6106, ed. pr.*

XL. **1** consilio α : concilio β ‖ **3** condicionum α : (et) condi(c)ione β.

et verrait combien ses propositions sont équitables, il ne refuserait pas de vivre en bonne intelligence avec lui et avec le peuple romain. Et si, obéissant à l'impulsion d'une fureur démente, il déclarait la guerre, qu'avaient-ils donc à craindre ? Quelles raisons de désespérer de leur propre valeur ou du zèle attentif de leur chef ? On avait déjà connu cet adversaire du temps de nos pères, quand Marius remporta sur les Cimbres et les Teutons une victoire qui ne fut pas moins glorieuse pour ses soldats que pour lui-même ; on l'avait connu aussi, plus récemment, en Italie, lors de la révolte des esclaves, et encore ceux-ci trouvaient-ils un accroissement de force dans leur expérience militaire et leur discipline, qualités qu'ils nous devaient. Leur exemple permettait de juger ce qu'on pouvait attendre de la fermeté d'âme, puisque des hommes qu'on avait un moment redoutés sans motif quand ils étaient dépourvus d'armes, avaient été battus ensuite alors qu'ils étaient bien armés et avaient des victoires à leur actif. Enfin ces Germains sont les mêmes hommes avec qui, à maintes reprises, les Helvètes se sont mesurés, et dont ils ont presque toujours triomphé non seulement sur leur propre territoire, mais en Germanie même : et pourtant les Helvètes n'ont pu tenir devant nos troupes. Si certains esprits s'alarmaient de l'échec et de la déroute des Gaulois, il leur suffisait de réfléchir pour en découvrir les causes ; à un moment où les Gaulois étaient fatigués de la longueur de la guerre, Arioviste, qui, pendant de longs mois, s'était confiné dans son camp, au milieu des marécages, y demeurant insaisissable, les avait attaqués soudainement quand ils désespéraient de pouvoir jamais combattre et s'étaient disséminés ; sa victoire était due moins à la valeur des Germains qu'à l'habile tactique de leur chef. Mais une tactique qui avait été bonne pour combattre des hommes barbares et sans expérience, Arioviste lui-même n'espérait pas que nos armées s'y pussent laisser prendre. Ceux qui déguisaient leur lâcheté en prétextant qu'ils étaient inquiets de la question des vivres et des difficultés de la route, ceux-là étaient des insolents, car ils avaient l'air ou de n'avoir aucune confiance en leur général, ou de lui dicter des

perspecta eum neque suam neque populi romani gratiam repudiaturum. [4]Quod si furore atque amentia inpulsus bellum intulisset, quid tandem uererentur ? aut cur de sua uirtute aut de ipsius diligentia desperarent ? [5]Factum eius hostis periculum patrum nostrorum memoria, cum Cimbris et Teutonis a C. Mario pulsis non minorem laudem exercitus quam ipse imperator meritus uidebatur ; factum etiam nuper in Italia seruili tumultu, quos tamen aliquid usus ac disciplina quam a nobis accepissent subleuarent. [6]Ex quo iudicari posse quantum haberet in se boni constantia, propterea quod quos aliquamdiu inermes sine causa timuissent, hos postea armatos ac uictores superassent. [7]Denique hos esse eosdem quibuscum saepe numero Heluetii congressi non solum in suis, sed etiam in illorum finibus plerumque superarint, qui tamen pares esse nostro exercitui non potuerint. [8]Si quos aduersum proelium et fuga Gallorum commoueret, hos, si quaererent, reperire posse diuturnitate belli defatigatis Gallis Ariouistum, cum multos menses castris se ac paludibus tenuisset neque sui potestatem fecisset, desperantes iam de pugna et dispersos subito adortum magis ratione et consilio quam uirtute uicisse. [9]Cui rationi contra homines barbaros atque imperitos locus fuisset, *h*ac ne ipsum quidem sperare nostros exercitus capi posse. [10]Qui suum timorem in rei frumentariae simulationem angustiasque

3 romani α : *om.* β || **5** meritus : m. esse LN || italia α *f* : -am T, U*l* || quam β : quae α || **6** posse *Vascosan* : posset *codd.* || inermes β : -os α || **7** eosdem α : eosdem germanos B^2, T*f* germanos U*l* || quibuscum α : cum quibus β || suis α : suis sedibus β || illorum α : suis β || superarint α : -assent β || **8** hos β : hoc α || re (p)perire B^2, T*f* : -iri α U*l* || defatigatis : defet-AB^1 defit-R || **9** hac *Aldus* : ac *codd.* || **10** suum: sui M suum quidem T || simulationem α *l*^{1} : -e B^2, T*f*, U*l*^{2} [in re*m* frumentaria*m* simulatione *Kübler*].

ordres. Il s'occupait de ces questions : du blé, les Séquanes, les Leuques, les Lingons[1] en fournissaient, et les moissons étaient déjà mûres dans les champs ; la route, ils en jugeraient sous peu par eux-mêmes. Quant à ce que l'on disait, qu'il ne serait pas obéi et que les enseignes resteraient immobiles, cela ne le troublait nullement : il savait bien, en effet, que tous les chefs à qui leur armée avait refusé l'obéissance ou bien avaient essuyé des échecs et s'étaient vus abandonnés de la fortune, ou bien avaient commis quelque mauvaise action dont la découverte les avait convaincus de malhonnêteté. Mais lui, sa vie entière témoignait de son désintéressement, et la guerre des Helvètes avait bien montré quelle était sa chance. Aussi, ce qu'il n'avait eu d'abord l'intention de faire que dans quelque temps, il l'exécuterait sur-le-champ, et il lèverait le camp cette nuit, au cours de la quatrième veille, car il voulait savoir au plus tôt s'ils obéissaient à la voix de l'honneur et du devoir, ou aux conseils de la peur. Si maintenant personne ne le suit, il n'en marchera pas moins, suivi seulement de la dixième légion, dont il était sûr, et qui lui servirait de cohorte prétorienne[2]. » Cette légion était celle à qui César avait témoigné le plus d'afffection, et dont la valeur lui inspirait le plus de confiance.

Les troupes, rassurées, marchent contre Arioviste.

XLI. Ce discours produisit un changement merveilleux dans les esprits ; il y fit naître un grand enthousiasme et la plus vive impatience de combattre ; on vit d'abord la dixième légion, par l'entremise de ses tribuns,

1. Les Leuques habitaient le pays de Toul, les Lingons avaient pour capitale Langres.

2. C'était la garde personnelle du général en chef, composée de légionnaires d'élite. — Ce discours de César est un modèle de harangue militaire : il affirme avec force que le soldat doit l'obéissance passive, mais en même temps il lui donne toutes les explications qui peuvent l'éclairer et le rassurer ; appel à la raison, au sentiment de l'honneur, à la confiance, à l'esprit de corps, et manifestation d'une volonté, tous les moyens qui assurent l'autorité d'un chef, il en fait l'emploi le plus heureux. Du premier coup, il prend sur ses troupes un ascendant que désormais elles ne cesseront de subir.

itineris conferrent, facere arroganter, cum aut de officio imperatoris desperare aut praescribere uiderentur. [11]Haec sibi esse curae : frumentum Sequanos, Leucos, Lingones subministrare, iamque esse in agris frumenta matura ; de itinere ipsos breui tempore iudicaturos. [12]Quod non fore dicto audientes neque signa laturi dicantur, nihil se ea re commoueri : scire enim, quibuscumque exercitus dicto audiens non fuerit, aut male re gesta fortunam defuisse aut aliquo facinore comperto auaritiam esse conuictam : [13]suam innocentiam perpetua uit*a*, felicitatem Heluetiorum bello esse perspectam. [14] Itaque se, quod in longiorem diem conlaturus fuisset, repraesentaturum et proxima nocte de quarta uigilia castra moturum, ut quam primum intellegere posset, utrum apud eos pudor atque officium an timor ualeret. [15]Quod si praeterea nemo sequatur, tamen se cum sola decima legione iturum, de qua non dubitaret, sibique eam praetoriam cohortem futuram. Huic legioni Caesar et indulserat praecipue et propter uirtutem confidebat maxime.

XLI. [1]Hac oratione habita mirum in modum conuersae sunt omnium mentes summaque alacritas et cupiditas belli gerendi innata est, [2]princepsque decima legio per tribunos militum ei gratias egit

10 itineris α : -um β || conferrent *Ul*, f^2 : -et αT$/^1$ || uiderentur α : auderent β [desperarent aut praescribere auderent *Ramorino*; desperare uiderentur aut praescribere auderent *Mommsen*] || **11** lingones α : ling(u)onas β || tempore breui T*f* || **12** audientes : milites *post* aud. *add.* *Oudendorp* || conuictam *ed. pr.* : conuinctam M, LN coniunctam *cett.* || **13** suam... perspectam : *om.* M || perpetua uita, felicitatem *R. Estienne* : perpetua uitae felicitate αT*f* perpetuam uitae felicitatem U*l* || **14** fuisset α : esset β || repraesentaturum α : repr. esse β || ualeret α : plus ualeret B² N² β || **15** huic legioni caesar et α : huic caesar legioni β [huic... maxime *del.* *Grupe*].

XLI. **1** innata : inlata *J. Lange* iniecta *Menge.*

remercier César de l'excellente opinion qu'il avait d'elle et lui confirmer qu'elle était toute prête à combattre. Puis les autres légions négocièrent avec leurs tribuns et les centurions de leur première cohorte pour qu'ils les fissent excuser par César : « Ils n'avaient jamais eu d'hésitation ni de crainte, ils n'avaient jamais pensé qu'ils eussent à juger de la conduite des opérations ; c'était l'affaire de leur général. » César accepta leurs explications ; Diviciacos, chargé d'étudier l'itinéraire parce qu'il était celui des Gaulois en qui César avait le plus de confiance, conseilla de faire un détour de plus de cinquante milles[1], qui permettrait de marcher en terrain découvert ; César partit au cours de la quatrième veille[2], comme il l'avait dit. Après sept jours de marche continue, ses éclaireurs lui firent savoir que les troupes d'Arioviste étaient à vingt-quatre milles des nôtres.

Entrevue de César et d'Arioviste.

XLII. Quand il apprend l'approche de César, Arioviste lui envoie une ambassade : « Il ne s'opposait pas, quant à lui, à ce qu'eût lieu l'entrevue précédemment demandée, puisque César s'était rapproché ; il estimait qu'il pouvait s'y rendre sans danger. » César ne refusa pas ; il croyait que le Germain revenait à la raison, puisqu'il proposait de lui-même ce qu'il avait précédemment refusé quand on le lui demandait ; et il espérait beaucoup que, se souvenant des bienfaits qu'il avait reçus de lui et du peuple romain, quand il aurait examiné ses conditions, il cesserait d'être intraitable. L'entrevue fut fixée au cinquième jour suivant. Comme, en attendant, des envoyés allaient et venaient souvent de l'un à l'autre, Arioviste demanda que César n'amenât pas à l'entrevue de troupes à pied : « Il craignait, disait-il, que César ne l'attirât dans une embuscade ;

1. Par Voray, la vallée de l'Ognon, Villersexel et Arcey. Cf. Jullian, III, p. 230, n. 5.

2. La nuit, dans la vie des camps, était divisée, du coucher au lever du soleil, en quatre veilles, dont la longueur variait suivant les saisons. minuit marquant toujours la fin de la deuxième.

quod de se optimum iudicium fecisset, seque esse ad bellum gerendum paratissimam confirmauit. [3]Deinde reliquae legiones cum tribunis militum et primorum ordinum centurionibus egerunt uti Caesari satis facerent ; se neque umquam dubitasse neque timuisse neque de summa belli suum iudicium, sed imperatoris esse existimauisse. [4]Eorum satisfactione accepta et itinere exquisito per Diuiciacum, quod ex *Gallis* ei maximam fidem habebat, ut milium amplius quinquaginta circuitu locis apertis exercitum duceret, de quarta uigilia, ut dixerat, profectus est. [5]Septimo die, cum iter non intermitteret, ab exploratoribus certior factus est Ariouisti copias a nostris milibus passuum quattuor et XX abesse.

XLII. [1]Cognito Caesaris aduentu Ariouistus legatos ad eum mittit : quod antea de conloquio postulasset, id per se fieri licere, quoniam propius accessisset, seque id sine periculo facere posse existimare. [2]Non respuit condicionem Caesar iamque eum ad sanitatem reuerti arbitrabatur, cum id quod antea petenti denegasset ultro polliceretur, [3]magnamque in spem ueniebat pro suis tantis populique romani in eum beneficiis cognitis suis postulatis fore uti pertinacia desisteret. Dies conloquio dictus est ex eo die quintus. [4]Interim saepe ultro citroque cum legati inter eos mitterentur, Ariouistus postulauit ne quem peditem ad conloquium Caesar adduceret : uereri se ne per insidias ab eo circumueniretur ; uterque cum equi-

3 cum tribunis... centurionibus α : per tribunos... centuriones β || uti α : uti per eos β || neque umquam β : nec umquam α || esse : *om*. AM || 4 gallis *Ciacconius* : aliis *codd.* || 5 milibus : milia *Meusel*.

XLII. 1 aduentu caesaris T*f*, U || existimare α : -et β || 3 cognitis suis postulatis : *del. Müller* || 4 cum legati ultro citroque β.

que chacun vînt avec des cavaliers ; il ne viendrait qu'à cette condition. » César, ne voulant pas qu'un prétexte suffît à supprimer la rencontre, et n'osant pas, d'autre part, s'en remettre à la cavalerie gauloise du soin de veiller sur sa vie, jugea que le plus pratique était de mettre à pied tous les cavaliers gaulois et de donner leurs montures aux légionnaires de la dixième légion, en qui il avait la plus grande confiance, afin d'avoir, en cas de besoin une garde aussi dévouée que possible. Ainsi fit-on ; et un soldat de la dixième légion remarqua assez plaisamment que « César faisait plus qu'il n'avait promis : il avait promis qu'il les emploierait comme gardes du corps, et il faisait d'eux des chevaliers[1] ».

XLIII. Dans une grande plaine s'élevait un tertre assez haut[2] : il était à peu près à égale distance du camp d'Arioviste et de celui de César. C'est là que, suivant leur convention, les deux chefs vinrent pour se rencontrer. César fit arrêter sa légion montée à deux cents pas du tertre ; les cavaliers d'Arioviste s'arrêtèrent à la même distance. Le Germain demanda que l'on s'entretînt à cheval, et que chacun amenât avec lui dix hommes. Quand ils furent au lieu de la rencontre, César, pour commencer, rappela ses bienfaits et ceux du Sénat, le titre de roi que cette assemblée lui avait donné, celui d'ami, et les riches présents qu'on lui avait prodigués ; puis il lui expliqua que peu de princes avaient obtenu ces distinctions, et qu'on ne les accordait d'habitude que pour des services éminents ; lui, qui n'avait pas de titres pour

1. Il y a en latin un jeu de mots fondé sur le double sens de l'expression *ad equum rescribere*, qui signifie également « faire passer dans la cavalerie » et « admettre dans l'ordre équestre ».

2. La topographie de l'entrevue et de la bataille est très controversée. La plaine en question est la plaine d'Alsace. Probablement, entrevue et bataille ont eu lieu entre Thann et Mulhouse, vers Cernay (cf. Jullian, III, p. 231, n. 4). Stoffel les situe plus au nord, vers Schlettstadt ; C. Winkler descend plus bas encore, non loin de Strasbourg. Les systèmes qui cherchent la *planities magna* en Franche-Comté, par exemple vers Montbéliard ou vers Arcey, ont moins de vraisemblance.

tatu ueniret : alia ratione sese non esse uenturum. [5]Caesar, quod neque conloquium interposita causa tolli uolebat neque salutem suam Gallorum equitatui committere audebat, commodissimum esse statuit omnibus equis Gallis equitibus detractis eo legionarios milites legionis decimae, cui quam maxime confidebat, inponere, ut praesidium quam amicissimum, si quid opus facto esset, haberet. [6]Quod cum fieret, non inridicule quidam ex militibus decimae legionis dixit plus quam pollicitus esset Caesarem ei facere : pollicitum se in cohortis praetoriae loco decimam legionem habiturum, ad equum rescribere.

XLIII. [1]Planities erat magna et in ea tumulus terrenus satis grandis. Hic locus aequo fere spatio ab castris Ariouisti et Caesaris aberat. Eo, ut erat dictum, ad conloquium uenerunt. [2]Legionem Caesar quam equis uexerat passibus ducentis ab eo tumulo constituit. Item equites Ariouisti pari interuallo constiterunt. [3]Ariouistus ex equis ut conloquerentur et praeter se denos ut ad conloquium adducerent postulauit. [4]Vbi eo uentum est, Caesar initio orationis sua senatusque in eum beneficia commemorauit, quod rex appellatus esset a senatu, quod amicus, quod munera amplissime missa ; quam rem et paucis contigisse et pro magnis hominum officiis consuesse tribui docebat ; [5]illum, cum neque aditum

4 sese α : se *Ul om.* T*f* || **5** equitatui : equitibus LN || legionarios eo β || cui... confidebat : *del. Paul* || quam maxime SLN,M², B² R² β : quod maxime AM¹, B¹, R¹ maxime *Clarke* || facto α T*f* : -i *Ul* || **6** ei α : *om.* β || se in cohortis α : esse in cohortis se β.

XLIII. **1** (a)equo fere spatio α T : aequum fere spatium *f*, *Ul* || ab α : a β || ariousti et caesaris α : utriusque β || **2** uexerat α : deuexerat β || item : *del. Meusel* || **3** ut ex equis β || ut ad α : ad β || adducerent β : -et α || **4** ubi α : ut β || commemorauit α : praedicauit β || amplissime α : tam amplissima β || pro magnis α : a romanis pro maximis β || **5** cum α : quando β.

y prétendre ni de justes motifs pour les solliciter, il ne les avait dues qu'à la bienveillance et à la libéralité de César et du Sénat. Il lui apprit encore combien étaient anciennes et légitimes les raisons de l'amitié qui unissait les Héduens aux Romains, quels sénatus-consultes avaient été rendus en leur faveur, à mainte reprise et dans les termes les plus honorables; comment, de tout temps, l'hégémonie de la Gaule entière avait appartenu aux Héduens[1], avant même qu'ils n'eussent recherché notre amitié. C'était une tradition des Romains de vouloir que leurs alliés et leurs amis, non seulement ne subissent aucune diminution, mais encore vissent s'accroître leur crédit, leur considération, leur dignité : vraiment, ce qu'ils avaient apporté avec eux en devenant amis de Rome, qui pourrait souffrir qu'on le leur arrachât ? Il formula ensuite les mêmes demandes dont il avait chargé ses envoyés : ne faire la guerre ni aux Héduens, ni à leurs alliés ; rendre les otages ; s'il ne pouvait renvoyer chez eux aucun de ses Germains, au moins ne pas permettre que d'autres franchissent le Rhin.

XLIV. Arioviste ne répondit que peu de choses aux demandes de César, mais s'étendit longuement sur ses propres mérites. « S'il avait passé le Rhin, ce n'était point spontanément, mais sur la prière instante des Gaulois ; il avait fallu de grandes espérances, la perspective de riches compensations, pour qu'il abandonnât son foyer et ses proches ; les terres qu'il occupait en Gaule, il les tenait des Gaulois ; les otages lui avaient été donnés par eux librement ; le tribut, il le percevait en vertu des lois de la guerre, c'était celui que les vainqueurs ont coutume d'imposer aux vaincus. Il n'avait pas été l'agresseur, mais c'étaient les Gaulois qui l'avaient attaqué ; tous les peuples de la Gaule étaient venus l'assaillir et avaient opposé leurs armées à la sienne[2]; il avait culbuté et

1. Il y a là une exagération oratoire : les Héduens avaient eu à compter avec les Arvernes. Cf. plus haut, 31, 3.

2. *Omnes Galliae ciuitates.* Ceci implique que les Séquanes ont pris part à la bataille d'Admagétobrige. C'est ce que donnent aussi à penser les termes qu'emploie César en parlant de cette bataille, 31, 12:

neque causam postulandi iustam haberet, beneficio ac liberalitate sua ac senatus ea praemia consecutum. [6]Docebat etiam quam ueteres quamque iustae causae necessitudinis ipsis cum Haeduis intercederent, [7]quae senatus consulta quotiens quamque honorifica in eos facta essent, ut omni tempore totius Galliae principatum Haedui tenuissent, prius etiam quam nostram amicitiam adpetissent. [8]Populi romani hanc esse consuetudinem, ut socios atque amicos non modo sui nihil deperdere, sed gratia, dignitate, honore auctiores uelit esse : quod uero ad amicitiam populi romani attulissent, id iis eripi quis pati posset ? [9]Postulauit deinde eadem quae legatis in mandatis dederat : ne aut Haeduis aut eorum sociis bellum inferret ; obsides redderet ; si nullam partem Germanorum domum remittere posset, at ne quos amplius Rhenum transire pateretur.

XLIV. [1]Ariouistus ad postulata Caesaris pauca respondit, de suis uirtutibus multa praedicauit : [2]Transisse Rhenum sese non sua sponte, sed rogatum et *arcessitum* a Gallis ; non sine magna spe magnisque praemiis domum propinquosque reliquisse : sedes habere in Gallia ab ipsis concessas, obsides ipsorum uoluntate datos ; stipendium capere iure belli, quod uictores uictis inponere consuerint. [3]Non sese Gallis, sed Gallos sibi bellum intulisse ; omnes Galliae ciuitates ad se oppugnandum uenisse ac contra se castra habuisse ; eas omnes copias a se uno proelio

6 docebat α : dicebat T, U^{m} referebat *f*, U^{1}*l* referebat ut dicebat B^{m} || **7** facta in eos LN || **8** sui β : suis α || auctiores AM, $B^{3}N^{2}$, T*f*, U : auctos RSLN^{1}, B^{2} auctores B^{1} altiores *l* || uelit : uellet *Meusel* || iis B^{3}, T^{1}, U : his α*l* is T^{2} || **9** deinde B^{3} N^{2}, T*f*, U : *om.* α*l*.

XLIV. **2** rhenum α : *om.* β || sese α : se U*l* *om.* T*f*, LN^{1} || arcessitum *edd.* : accersitum *codd.* || **3** oppugnandum α : exp- β || eas omnes : eas omnis B^{2} || uno a se β.

vaincu toutes ces troupes en un seul combat. S'ils voulaient tenter une deuxième expérience, il était prêt à une nouvelle bataille ; s'ils voulaient la paix, il était injuste de refuser un tribut que jusqu'à présent ils avaient payé volontairement. L'amitié du peuple romain devait lui être honorable et utile, et non point désavantageuse ; c'était dans cet espoir qu'il l'avait demandée. Si grâce au peuple romain ses tributaires sont dispensés de payer et ses sujets soustraits à ses lois, il renoncera à son amitié aussi volontiers qu'il l'a recherchée. Il fait passer en Gaule un grand nombre de Germains ? Ce n'est point pour attaquer ce pays, mais pour garantir sa propre sécurité : la preuve, c'est qu'il n'est venu que parce qu'on l'en avait prié, et qu'il n'a pas fait une guerre offensive, mais défensive. Il était venu en Gaule avant les Romains. Jamais jusqu'à présent une armée romaine n'avait franchi les frontières de la Province. Que lui voulait César, pour venir ainsi sur ses terres ? Cette partie de la Gaule était sa province, comme l'autre était la nôtre[1]. De même qu'il ne faudrait pas le laisser faire, s'il envahissait notre territoire, de même nous commettions une injustice en venant le troubler dans l'exercice de ses droits. Les Héduens, disait César, avaient reçu le nom de frères : mais il n'était ni assez barbare ni assez peu au courant pour ne pas savoir que les Héduens n'avaient pas porté secours aux Romains dans la dernière guerre contre les Allobroges[2], et que Rome, à son tour, ne les avait point aidés dans le conflit qu'ils venaient d'avoir avec lui-même et avec les Séquanes. Il était obligé de soupçonner que, sous le prétexte de cette amitié, César

Gallorum copias. Mais on peut douter que les Séquanes aient eu cette audace, alors qu'Arioviste occupait une partie de leur territoire ; cf., d'ailleurs, Cic., *ad Att.*, I, 19,2 : *Haedui fratres nostri pugnam nuper malam pugnarunt.* Dans tous les cas, il est sûr que le mot *Gallia* est employé ici au sens restreint (cf. plus haut, p. 3, n. 1).

1. Ces propos d'Arioviste montrent clairement quelles étaient les prétentions des Germains sur la Gaule. La conquête de notre pays par les Romains l'a sauvé d'une autre conquête qui eût retardé d'on ne sait combien d'années le développement de la civilisation occidentale.

2. Il s'agit de la révolte de 61. Cf. plus haut, p. 6, n. 3.

pulsas ac superatas esse. [4]Si iterum experiri uelint, se iterum paratum esse decertare ; si pace uti uelint, iniquum esse de stipendio recusare, quod sua uoluntate ad id tempus pependerint. [5]Amicitiam populi romani sibi ornamento et praesidio, non detrimento esse oportere, idque se hac spe petisse. Si per populum romanum stipendium remittatur et dediticii subtrahantur, non minus libenter sese recusaturum populi romani amicitiam quam adpetierit. [6]Quod multitudinem Germanorum in Galliam traducat, id se sui muniendi, non Galliae inpugnandae causa facere: eius rei testimonium esse, quod nisi rogatus non uenerit, et quod bellum non intulerit, sed defenderit. [7]Se prius in Galliam uenisse quam populum romanum. Numquam ante hoc tempus exercitum populi romani Galliae prouinciae finibus egressum. [8]Quid sibi uellet cur in suas possessiones ueniret ? Prouinciam suam hanc esse Galliam, sicut illam nostram. Vt ipsi concedi non oporteret, si in nostros fines impetum faceret, sic item nos esse iniquos, quod in suo iure se interpellaremus. [9]Quod fratres Haeduos appellatos diceret, non se tam barbarum neque tam imperitum esse rerum, ut non sciret neque bello Allobrogum proximo Haeduos Romanis auxilium tulisse, neque ipsos in his contentionibus quas Haedui secum et cum Sequanis habuissent auxilio populi romani usos esse. [10]Debere se suspicari simu-

3 pulsas [*om.* LN¹] α : fusas β || ac : *om.* L || **4** uelint α : uellent β || iterum paratum esse α : paratum β || pace uti uelint α : pacem mallent β || pependerint α : dep- β || **5** idque : atque *Menge* || se hac AM, T/, U : se ac (?) B¹ se ea RSLNB² hac se *l* || libenter sese α : se libenter β || **6** sui α T/ : suos U*l* || inpugnandae α : opp- β || testimonium α : -o β || **7** finibus α : -es β || egressum α : ingr- β [Galliae fines ingressum *Klotz*] || **8** esse hanc β || sicut α : ut β || **9** fratres α : a se β a senatu *R. Estienne* || appellatos α : amicos app- T/, N² app- amicos U*l* || tam barbarum se LN || ipsos SN²,T/ : -is *cett.*

n'avait une armée en Gaule que pour la jeter contre lui. Si César ne quitte point ce pays, s'il n'en retire pas ses troupes, il le considérera non comme un ami, mais comme un ennemi. Et s'il le tue, il fera quelque chose d'agréable à bien des nobles et chefs politiques de Rome : eux-mêmes l'en avaient assuré par leurs agents ; la bienveillance et l'amitié de tous ces personnages, il pouvait l'acquérir à ce prix[1]. Mais si César s'en allait et lui laissait la libre disposition de la Gaule, il lui témoignerait magnifiquement sa reconnaissance, et toutes les guerres qu'il voudrait, il prendrait sur lui de les faire, sans que César en connût les fatigues ni les dangers. »

XLV. César lui expliqua longuement pour quelles raisons il ne pouvait se désintéresser de la question : « Il n'était ni dans ses habitudes, ni dans celles du peuple romain de consentir à abandonner des alliés parfaitement dévoués, et d'ailleurs il ne pensait pas que la Gaule appartînt plus à Arioviste qu'aux Romains. Les Arvernes et les Rutènes avaient été vaincus par Q. Fabius Maximus[2] ; le peuple romain leur avait pardonné, sans réduire leur pays en province, sans même leur imposer de tribut. S'il fallait avoir égard à l'antériorité de date, le pouvoir des Romains en Gaule était le plus légitime ; s'il fallait observer la décision du Sénat, la Gaule devait être libre, puisqu'il avait voulu que, vaincue par Rome, elle conservât ses lois. »

XLVI. Tandis qu'avaient lieu ces pourparlers, on

1. Ceci ne doit pas être une invention d'Arioviste : il y avait parmi les aristocrates ennemis de César des gens qui n'étaient pas incapables d'une pareille machination. En 58, César ne l'aurait sans doute pas révélée, ayant à ménager ses adversaires ; mais, à la fin de 52, il sait que leur hostilité est irréductible.

2. Q. Fabius Maximus, consul en 121, a remporté cette année-là une grande victoire sur les Arvernes, commandés par Bituitos ; la bataille a eu lieu sur les bords du Rhône (cf., sur l'emplacement exact, Jullian, III, p. 17, n. 4). Mais les Fastes triomphaux attribuent un triomphe sur les Arvernes à Cn. Domitius Ahénobarbus, consul de

lata Caesarem amicitia, quod exercitum in Gallia habeat, sui opprimendi causa habere. [11]Qui nisi decedat atque exercitum deducat ex his regionibus, sese illum non pro amico, sed hoste habiturum. [12]Quod si eum interfecerit, multis sese nobilibus principibusque populi romani gratum esse facturum (id se ab ipsis per eorum nuntios compertum habere), quorum omnium gratiam atque amicitiam eius morte redimere posset. [13]Quod si discessisset et liberam possessionem Galliae sibi tradidisset, magno se illum praemio remuneraturum et quaecumque bella geri uellet sine ullo eius labore et periculo confecturum.

XLV. [1]Multa ab Caesare in eam sententiam dicta sunt quare negotio desistere non posset : Neque suam neque populi romani consuetudinem pati uti optime merentes socios desereret, neque se iudicare Galliam potius esse Ariouisti quam populi romani. [2]Bello superatos esse Aruernos et Rutenos ab Q. Fabio Maximo, quibus populus romanus ignouisset neque in prouinciam redegisset neque stipendium inposuisset. [3]Quod si antiquissimum quodque tempus spectari oporteret, populi romani iustissimum esse in Gallia imperium ; si iudicium senatus obseruari oporteret, liberam debere esse Galliam, quam bello uictam suis legibus uti uoluisset.

XLVI. [1]Dum haec in conloquio geruntur, Caesari

10 quod exercitum : quem ex- *Wesenberg* quod exercituum *Paul* || **11** hoste α : pro hoste β || **12** sese α : se T*l*, U *om. l* || **13** discessisset α : decessisset β || sibi possessionem galliae LN || ullo eius : eius U ullo *l.*

XLV. **1** ab α : a β || posset β : posset et α || uti AM, BRNL² : ut SL¹ β || merentes α : meritos β || **2** ab : a *ed. pr.* || maximo : -umo B¹R || neque in prouinciam redegisset : *del. Meusel* || **3** antiquissimum α : antiquissimum esse in gallia imperium β || quodque AM, B¹·³ β : quoque RSLN B² || spectari : -e AM || esse in gallia imperium α : *om.* β.

vint dire à César que les cavaliers d'Arioviste s'approchaient du tertre, poussaient leurs chevaux vers notre troupe, lui jetaient des pierres et des traits. César rompit l'entretien, rejoignit les siens et leur donna l'ordre de ne pas répondre aux Germains, fût-ce par un seul trait. En effet, quoi qu'il ne risquât rien à engager une légion d'élite contre des cavaliers, il ne voulait cependant pas s'exposer à ce qu'on pût dire, une fois les ennemis défaits, qu'il les avait surpris pendant une entrevue en abusant de la parole donnée. Quand on sut dans les rangs de l'armée quelle arrogance avait montrée Arioviste au cours de l'entretien, prétendant interdire aux Romains toute la Gaule, comment ses cavaliers avaient attaqué les nôtres et comment cet incident avait rompu les pourparlers, l'impatience de nos soldats en fut accrue et ils éprouvèrent un plus vif désir de combattre.

Fourberie d'Arioviste. XLVII. Le lendemain, Arioviste envoie à César une ambassade : « Il désirait reprendre l'entretien qu'ils avaient entamé et qui avait été interrompu ; que César fixât le jour d'une nouvelle entrevue, ou, si cela ne lui plaisait point, qu'il lui envoyât un de ses légats. » César ne pensa pas qu'il eût motif d'aller s'entretenir avec lui, d'autant plus que la veille les Germains n'avaient pu s'empêcher de lancer des traits à nos soldats. Envoyer quelqu'un des siens, le jeter entre les mains de ces hommes barbares, c'était courir grand risque. Il pensa que le mieux c'était d'envoyer C. Valérius Procillus[1], fils de C.

122. Les historiens ne sont pas d'accord sur le rôle respectif des deux chefs dans les campagnes de 122-121 contre les Allobroges, les Arvernes et les Rutènes (cf. Jullian, III, p. 19, n. 1, p. 21 et 22). Il est possible que César ait évité de mentionner ici Domitius parce que son petit-fils, L. Domitius Ahénobarbus, consul en 54, était parmi ses ennemis les plus acharnés.

1. *C. Valerius Procillus.* Cf. plus haut, p. 16, n. 1. Il est question d'un frère de ce personnage, C. Valérius Domnotaurus, VII, 65, 2. D'après ce passage, ils appartenaient à une grande famille des Helviens, peuple du Vivarais, dépendant de la Province romaine.

nuntiatum est equites Ariouisti propius tumulum accedere et ad nostros adequitare, lapides telaque in nostros conicere. [2]Caesar loquendi finem fecit seque ad suos recepit suisque imperauit ne quod omnino telum in hostes reicerent. [3]Nam etsi sine ullo periculo legionis delectae cum equitatu proelium fore uidebat, tamen committendum non putabat ut pulsis hostibus dici posset eos ab se per fidem in conloquio circumuentos. [4]Postea quam in uulgus militum elatum est qua adrogantia in conloquio Ariouistus usus omni Gallia Romanis interdixisset, impetumque in nostros eius equites *ut* fecissent eaque res conloquium diremisset, multo maior alacritas studiumque pugnandi maius exercitui iniectum est.

XLVII. [1]Biduo post Ariouistus ad Caesarem legatos mittit : Velle se de iis rebus quae inter eos agi coeptae neque perfectae essent agere cum eo : uti aut iterum conloquio diem constitueret aut, si id minus uellet, e suis legatis aliquem ad se mitteret. [2]Conloquendi Caesari causa uisa non est, et eo magis quod pridie eius diei Germani retineri non pot*u*erant quin in nostros tela conicerent. [3]Legatum e suis sese magno cum periculo ad eum missurum et hominibus feris obiecturum existimabat. [4]Commodissimum uisum est C. Valerium Procillum, C. Valeri

XLVI. **1** ad nostros α : nostros β || **2** fecit LNB^{2} β : facit AM, B^{1} RS || **3** ullo periculo AM, BRS : periculo ullo β periculo LN || cum α : commissum cum B^{2} N^{2} β || ab α : a β || per fidem : perfide S^{2}, U^{2} perfidia *l* || **4** militum : equitum U || ut *addidi ego, cf. R. E. A.*, 1925, *p.* 289 || diremisset β : ut d- α.

XLVII. **1** mittit α *l* : misit T*f*, U || iis U : his *cett.* || e suis α : ex suis β || legatis : -um *Davies, del. Bentley* || aliquem : *om.* LN || **2** causa caesari U*l* || potuerant *Lipsius* : poterant *codd.* potuerint l^{2} *Vascosan* || tela in nostros β || **3** legatum : um *in rasura* M, *fortasse pro* is || e suis α : ex suis β *del. Vielhaber* || **4** gaium ualerium α : ual [*uel* uL] B^{m} β || c. ualeri B^{2}, T*f*, Ul^{2} : c. ualerii A, S conualeri(i) M,B^{1}RLN^{1} celsi ualerii l^{1}.

Valérius Caburus, jeune homme plein de courage et fort cultivé, dont le père avait reçu de C. Valérius Flaccus[1] la cité romaine : il était loyal, il parlait le gaulois, qu'une pratique déjà longue avait rendu familier à Arioviste, enfin les Germains n'avaient pas de raison d'attenter à sa personne ; il lui adjoignit M. Métius, que l'hospitalité liait à Arioviste. Ils avaient pour instruction d'écouter ce qu'il dirait et de le rapporter. Quand Arioviste les aperçut devant lui, dans son camp, il éclata, devant toute l'armée : « Pourquoi venaient-ils ? Pour espionner, sans doute ? » Ils voulaient parler, il les en empêcha et les fit charger de chaînes.

Préliminaires de la bataille. XLVIII. Le même jour, il se porta en avant et vint s'établir à six milles du camp de César, au pied d'une montagne[2]. Le lendemain, il passa devant le camp de César et alla camper à deux milles au delà, dans la pensée d'arrêter les convois de blé et autres vivres que lui enverraient les Séquanes et les Héduens. Alors, pendant cinq jours de suite, César fit sortir ses troupes en avant du camp et les tint rangées en bataille, de façon que, si Arioviste désirait combattre, l'occasion ne lui fît pas défaut. Mais Arioviste, pendant tous ces jours-là, garda son infanterie au camp, livrant, par contre des combats de cavalerie quotidiens. Le genre de combat auquel les Germains étaient entraînés était le suivant. Ils étaient six mille cavaliers, et autant de fantassins,

1. C. Valérius Flaccus avait été gouverneur de la Gaule Narbonnaise en 83. Marius avait le premier, en 101, pendant la guerre contre les Cimbres, octroyé de sa propre autorité le droit de cité en reconnaissance de services rendus. Son exemple fut, dans la suite, souvent imité par les chefs d'armée. Les nouveaux citoyens empruntaient le prénom et le gentilice de celui qui les affranchissait, et gardaient comme cognomen leur nom barbare : tel est le cas des *Valerii*.

2. L'emplacement qu'on attribue au camp de César varie, naturellement, suivant le système adopté pour la topographie de la bataille (cf. plus haut, p. 35, n. 2). M. Jullian le place entre Sennheim et Aspach-le-Haut, sur la Thur, dans l'Ochsenfeld ; Stoffel, entre Gemar et Ostheim, Winkler sur l'Afterburg, entre Epfig et Stotzheim.

Caburi filium, summa uirtute et humanitate adulescentem, cuius pater a C. Valerio Flacco ciuitate donatus erat, et propter fidem et propter linguae gallicae scientiam, qua multa iam Ariouistus longinqua consuetudine utebatur, et quod in eo peccandi Germanis causa non esset, ad eum mittere, et una M. Metium, qui hospitio Ariouisti utebatur. [5]His mandauit ut quae diceret Ariouistus cognoscerent et ad se referrent. [6]Quos cum apud se in castris Ariouistus conspexisset, exercitu suo praesente conclamauit : quid ad se uenirent ? an speculandi causa ? Conantes dicere prohibuit et in catenas coniecit.

XLVIII. [1]Eodem die castra promouit et milibus passuum sex a Caesaris castris sub monte consedit. [2]Postridie eius diei praeter castra Caesaris suas copias traduxit et milibus passuum duobus ultra eum castra fecit eo consilio uti frumento commeatuque qui ex Sequanis et Haeduis supportaretur Caesarem intercluderet. [3]Ex eo die dies continuos quinque Caesar pro castris suas copias produxit et aciem instructam habuit, ut, si uellet Ariouistus proelio contendere, ei potestas non deesset. [4]Ariouistus his omnibus diebus exercitum castris continuit, equestri proelio cotidie contendit. Genus hoc erat pugnae quo se Germani exercuerant. [5]Equitum milia erant sex, totidem numero pedites uelocissimi ac

4 et propter... utebatur α : quorum amicitia iam ariouistus [ariouistus iam T^1f] longinqua consuetudine utebatur et propter fidem et propter linguae gallicae scientiam β ‖ una β : *om.* α ‖ m(arcum) metium R^2, *f*, U : m. mettium $B^m l$ mettium T^1 marium titium α T^2 ‖ utebatur α : usus erat β ‖ **6** apud se α : *om.* β ‖ ariouistus in castris *l* ‖ conantes : -is B^2, T, Ul^1.

XLVIII. **2** qui α : quod β ‖ **3** pro castris : *om.* LN^1 ‖ **4** diebus omnibus T*f* ‖ continuit : -ens T ‖ **5** : erant VI milia T*f* ‖ numero totidem *l*.

les plus agiles et les plus braves de tous : chaque cavalier en avait choisi un sur l'ensemble des troupes, avec la préoccupation de sa sûreté personnelle : car ces fantassins étaient leurs compagnons de combat. C'était sur eux qu'ils se repliaient ; ils entraient en ligne si la situation devenait critique ; ils entouraient et protégeaient celui qui, grièvement blessé, était tombé de cheval ; s'il fallait avancer à quelque distance ou faire une retraite rapide, ils avaient, grâce à leur entraînement, une telle agilité, qu'en se tenant aux crinières des chevaux ils les suivaient à la course[1].

XLIX. Lorsque César vit que son adversaire se tenait enfermé dans son camp, ne voulant pas être plus longtemps privé de ravitaillement, il choisit, au delà de la position qu'avaient occupée les Germains, à environ 600 pas de ceux-ci, un endroit propre à l'établissement d'un camp, et il y conduisit son armée, marchant en ordre de bataille sur trois rangs. Les deux premières lignes reçurent l'ordre de rester sous les armes, tandis que la troisième fortifierait le camp. Cette position était, comme on l'a dit, à environ 600 pas de l'ennemi. Arioviste y envoya environ 16.000 hommes équipés à la légère et toute sa cavalerie, avec mission d'effrayer les nôtres et d'empêcher leurs travaux. César n'en maintint pas moins les dispositions qu'il avait prises : les deux premières lignes devaient tenir l'ennemi en respect, et la troisième achever son ouvrage. Une fois le camp fortifié, il y laissa deux légions et une partie des troupes auxiliaires, et ramena dans le grand camp les quatre autres légions .

L. Le lendemain, suivant sa tactique habituelle, César fit sortir ses troupes des deux camps et rangea son armée en bataille à une certaine distance en avant du grand,

1. Ce genre de combat, dans lequel les Germains excellaient (cf. Tac., *Germ.*, VI, 4), ne leur était pas propre : Vercingétorix l'employa plusieurs fois contre César (cf. VII, 18, 1 ; 36, 4 ; 80,3) ; les Ibères, les Numides, les Grecs, les Macédoniens le pratiquaient. César, à partir de 52, l'adopta pour ses auxiliaires germains (VII, 65, 4 ; VIII, 13, 2).

fortissimi, quos ex omni copia singuli singulos suae salutis causa delegerant : cum his in proeliis uersabantur. [6]Ad eos se equites recipiebant : hi, si quid erat durius, concurrebant, si qui grauiore uulnere accepto equo deciderat, circumsistebant ; [7]si quo erat longius prodeundum aut celerius recipiendum, tanta erat horum exercitatione celeritas, ut iubis equorum subleuati cursum adaequarent.

XLIX. [1]Vbi eum castris se tenere Caesar intellexit, ne diutius commeatu prohiberetur, ultra eum locum quo in loco Germani consederant, circiter passus sexcentos ab his, castris idoneum locum delegit acieque triplici instructa ad eum locum uenit. [2]Primam et secundam aciem in armis esse, tertiam castra munire iussit. [3]Hic locus ab hoste circiter passus sexcentos, uti dictum est, aberat. Eo circiter hominum numero sedecim milia expedita cum omni equitatu Ariouistus misit, quae copiae nostros terrerent et munitione prohiberent. [4]Nihilo setius Caesar, ut ante constituerat, duas acies hostem propulsare, tertiam opus perficere iussit. [5]Munitis castris duas ibi legiones reliquit et partem auxiliorum, quattuor reliquas in castra maiora reduxit.

L. [1]Proximo die instituto suo Caesar e castris utrisque copias suas eduxit paulumque a maioribus castris progressus aciem instruxit, hostibus

5 salutis suae β || **7** celeritas horum exercitatione β || subleuati equorum *Meusel.*

XLIX. **1** se α : sese β || **2** esse α : sese tenere β || **3** hic α : is β || hic locus... aberat : *del. Lange* || numero α : *om.* β || sedecim [*uel* XVI] milia α T*f* : mil. XVI U*l* || terrerent AM, BRS : perter- β deter- LN || **5** legiones ibi β || reliquas α : reliquas legiones β.

L. **1** e α : ex β || paulumque α U*l* : paululumque T*f* || a maioribus castris α : a maioribus β || hostibus α : hostibusque β.

offrant le combat à l'ennemi. Quand il vit que même ainsi les Germains ne s'avançaient pas, vers midi il ramena ses troupes à leurs campements. Arioviste alors se décida à envoyer une partie de ses forces donner l'assaut au petit camp. On se battit avec acharnement de part et d'autre jusqu'au soir[1]. Au coucher du soleil, Arioviste ramena ses troupes dans son camp; les pertes avaient été sévères des deux côtés. César demanda aux prisonniers pourquoi Arioviste ne livrait pas une bataille générale; il apprit que, suivant la coutume des Germains, leurs femmes[2] devaient, en consultant le sort[3] et en rendant des oracles[4], dire s'il convenait ou non de livrer bataille : or, elles disaient que les destins ne permettaient pas la victoire des Germains s'ils engageaient le combat avant la nouvelle lune.

Défaite des Germains. LI. Le lendemain, César, laissant pour garder chacun des camps les forces qui lui parurent suffisantes, disposa toutes ses troupes auxiliaires[5] à la vue de l'ennemi devant le petit camp ; comme ses légionnaires étaient numériquement inférieurs aux troupes d'Arioviste, il voulait faire illusion sur leur nombre en employant ainsi les auxiliaires. Lui-même, ayant disposé ses légions en ordre de bataille sur trois rangs, il s'avança jusque devant le camp ennemi. Alors les Germains, contraints et forcés, se décidèrent à faire sortir leurs troupes : ils les établirent, rangées par peuplades, à des intervalles égaux, Harudes, Marcomans, Triboques, Vangions, Némètes, Sédusiens, Suèves ; et, pour s'interdire tout

1. A en croire Dion Cassius, XXXVIII, 48, 3, Arioviste aurait failli s'emparer du camp romain.

2. Certaines d'entre elles. Plutarque, *Caes.*, 19, 4, les nomme αἱ ἱεραὶ γυναῖκες. Cf. Tac., *Hist.*, IV, 61 : *plerasque feminarum fatidicas... arbitrantur.*

3. La consultation du sort se faisait chez les Germains à l'aide de petits morceaux de bois marqués chacun d'un signe : on les éparpillait sur une étoffe blanche, on en tirait trois au hasard, et on interprétait les signes qu'ils portaient (Tac., *Germ.*, 10).

4. D'après Plutarque, *l. c.*, c'était en observant les tourbillons et les courants des fleuves, et en interprétant les bruits, que les femmes germaines rendaient leurs oracles.

5. *Alarios.* Les troupes auxiliaires, quand elles combattent avec

pugnandi potestatem fecit. [2]Vbi ne tum quidem eos prodire intellexit, circiter meridiem exercitum in castra reduxit. Tum demum Ariouistus partem suarum copiarum, quae castra minora oppugnaret, misit. Acriter utrimque usque ad uesperum pugnatum est. [3]Solis occasu suas copias Ariouistus multis et inlatis et acceptis uulneribus in castra reduxit. [4]Cum ex captiuis quaereret Caesar quam ob rem Ariouistus proelio non decertaret, hanc reperiebat causam, quod apud Germanos ea consuetudo esset ut matres familiae eorum sortibus et uaticinationibus declararent utrum proelium committi ex usu esset necne ; [5]eas ita dicere : non esse fas Germanos superare, si ante nouam lunam proelio contendissent.

LI. [1]Postridie eius diei Caesar praesidium utrisque castris quod satis esse uisum est reliquit, omnis alarios in conspectu hostium pro castris minoribus constituit, quo<d> minus multitudine militum legionariorum pro hostium numero ualebat, ut ad speciem alariis uteretur ; ipse triplici instructa acie usque ad castra hostium accessit. [2]Tum demum necessario Germani suas copias castris eduxerunt generatimque constituerunt paribus interuallis, Harudes, Marcomanos, Tribocos, Vangiones, Nemetes, Sedu-

2 meridiem : -e *Müller* || quae α : ut β || oppugnaret α : -rent β || **3** et inlatis α : inlatis β || **4** causam rep(p)eriebat β || ea α : *om.* β || et uaticinationibus α : uaticinationibusque β || **5** nouam A, B^1RSLN : nonam M, B^2 β [*post* lunam U].

LI. **1** praesidium α : -o β || omnis alarios [hal- AM alacr- S] α : alarios omnes β || quod *Manutius* : quo *codd.* [quod *in* S *scriptum esse falso aiunt edd. non nulli, auctore Meusel*] || accessit : processit *l* || **2** demum α : uero β || constituerunt [constiter- LN] α : instituer- β || paribus α : paribusque β || harudes α : arudes β Orosivs || marcomanos AM, B^1 N -anus R^1 -annos SLB^2 R^2 β -anes Orosivs [o *in rasura* B, *uerisimiliter pro* e] || tribocos B^2 β Orosivs [*cf. infra* IV, 10, 3]: -es α.

espoir de fuite, ils formèrent une barrière continue sur tout l'arrière du front avec les chariots et les voitures. Ils y firent monter leurs femmes, qui, tendant leurs mains ouvertes et versant des larmes, suppliaient ceux qui partaient au combat de ne pas faire d'elles des esclaves des Romains.

LII. César confia le commandement particulier de chaque légion à chacun de ses légats et à son questeur[1], afin que les soldats eussent en eux des témoins de leur valeur individuelle; lui-même engagea le combat par l'aile droite, parce qu'il avait observé que la ligne ennemie était moins solide de ce côté-là. Nos soldats, au signal donné, se ruèrent à l'ennemi avec une telle vigueur, l'ennemi, de son côté, s'élança si soudainement et d'une course si rapide à leur rencontre, qu'ils n'eurent pas devant eux l'espace nécessaire au lancement du javelot. Abandonnant cette arme, ils engagèrent un corps à corps avec l'épée. Mais les Germains, selon leur tactique habituelle, formèrent rapidement la phalange et reçurent ainsi le choc des épées. Il s'en trouva plus d'un parmi les nôtres pour se jeter sur le mur de boucliers que formait chaque phalange, les arracher et frapper l'ennemi de haut en bas[2]. Tandis que l'aile gauche des Germains avait été complètement enfoncée, à droite ils nous accablaient sous le nombre. Le jeune P. Crassus, qui commandait la cavalerie, se rendant compte du danger — il était mieux à même de suivre l'action que ceux qui se trouvaient dans la mêlée — envoya les troupes de troisième ligne au secours de celles qui étaient en péril.

LIII. Cette mesure rétablit la situation; tous les ennemis

les légions, sont placées aux ailes : d'où leur nom. César le leur conserve ici bien qu'elles soient employées seules (de même, *Bellum ciuile*, I, 73, 3).

1. Les légats, lieutenants du proconsul, sont d'anciens questeurs ou d'anciens préteurs, désignés par le Sénat, sur avis du chef intéressé. D'après ce passage, César avait 5 légats en 58 ; il en eut jusqu'à 10. Les questeurs sont des magistrats : leurs attributions sont essentiellement d'ordre financier. Un questeur est adjoint à chaque gouverneur de province. Sur la question de savoir si César en eut un ou deux, cf. plus loin, IV, 22, 3 (quaestori α ; mais quaestoribus β) et V, 25, 5.

2. Cf. plus haut, p. 19, n. 4. Il ne s'agit pas d'une *voûte* de boucliers

sios, Suebos, omnemque aciem suam redis et carris circumdederunt, ne qua spes in fuga relinqueretur. [3]Eo mulieres imposuerunt, quae in proelium proficiscentes passis manibus flentes inplorabant ne se in seruitutem Romanis traderent.

LII. [1]Caesar singulis legionibus singulos legatos et quaestorem praefecit, uti eos testes suae quisque uirtutis haberet ; [2]ipse a dextro cornu, quod eam partem minime firmam hostium esse animaduerterat, proelium commisit. [3]Ita nostri acriter in hostes signo dato impetum fecerunt, itaque hostes repente celeriterque procurrerunt, ut spatium pila in hostes coniciendi non daretur. [4]Relictis pilis comminus gladiis pugnatum est. At Germani celeriter ex consuetudine sua phalange facta impetus gladiorum exceperunt. [5]Reperti sunt complures nostri milites qui in phalangas insilirent et scuta manibus reuellerent et desuper uulnerarent. [6]Cum hostium acies a sinistro cornu pulsa atque in fugam coniecta esset, a dextro cornu uehementer multitudine suorum nostram aciem premebant. [7]Id cum animaduertisset P. Crassus adulescens, qui equitatui praeerat, quod expeditior erat quam *ii* qui inter aciem uersabantur, tertiam aciem laborantibus nostris subsidio misit.

LIII. [1]Ita proelium restitutum est, atque omnes

2 suebos AM, BRLN : -vos Sβ || redis αT*f* : rhedis U*l* || **3** in α : ad β || proficiscentes α *f* : proficiscentes milites B[2] N[2], T, U*l* || manibus : crinibus LN *dett.*

LII. **1** uti α : ut β || **2** partem eam β || animaduerterat α : animum aduerterat U*l* animo aduerterat T*f* || **3** ita : et *ante* ita *add. Meusel* || in hostes acriter β || in hostes pila β || **4** relictis β : reiectis α proiectis *Müller* || **5** milites α : *om.* β || phalangas AM, B[1] RS : -es LN -a U[2] -am *uel* ā B[2], T*f*, *U*[1] -ē *l* || et scuta α : scuta β || **6** a sinistro α : sinistro β || coniecta β : conuersa α || **7** ii *ed. pr.* : hi *codd.* || inter α : intra β || tertiam aciem α : tertiam partem β.

prirent la fuite, et ne s'arrêtèrent qu'au Rhin, à environ cinq milles du lieu de la bataille. Là, un très petit nombre ou bien, se fiant à leur vigueur, tâchèrent de passer le fleuve à la nage, ou bien découvrirent des barques auxquelles ils durent leur salut. Ce fut le cas d'Arioviste, qui trouva une embarcation attachée au rivage et put s'enfuir sur elle ; tous les autres furent rejoints par notre cavalerie et massacrés. Arioviste avait deux épouses[1] : l'une Suève, qu'il avait emmenée de Germanie avec lui, l'autre du Norique, la sœur du roi Voccion, que celui-ci lui avait envoyée et qu'il avait épousée en Gaule ; toutes deux périrent dans la déroute. Il avait deux filles : l'une fut tuée, l'autre fut faite prisonnière. C. Valérius Procillus, que ses gardiens emmenaient avec eux dans leur fuite chargé de triples chaînes[2], tomba entre les mains de César lui-même qui poursuivait l'ennemi avec ses cavaliers ; cet incident ne lui causa pas moins de plaisir que la victoire même, car celui qu'il arrachait aux mains des ennemis et retrouvait ainsi était l'homme le plus estimable de toute la province de Gaule, son ami et son hôte, et la Fortune, en l'épargnant, avait voulu que rien ne fût ôté à la joie d'un pareil triomphe[3]. Valérius raconta qu'à trois reprises[4], sous ses yeux, on avait consulté les sorts pour décider s'il devait être sur-le-champ livré aux flammes ou réservé pour un autre temps : c'était aux sorts qu'il devait la vie. M. Métius fut également retrouvé et ramené à César[5].

que les Germains auraient formée au-dessus de leur tête, mais d'un *mur*, plus élevé que n'était la taille des Romains.

1. Cf. Tac., *Germ.*, 17,5 : « Les mariages sont sérieux dans ce pays, et il n'y a pas de trait dans leur mœurs qui mérite plus d'éloges. Presque seuls d'entre les Barbares, ils se contentent d'une femme, à l'exception d'un très petit nombre, qui en prennent plus d'une, non point par libertinage, mais parce qu'en raison de leur noblesse plusieurs familles recherchent leur alliance. »

2. *Trinis catenis.* Si le distributif n'est pas dû simplement à ce que *catena* est surtout employé au pluriel, il indique que chaque membre enchaîné l'était par trois chaînes.

3. Ce passage est le seul où César abandonne le ton froid d'un récit tout « objectif » pour exprimer avec vivacité un sentiment personnel.

4. Le nombre trois était chez les Germains un nombre sacré. Cf. p. 42, n. 3.

5. Sur ce personnage et sur le précédent, cf. plus haut, 47, 4.

hostes terga uerterunt neque prius fugere destiterunt quam ad flumen Rhenum milia passuum ex eo loco circiter quinque peruenerunt. [2]Ibi perpauci aut uiribus confisi tranare contenderunt aut lintribus inuentis sibi salutem reppererunt ; [3]in his fuit Ariouistus, qui nauiculam deligatam ad ripam nactus ea profugit ; reliquos omnes equitatu consecuti nostri interfecerunt. [4]Duae fuerunt Ariouisti uxores, una Sue*b*a natione, quam domo secum duxerat, altera Norica, regis Voccionis soror, quam in Gallia duxerat, a fratre missam : utraque in ea fuga periit ; duae filiae : harum altera occisa, altera capta est. [5]C. Valerius Procillus, cum a custodibus in fuga trinis catenis uinctus traheretur, in ipsum Caesarem hostis equitatu persequentem incidit. [6]Quae quidem res Caesari non minorem quam ipsa uictoria uoluptatem attulit, quod hominem honestissimum prouinciae Galliae, suum familiarem et hospitem, ereptum e manibus hostium sibi restitutum uidebat, neque eius calamitate de tanta uoluptate et gratulatione quicquam Fortuna deminuerat. [7]Is se praesente de se ter sortibus consultum dicebat, utrum igni statim necaretur, an in aliud tempus reseruaretur : sortium beneficio se esse incolumem. [8]Item M. Metius repertus et ad eum reductus est.

LIII. 1 neque α : neo β ‖ quinque [Vβ] *codd.* : quinquaginta *edd. non nulli, auctoribus* OROS., VI, 7, 10 *et* PLUT., *Caes.*, 19, 5 ‖ peruenerunt NB[2] β : -erint AM, B[1] RSL -irent T[2] ‖ 2 tranare α : tra(ns)natare β ‖ salutem sibi LN ‖ reppererunt : pepererunt *Heinsius* ‖ 3 equitatu consecuti α : consecuti equites β ‖ 4 sueba *edd.* : sueua *codd.* ‖ domo α : a domo β ‖ duxerat α : edux- B[2], TU addux- *f*, *l* ‖ norica α : -i β ‖ uoccionis M, B[1] RLN, U*l* : uoctionis A, T*f* boccionis SB[2] ‖ utraque... periit β : utraeque... perierunt α ‖ harum α : earum β ‖ 5 hostis AM, BRS : -es LN -ium β ‖ equitatu RSLN : -um AM, B β ‖ persequentem α : inseq- β ‖ 6 e manibus α : ex man- β ‖ uidebat β : -erat α ‖ deminuerat AM β : dimin- BRSLN ‖ 7 is α : hic β ‖ ter sortibus B[2] N[2] β : tergoribus AM, B[2] RSLN[1] terroribus B[1] ‖ esse se LN.

Quartiers d'hiver. LIV. Quand la nouvelle de cette bataille fut connue de l'autre côté du Rhin, les Suèves, qui étaient venus sur les bords du fleuve, reprirent le chemin de leur pays ; mais les peuples qui habitent près du Rhin, voyant leur panique, se mirent à leur poursuite et en tuèrent un grand nombre. César avait en un seul été achevé deux grandes guerres : il mena ses troupes prendre leurs quartiers d'hiver chez les Séquanes un peu avant que la saison l'exigeât ; il en confia le commandement à Labiénus, et partit pour la Gaule citérieure afin d'y tenir ses assises.

LIV. [1]Hoc proelio trans Rhenum nuntiato Suebi, qui ad ripas Rheni uenerant, domum reuerti coeperunt ; quos ubi qui proximi Rhenum incolunt perterritos senserunt insecuti magnum ex his numerum occiderunt. [2]Caesar una aestate duobus maximis bellis confectis maturius paulo quam tempus anni postulabat in hiberna in Sequanos exercitum deduxit ; [3]hibernis Labienum praeposuit ; ipse in citeriorem Galliam ad conuentus agendos profectus est.

LIV. 1 suebi M^1, BRLN : sueui AM^2, S β || ubi [hubi M^1] *codd.* : Vbii *Rhenanus* || senserunt : *del. Rhenanus* || ex his magnum β.

LIVRE DEUXIÈME

LIVRE DEUXIÈME

Agitation en Belgique. I. César était dans la Gaule citérieure et les légions avaient pris leurs quartiers d'hiver, ainsi que nous l'avons dit plus haut, quand le bruit lui parvint à maintes reprises, confirmé par une lettre de Labiénus, que tous les peuples de la Belgique, qui forme, comme on l'a vu, un tiers de la Gaule, conspiraient contre Rome et échangeaient des otages. Leurs raisons de conspirer étaient les suivantes : d'abord, ils craignaient qu'une fois tout le reste de la Gaule pacifié nous ne menions contre eux nos troupes ; puis, un assez grand nombre de Gaulois les sollicitaient : les uns, de même qu'ils n'avaient pas voulu que les Germains s'attardassent en Gaule, supportaient mal de voir une armée romaine hiverner dans leur pays et s'y implanter ; les autres, en raison de la mobilité et de la légèreté de leur esprit, rêvaient de changer de maîtres ; ils recevaient aussi des avances de plusieurs personnages qui — le pouvoir se trouvant généralement en Gaule aux mains des puissants et des riches qui pouvaient acheter des hommes — arrivaient moins facilement à leurs fins sous notre domination[1].

1. Ce chapitre montre clairement que César avait décidé dès 58 d'établir la souveraineté de Rome sur la Gaule. L'hivernage des troupes en territoire séquane était l'affirmation audacieuse de ce dessein. Pour l'accomplir, il ajoutait à la force des armes l'action politique : il favorisait dans chaque cité le pouvoir régulier des magistrats et des sénats, contre les agitateurs ambitieux.

LIBER SECVNDVS

I. [1]Cum esset Caesar in citeriore Gallia <legionesque essent conlocatae> in hibernis, ita uti supra demonstrauimus, crebri ad eum rumores adferebantur, litterisque item Labieni certior fiebat omnes Belgas, quam tertiam esse Galliae partem dixeramus, contra populum romanum coniurare obsidesque inter se dare. [2]Coniurandi has esse causas : primum quod uererentur ne omni pacata Gallia ad eos exercitus noster adduceretur ; [3]deinde, quod ab non nullis Gallis sollicitarentur, partim qui, ut Germanos diutius in Gallia uersari noluerant, ita populi romani exercitum hiemare atque inueterascere in Gallia moleste ferebant, partim qui mobilitate et leuitate animi nouis imperiis studebant, [4]ab non nullis etiam, quod in Gallia a potentioribus atque *iis* qui ad conducendos homines facultates habebant uulgo regna occupabantur, qui minus facile eam rem imperio nostro consequi poterant.

I. **1** legionesque essent conlocatae *add. Klotz* || in hibernis : hibernis *f*, U*l*, *del. Goerlitz* [cf. *R. E. A.*, 1925, *p.* 292] || supra : AM, BRS : superius LN *om.* β || quam... dixeramus : *del. Schiller* || **2** causas esse T*f* || **3** ut M, S : *om. cett.* || noluerant α : nollent β || **4** ab non nullis... occupabantur : *del. Nitsche* || iis *ed. pr.* : his *codd.* || imperio AM^1, SN β : in imperio M^2, BRL.

Mesures de César.

II. Ces rapports et ces lettres émurent César. Il leva deux légions nouvelles dans la Gaule citérieure[1] et, au début de l'été, il envoya son légat Q. Pédius les conduire dans la Gaule ultérieure. Lui-même rejoint l'armée dès qu'on commence à pouvoir faire du fourrage. Il charge les Sénons et les autres peuples gaulois qui étaient voisins des Belges de s'informer de ce qu'on fait chez eux et de l'en avertir. Ils furent tous unanimes à lui rapporter qu'on levait des troupes, qu'on opérait la concentration d'une armée. Alors il pensa qu'il ne fallait pas hésiter à prendre l'offensive. Après avoir fait des provisions de blé, il lève le camp et en quinze jours environ arrive aux frontières de la Belgique.

Les Rèmes se déclarent pour les Romains.

III. On ne s'y attendait pas, et personne n'avait prévu une marche aussi rapide : aussi les Rèmes[2], qui sont le peuple de Belgique le plus proche de la Gaule, députèrent-ils à César Iccios et Andocumborios, les plus grands personnages de leur nation, afin de lui dire qu'ils se plaçaient, eux et tous leurs biens, sous la protection de Rome et sous son autorité : ils n'ont pas partagé le sentiment des autres Belges, ils n'ont pas conspiré contre Rome ; ils sont prêts à donner des otages, à exécuter les ordres qu'ils recevront, à ouvrir leurs places fortes, à fournir du blé et autres prestations ; ils ajoutent que le reste de la Belgique est en armes, que les Germains établis sur la rive gauche du Rhin se sont alliés aux Belges, qu'enfin il y a chez ceux-ci un tel déchaînement de passion, et si général, que les Suessions même, qui

1. Le Sénat avait octroyé à César 4 légions. En 58, il en avait levé deux (la 11e et la 12e). Les deux nouvelles sont la 13e et la 14e. Jusqu'en 54, l'armée de César restera à l'effectif de huit légions.

2. « Sous ce nom, César désigne les hommes des terres champenoises, depuis la Marne jusqu'à la source de l'Oise, depuis les coteaux boisés du Tardenois jusqu'aux montées des Argonnes et à la Meuse des Ardennes. La vallée de l'Aisne, que continuaient les défilés de Valmy à Verdun, formait la diagonale de leur empire, en faisait la force et la raison d'être. » (Jullian, II, p. 484). La fidélité des Rèmes à l'alliance romaine ne devait jamais se démentir.

II. [1]His nuntiis litterisque commotus Caesar duas legiones in citeriore Gallia nouas conscripsit et inita aestate in ulteriorem Galliam qui deduceret Q. Pedium legatum misit. [2]Ipse, cum primum pabuli copia esse inciperet, ad exercitum uenit. [3]Dat negotium Senonibus reliquisque Gallis qui finitimi Belgis erant uti ea quae apud eos gerantur cognoscant seque de his rebus certiorem faciant. [4]Hi constanter omnes nuntiauerunt manus cogi, exercitum in unum locum conduci. [5]Tum uero dubitandum non existimauit quin ad eos proficisceretur. [6]Re frumentaria comparata castra mouet diebusque circiter quindecim ad fines Belgarum peruenit.

III. [1]Eo cum de inprouiso celeriusque omni opinione uenisset, Remi, qui proximi Galliae ex Belgis sunt, ad eum legatos Iccium et Andocumborium, primos ciuitatis, miserunt, [2]qui dicerent se suaque omnia in fidem atque in potestatem populi romani permittere, neque se cum Belgis reliquis consensisse neque contra populum romanum coniurasse, [3]paratosque esse et obsides dare et imperata facere et oppidis recipere et frumento ceterisque rebus iuuare ; [4]reliquos omnes Belgas in armis esse, Germanosque qui cis Rhenum incolant sese cum his coniunxisse, [5]tantumque esse eorum omnium furorem ut ne Suessiones quidem, fratres consanguineosque suos,

II. **1** inita α : ineunte β || ulteriorem β : inter- α || **4** exercitum α : -us β || **5** ad eos α : ad eos XII. die β || **6** comparata α : prouisa β || diebusque α : et diebus β || XV : V *Jullian.*

III. **1** omni : -ium *Flodoard* || iccium B² (*cf.* II, 6, 4 *et* 7, 1) : siccium *codd.* || andocumborium α U¹*l* : andebrogium B², T*f*, Uᵐ andecombogium *Holder* || ciuitatis α: ciuitatis suae β || **2** qui dicerent α : *om.* β || in potestatem AM, BRLN : potestatem S β || reliquis belgis β || coniurasse α : omnino coniur- β || **4** cis rhenum : ripas rheni β || incolant α : -unt β.

sont leurs frères de race, qui vivent sous les mêmes lois, qui ont même chef de guerre, même magistrat, ils n'ont pu les empêcher de prendre part au mouvement[1].

Dénombrement des forces ennemies.

IV. César leur demanda quelles étaient les cités qui avaient pris les armes, quelle était leur importance, leur puissance militaire ; il obtint les renseignements suivants : la plupart des Belges étaient d'origine germanique ; ils avaient, jadis, passé le Rhin, et s'étant arrêtés dans cette région à cause de sa fertilité, ils en avaient chassé les Gaulois qui l'occupaient ; c'était le seul peuple qui, du temps de nos pères, alors que les Cimbres et les Teutons ravageaient toute la Gaule, avait su leur interdire l'accès de son territoire ; il en était résulté que, pleins du souvenir de cet exploit, ils s'attribuaient beaucoup d'importance et avaient de grandes prétentions pour les choses de la guerre. Quant à leur nombre, les Rèmes se disaient en possession des renseignements les plus complets, car, étant liés avec eux par des parentés et des alliances, ils savaient le chiffre d'hommes que chaque cité avait promis pour cette guerre, dans l'assemblée générale des peuples belges. Les plus puissants d'entre eux par le courage, l'influence, le nombre, étaient les Bellovaques[2] : ils pouvaient mettre sur pied cent mille hommes ; ils en avaient promis soixante mille d'élite, et réclamaient la direction générale de la guerre. Les Suessions étaient les voisins des Rèmes ; ils possédaient un très vaste territoire, et très fertile[3]. Ils avaient eu pour roi, de notre temps encore, Diviciacos, le plus puissant chef de la Gaule entière, qui, outre une grande partie de ces régions, avait aussi dominé la Bretagne ; le roi actuel

1. D'après ce qui est dit plus bas, 4, 7, du roi des Suessions, c'est à lui qu'auraient obéi les Rèmes. Mais alors on comprend mal que ceux-ci aient pu prendre une décision indépendante.

2. Les Bellovaques habitaient le pays de Beauvais, entre la Seine, la Somme et l'Oise.

3. Les Suessions, habitants du Soissonnais, « dominaient le cours rectiligne de l'Aisne, depuis l'aval de Berry-au-Bac jusqu'au confluent de l'Oise. » (Jullian, II, p. 482.) Pour pouvoir qualifier leur

qui eodem iure et isdem legibus utantur, unum imperium unumque magistratum cum ipsis habeant, deterrere potuerint quin cum his consentirent.

IV. [1]Cum ab his quaereret quae ciuitates quantaeque in armis essent et quid in bello possent, sic reperiebat : plerosque Belgas esse ortos ab Germanis Rhenumque antiquitus traductos propter loci fertilitatem ibi consedisse Gallosque qui ea loca incolerent expulisse, [2]solosque esse qui patrum nostrorum memoria omni Gallia uexata Teutonos Cimbrosque intra fines suos ingredi prohibuerint ; [3]qua ex re fieri uti earum rerum memoria magnam sibi auctoritatem magnosque spiritus in re militari sumerent. [4]De numero eorum omnia se habere explorata Remi dicebant, propterea quod propinquitatibus adfinitatibusque coniuncti quantam quisque multitudinem in communi Belgarum concilio ad id bellum pollicitus sit cognouerint. [5]Plurimum inter eos Bellouacos et uirtute et auctoritate et hominum numero ualere : hos posse conficere armata milia centum ; pollicitos ex eo numero electa sexaginta, totiusque belli imperium sibi postulare. [6]Suessiones suos esse finitimos ; fines latissimos feracissimosque agros possidere. [7]Apud eos fuisse regem nostra etiam memoria Diuiciacum, totius Galliae potentissimum, qui cum magnae partis harum regionum, tum etiam Britanniae imperium optinuerit ; nunc esse regem Galbam : ad hunc propter iustitiam

5 et isdem α : eisdem β || imperium unumque α : *om.* β || ipsis α : illis β || his : iis B², U.

IV. 1 his : iis *ed. pr.* || ab germanis α : a germ- β || 2 suos fines β || prohibuerint α : -issent β || 4 sit cognouerint α : esset cognouerant β || 5 bellouacos α : -gos β [*fere semper*] || hos α : eos β || electa α : lecta β || sexaginta α : milia LX β || totiusque : *om.* T¹ || 6 fines β : *om.* α || possidere agros T*f* || 7 diuiciacum *ex reliquis locis* [*cf. Meusel, Lex. Caes.*]: deuic- AM, BRLN diuit-Sβ [deuit- T¹] || regionum harum β.

était Galba. C'est à lui, parce qu'il était juste et avisé, qu'on remettait, d'un commun accord, la direction suprême de la guerre[1]. Il possédait douze villes, il s'engageait à fournir 50.000 hommes. Les Nerviens en promettaient autant : ils passent pour les plus farouches des Belges et sont les plus éloignés ; les Atrébates amèneraient 15.000 hommes, les Ambiens 10.000, les Morins 25.000, les Ménapes 7.000, les Calétes 10.000, les Véliocasses et les Viromandues autant, les Atuatuques 19.000 ; les Condruses, les Eburons, les Caeroesi, les Pémanes, qu'on réunit sous le nom de Germains, pensaient pouvoir fournir environ 40.000 hommes[2].

Diviciacos attaque les Bellovaques. César franchit l'Aisne.

V. César encouragea les Rèmes et leur parla avec bienveillance ; il les invita à lui envoyer tous leurs sénateurs et à lui remettre comme otages les enfants de leurs chefs. Ces conditions furent toutes remplies ponctuellement au jour dit. Il s'adresse, d'autre part, en termes pressants, à Diviciacos l'Héduen, lui faisant connaître quel intérêt essentiel il y a, pour Rome et pour le salut commun, à empêcher la jonction des contingents ennemis, afin de n'avoir pas à combattre en une fois une si nombreuse armée. On pouvait l'empêcher, si les Héduens faisaient pénétrer leurs troupes sur le territoire des Bellovaques et se mettaient à dévaster leurs champs. Chargé de cette mission, il le congédie. Quand César vit que les Belges avaient fait leur concen-

territoire de « très vaste », il faut y englober celui de plusieurs tribus vassales, les Viromandues, les Silvanectes, les Meldes.

1. César vient de dire, quelques lignes plus haut, que les Bellovaques « réclamaient la direction générale de la guerre ». Il y a là une contradiction difficile à résoudre.

2. Les Nerviens habitaient entre l'Escaut et la Sambre, et s'étendaient au nord jusqu'à l'est d'Anvers. Les Atrébates habitaient l'Artois, les Ambiens le pays d'Amiens ; les Morins occupaient le Boulonnais et la côte jusque vers Bruges, les Ménapes les bouches de l'Escaut, de la Meuse et du Rhin. Les Calètes (pays de Caux) et les Véliocasses (Vexin) étaient en Normandie ; ils devaient être clients des Bellovaques. Les Viromandues (Vermandois) habitaient dans la haute vallée de la Somme, les Atuatuques dans la région de Namur. Les

prudentiamque summam totius belli omnium uoluntate deferri ; oppida habere numero XII, polliceri milia armata quinquaginta ; [8]totidem Neruios, qui maxime feri inter ipsos habeantur longissimeque absint ; [9]quindecim milia Atrebates, Ambianos decem milia, Morinos XXV milia, Menapios VII milia, Caletos X milia, Vel*i*ocasses et V*i*romanduos totidem, Atuatucos XVIIII milia ; [10]Condrusos, Eburones, Caeroesos, Paemanos, qui uno nomine Germani appellantur, arbitrari ad XL milia.

V. [1]Caesar Remos cohortatus liberaliterque oratione prosecutus omnem senatum ad se conuenire principumque liberos obsides ad se adduci iussit. Quae omnia ab his diligenter ad diem facta sunt. [2]Ipse Diuiciacum Haeduum magnopere cohortatus docet, quanto opere rei publicae communisque salutis intersit manus hostium distineri, ne cum tanta multitudine uno tempore confligendum sit. [3]Id fieri posse, si suas copias Haedui in fines Bellouacorum introduxerint et eorum agros populari coeperint. His mandatis eum ab se dimittit. [4]Postquam omnes Belgarum copias in unum locum coactas ad

7 summam [-a *l*] totius belli β : suam totius belli summam α || **8** habeantur α : habebantur β || longissimeque LN β : -ique S -oque AM, BR || **9** VII milia α : $\overline{\text{VIII}}$ U*l* $\overline{\text{VIIII}}$ T*f* OROSIVS || caletos X milia : *om.* S *post* totidem LN || ueliocasses *edd.* [*cf.* VII, 75, 3] : ueloc- *codd.* || uiromanduos *edd.* [*cf.* 16, 2 *et* 23, 3 : *d'Arbois de Jubainville, Les noms gaulois*, p. 134 sq.] : uer- *codd.* || atuatucos B^2, f^2, U*l* : aduatucos Tf^1 catuatos A, BSR catuacos LN catuanos M || $\overline{\text{XVIII}}$ β : decem & VIIII [*uel* decem et nouem *uel* X et VIIII] milia α || **10** condrusos β [*cf.* IV, 6, 4 *et* VI, 32, 1] : -uosos [-oosos A^1 -uusos S] α || caeroesos α : c(a)erosos β OROSIVS || p(a)emanos α : caemanos B^2 β OROSIVS || ad XL milia : <se posse armare> XL milia *Gertz*.

V. **2** magnopere : magno opere B^2, f^1, U || **3** mandatis : datis *ante* mandatis *add.* *Schneider* || ab se BRSLN : ad se AM^1 a se M^2 β.

tration et marchaient vers lui, quand il sut par ses éclaireurs et par les Rèmes qu'ils n'étaient plus bien loin, il fit rapidement passer son armée au nord de l'Aisne, qui est aux confins du pays rémois, et établit là son camp[1]. Grâce à cette disposition, César fortifiait un des côtés de son camp en l'appuyant à la rivière, il mettait à l'abri de l'ennemi ce qu'il laissait derrière lui, il assurait enfin la sécurité des convois que lui enverraient les Rèmes et les autres cités. Un pont franchissait cette rivière. Il y place un poste, et laisse sur la rive gauche son légat Q. Titurius Sabinus avec six cohortes ; il fait protéger le camp par un retranchement de douze pieds de haut et par un fossé de dix-huit pieds[2].

Il fait lever le siège de Bibrax.

VI. A huit milles de ce camp était une ville des Rèmes nommée Bibrax[3]. Les Belges lui livrèrent au passage un violent assaut. On n'y résista ce jour-là qu'à grand'peine. Gaulois et Belges ont la même manière de donner l'assaut. Ils commencent par se répandre en foule tout autour des murs et à jeter des pierres de toutes parts ; puis, quand le rempart est dégarni de ses défenseurs, ils forment la tortue, mettent le feu aux portes et sapent la muraille. Cette tactique était en l'occurence facile à suivre ; car les assaillants étaient si nombreux à lancer pierres et traits que personne ne pouvait rester au rempart. La nuit vint interrompre l'assaut ; le Rème Iccios, homme de haute naissance et en grand crédit auprès des siens, qui commandait alors la place,

quatre autres peuples — qui n'avaient de germain que le nom — se partageaient les Ardennes.

1. On hésite sur le lieu de concentration de l'armée belge : sur l'Aisne, ou dans la région de La Fère (cf. Jullian, III, p. 251, n. 5). César passa l'Aisne, vraisemblablement à Berry-au-Bac, sur la route de Laon à Reims, et établit son camp sur la colline de Mauchamp. Un autre système (cf. R. Holmes, p. 659 sq.) place le passage à Pontavert, environ 6 kilomètres en aval de Berry-au-Bac, et le camp à Chaudardes.

2. Des fouilles pratiquées en 1862 ont fait retrouver des fossés de cette largeur (Napoléon, p. 89 et n. 1, cf. pl. 7 et 8).

3. D'après la distance indiquée, Bibrax ne peut être que Beaurieux ou Vieux-Laon.

se uenire uidit neque iam longe abesse ab *i*is quos miserat exploratoribus et ab Remis cognouit, flumen Axonam, quod est in extremis Remorum finibus, exercitum traducere maturauit atque ibi castra posuit. [5]Quae res et latus unum castrorum ripis fluminis muniebat et post eum quae essent tuta ab hostibus reddebat et commeatus ab Remis reliquisque ciuitatibus ut sine periculo ad eum portari posset, efficiebat. [6]In eo flumine pons erat. Ibi praesidium ponit et in altera parte fluminis Q. Titurium Sabinum legatum cum sex cohortibus relinquit; castra in altitudine*m* pedum XII uallo fossaque duodeuiginti pedum muniri iubet.

VI. [1]Ab his castris oppidum Remorum nomine Bibrax aberat milia passuum octo. Id ex itinere magno impetu Belgae oppugnare coeperunt. Aegre eo die sustentatum est. [2]Gallorum eadem atque Belgarum oppugnatio est haec. Vbi circumiecta multitudine hominum totis moenibus undique in murum lapides iaci coepti sunt murusque defensoribus nudatus est, testudine facta portas succendunt murumque subruunt. [3]Quod tum facile fiebat. Nam cum tanta multitudo lapides ac tela coicerent, in muro consistendi potestas erat nulli. [4]Cum finem oppugnandi nox fecisset, Iccius Remus, summa nobilitate et gratia inter suos, qui tum oppido

4 uidit : *del. Vascosan* || iis *ed. pr.* : his *codd.* || finibus remorum AM || **5** essent α : erant β || portari : supportari *Nitsche* || posset α : -ent β || **6** q(uintum) α : *om.* β || relinquit A, B^1 RLN : -iquit SB^2 β -iquid M || altitudinem *Aldus* : -e *codd.* || muniri A : -e *cett.*

VI. **1** his α : ipsis β || **2** gallorum... erat nulli : *del. Lange* || eadem : *del. Flodoard* || est haec. ubi *Flodoard* : est. haec ubi BRSLN est. ac ubi AM est. at ubi β est. ubi *Gruter* || portas : *del Kraner* || succendunt : -edunt *Kraner* || **3** fiebat facile T*f* || nam cum α : namque β || co(n)icerent [-unt R coniecerunt LN] α : co(n)ic(i)ebant ut β || erat α : esset β.

envoie à César un de ceux qui lui avaient été députés pour demander la paix, avec mission d'annoncer que si on ne vient pas à son aide, il ne pourra tenir plus longtemps.

VII. En pleine nuit, César, utilisant comme guides ceux mêmes qui avaient porté le message d'Iccios, envoie au secours des assiégés des Numides, des archers Crétois et des frondeurs Baléares[1]; l'arrivée de ces troupes, rendant l'espoir aux Rèmes, leur communique une nouvelle ardeur défensive, cependant qu'elle ôtait aux ennemis l'espoir de prendre la place. Aussi, après un court arrêt devant la ville, ayant ravagé les terres des Rèmes et brûlé tous les villages et tous les édifices qu'ils purent atteindre, ils se dirigèrent avec toutes leurs forces vers le camp de César, et s'établirent à moins de 2.000 pas ; leur campement, à en juger par la fumée et les feux, s'étendait sur plus de huit milles[2].

Bataille de l'Aisne.

VIII. César, tenant compte du nombre des ennemis et de leur très grande réputation de bravoure, décida, pour commencer, de surseoir à la bataille ; il n'en livrait pas moins chaque jour des combats de cavalerie, pour éprouver la valeur de l'ennemi et l'audace des nôtres. Il vit bientôt que nos troupes n'étaient pas inférieures à celles de l'adversaire. L'espace qui s'étendait devant le camp était naturellement propre au déploiement d'une ligne de bataille, parce que la colline où était placé le camp, dominant de peu la plaine, avait, face à l'ennemi, juste autant de largeur qu'en occupaient nos troupes une fois mises en ligne, et se terminait à chaque extrémité

1. Les Numides étaient surtout employés comme cavaliers. César ne les nomme dans le *Bellum Gallicum* que comme troupes d'infanterie légère (cf. II, 10, 1 et 24, 4). Les archers et les frondeurs sont nommés II, 10, 1 ; 19, 4 ; 24, 4 ; VIII, 40, 5 ; mais ici seulement leur nationalité est indiquée ; on a voulu (Morgenstern, suivi par Meusel), sans raison suffisante, en supprimer la mention comme provenant d'une glose.

2. « L'armée a dû s'étendre depuis la Miette jusqu'aux sommets de Craonne et Vauclerc. Le gros des troupes campent, face à César, sur le vaste plateau de Juvincourt. » (Jullian, III, p. 254, n. 4).

praefuerat, unum ex iis qui legati de pace ad Caesarem uenerant nuntium ad eum mittit : nisi subsidium sibi submittatur, sese diutius sustinere non posse.

VII. [1]Eo de media nocte Caesar isdem ducibus usus qui nuntii ab Iccio uenerant Numidas et Cretas sagittarios et funditores Baleares subsidio oppidanis mittit ; [2]quorum aduentu et Remis cum spe defensionis studium propugnandi accessit, et hostibus eadem de causa spes potiundi oppidi discessit. [3]Itaque paulisper apud oppidum morati agrosque Remorum depopulati omnibus uicis aedificiisque, quo adire potuerant, incensis ad castra Caesaris omnibus copiis contenderunt et ab milibus passuum minus duobus castra posuerunt ; [4]quae castra, ut fumo atque ignibus significabatur, amplius milibus passuum octo in latitudinem patebant.

VIII. [1]Caesar primo et propter multitudinem hostium et propter eximiam opinionem uirtutis proelio supersedere statuit ; [2]cotidie tamen equestribus proeliis quid hostis virtute posset et quid nostri auderent periclitabatur. [3]Vbi nostros non esse inferiores intellexit, loco pro castris ad aciem instruendam natura oportuno atque idoneo, quod is collis ubi castra posita erant paululum ex planitie editus tantum aduersus in latitudinem patebat quantum loci acies instructa occupare poterat, atque ex

4 pracfuerat : praeerat *dett.*, *Meusel* || unum : unus *Flodoard* || iis U : his *cett.* || nuntium : -os *Aldus* || submittatur α : mittatur β.

VII. **1** iccio B^2 R^2 SLN : ictio A^2, U*l* icco A^1 M, B^1 R^1 iaio T*f* || baleares α : balearesque β || **3** quo β : quos AM, BS quod R quot LN,l^2 || potuerant α : poterant β || ab α T*f* : a B^2, U*l* || **4** fumo α : ex fumo β.

VIII. **1** opinionem eximiam T*f* || **2** posset uirtute T*f* || periclitabatur α : sollicitationibus exquirebat β || **3** intellexit inferiores T*f* || paululum α T*f* : paulum U*l* || occupare α : tenere β.

par des pentes abruptes, tandis qu'en avant elle formait une crête peu accentuée pour s'abaisser ensuite insensiblement vers la plaine. César fit creuser à chaque bout un fossé d'environ quatre cents pas de long perpendiculairement à la ligne de bataille ; aux extrémités de ces fossés il établit des redoutes et disposa des machines, pour éviter que les ennemis, une fois nos troupes déployées, ne pussent, étant si nombreux, nous prendre de flanc tandis que nous serions occupés à combattre. Ces dispositions prises, il laissa dans le camp les deux légions de formation récente, pour qu'elles pussent, au besoin, être amenées en renfort, et il rangea les six autres en bataille en avant de son camp[1]. L'ennemi, de même, avait fait sortir et déployé ses troupes.

IX. Il y avait entre les deux armées un marais de peu d'étendue[2]. L'ennemi attendait, espérant que les nôtres entreprendraient de le franchir ; de leur côté les nôtres se tenaient prêts à profiter des embarras de l'ennemi, s'il tentait le premier le passage, pour fondre sur lui. Pendant ce temps, un combat de cavalerie se livrait entre les deux lignes. Aucun des adversaires ne se hasardant le premier à travers le marais, César, après que l'engagement de cavalerie se fut terminé en notre faveur, ramena ses troupes dans le camp. Les ennemis, aussitôt, se portèrent sans désemparer vers l'Aisne, qui, on l'a dit, coulait derrière notre camp. Là, ayant trouvé des gués, ils essayèrent de faire passer la rivière à une partie de leurs forces, dans le dessein d'enlever, s'ils le pouvaient, le poste commandé par le légat Q. Titurius, et de couper le pont ; s'ils ne réussissaient pas, ils dévasteraient le territoire des Rèmes, d'où nous tirions de grandes ressources pour cette campagne, et nous empêcheraient de nous ravitailler.

1. La description du terrain et des fortifications ne cadre pas avec l'aspect actuel de la colline de Mauchamp ni avec ce qu'ont mis au jour les fouilles de Napoléon III (cf. R. Holmes, p. 659 sq.). Plutôt que d'accuser César d'inexactitude, il faut reconnaître que la question de la topographie de la bataille reste ouverte, et que les fouilles sont à reprendre.

2. La vallée marécageuse de la Miette.

utraque parte lateris deiectus habebat et in frontem leniter fastigatus paulatim ad planitiem redibat, ab utroque latere eius collis transuersam fossam obduxit circiter passuum CD [4]et ad extremas fossas castella constituit ibique tormenta conlocauit, ne, cum aciem instruxisset, hostes, quod tantum multitudine poterant, ab lateribus pugnantes suos circumuenire possent. [5]Hoc facto duabus legionibus quas proxime conscripserat in castris relictis ut, si quo opus esset, subsidio duci possent, reliquas sex legiones pro castris in acie constituit. Hostes item suas copias ex castris eductas instruxerant.

IX. [1]Palus erat non magna inter nostrum atque hostium exercitum. Hanc si nostri transirent hostes expectabant ; nostri autem, si ab illis initium transeundi fieret, ut inpeditos adgrederentur, parati in armis erant. [2]Interim proelio equestri inter duas acies contendebatur. Vbi neutri transeundi initium faciunt, secundiore equitum proelio nostris Caesar suos in castra reduxit. [3]Hostes protinus ex eo loco ad flumen Axonam contenderunt, quod esse post nostra castra demonstratum est. [4]Ibi uadis repertis partem suarum copiarum traducere conati sunt eo consilio ut, si possent, castellum cui praeerat Q. Titurius legatus expugnarent pontemque interscinderent ; [5]si minus potuissent, agros Remorum popularentur, qui magno nobis usui ad bellum gerendum erant, commeatuque nostros prohiberent.

3 in frontem α : frontem β in fronte l^2, *Paris. 6106, ed. pr.* || fastigatus *Aldus* : castigatus β castigatus castratus α || redibat β : -iebat α || obduxit α : duxit β || 4 suos pugnantes LN || 5 item α : item et β || instruxerant :-erunt *ed. pr.*

IX. 4 copiarum suarum β || traducere β : transducere α || 5 si : sin L || potuissent : possent LN.

X. César, informé par Titurius, fait franchir le pont à sa cavalerie, à l'infanterie légère des Numides, aux frondeurs et aux archers, et marche contre les ennemis[1]. Il y eut un violent combat. On les attaqua dans l'eau, qui gênait leurs mouvements, et l'on en tua un grand nombre ; les autres, pleins d'audace, essayaient de passer par dessus les cadavres : une grêle de traits les repoussa ; ceux qui avaient déjà passé, la cavalerie les enveloppa et ils furent massacrés. Quand les Belges comprirent qu'ils devaient renoncer et à prendre Bibrax et à franchir la rivière, quand ils virent que nous nous refusions à avancer, pour livrer bataille, sur un terrain défavorable, comme enfin ils commençaient, eux aussi, à manquer de vivres, ils tinrent conseil et décidèrent que le mieux était de retourner chacun chez soi, sauf à se rassembler de toutes parts pour défendre ceux dont le territoire aurait été d'abord envahi par l'armée romaine : de la sorte ils auraient l'avantage de combattre chez eux et non chez autrui, et ils pouvaient user des ressources de ravitaillement que leur pays leur offrait. Ce qui les détermina, ce fut, outre les autres motifs, la raison suivante : ils avaient appris que Diviciacos et les Héduens approchaient du pays des Bellovaques[2], et on ne pouvait convaincre ces derniers de tarder plus longtemps à secourir les leurs.

XI. La chose résolue, ils sortirent du camp pendant la deuxième veille[3] en grand désordre et tumulte, sans méthode ni discipline, chacun voulant être le premier sur le chemin du retour et ayant hâte d'arriver chez lui ; si bien que leur départ avait tout l'air d'une fuite. César, aussitôt informé par ses espions de ce qui se passait, craignit un piège, parce qu'il ne savait pas encore la raison de leur retraite, et il retint au camp ses troupes,

1. D'après Dion Cassius, XXXIX, 1, 4, César aurait été mis au courant par des transfuges, et il n'aurait pas conduit lui-même ses troupes au combat ; enfin l'action aurait eu lieu de nuit.

2. Cf. plus haut, 5, 2-3. Les Héduens avaient obéi à la suggestion de César.

3. Entre 21 heures et minuit.

X. [1] <Caesar> certior factus ab Titurio omnem equitatum et leuis armaturae Numidas, funditores sagittariosque pontem traducit atque ad eos contendit. [2]Acriter in eo loco pugnatum est. Hostes inpeditos nostri in flumine adgressi magnum eorum numerum occiderunt : [3]per eorum corpora reliquos audacissime transire conantes multitudine telorum reppulerunt ; primos qui transierant equitatu circumuentos interfecerunt. [4]Hostes ubi et de expugnando oppido et de flumine transeundo spem se fefellisse intellexerunt neque nostros in locum iniquiorem progredi pugnandi causa uiderunt, atque ipsos res frumentaria deficere coepit, concilio conuocato constituerunt optimum esse domum suam quemque reuerti et, quorum in fines primum Romani exercitum introduxissent, ad eos defendendos undique conuenirent, ut potius in suis quam in alienis finibus decertarent et domesticis copiis rei frumentariae uterentur. [5]Ad eam sententiam cum reliquis causis haec quoque ratio eos deduxit, quod Diuiciacum atque Haeduos finibus Bellouacorum adpropinquare cognouerant. His persuaderi ut diutius morarentur neque suis auxilium ferrent non poterat.

XI. [1]Ea re constituta secunda uigilia magno cum strepitu ac tumultu castris egressi nullo certo ordine neque imperio, cum sibi quisque primum itineris locum peteret et domum peruenire properaret, fecerunt ut consimilis fugae profectio uideretur. [2]Hac re statim Caesar per speculatores cognita insidias ueritus, quod qua de causa discederent nondum pers-

X. **1** Caesar N^2, l^m (*post* certior f^2) : *om. cett.* || pontem : -e *Schneider* || **3** primos α : primosque β || **4** se α *Ul* : sese *Tf* || concilio L^1, f^2, *cod. Vratislau. I* consilio *cett.* || undique α *Tf* : utique *Ul* || conuenirent : -e *R. Estienne* || **5** diuiciacum α : div. quoque β.

y compris la cavalerie[1]. Au petit jour, apprenant par ses éclaireurs qu'il s'agissait bien d'une retraite, il envoya en avant toute sa cavalerie pour retarder l'arrière-garde ; il lui donna pour chefs les légats Q. Pedius et L. Aurunculéius Cotta. Le légat T. Labiénus reçut l'ordre de suivre avec trois légions. Ces troupes attaquèrent les derniers corps et, les poursuivant sur plusieurs milles, tuèrent un grand nombre de fuyards : l'arrière-garde, qu'on atteignit d'abord, fit face et soutint vaillamment le choc de nos soldats ; mais ceux qui étaient en avant pensaient être hors de danger et n'étaient retenus ni par la nécessité, ni par l'autorité des chefs : quand ils entendirent les clameurs de la bataille, le désordre se mit dans leurs rangs et tous ne pensèrent plus à d'autre moyen de salut que la fuite. C'est ainsi que, sans courir de danger, nos soldats en massacrèrent autant que la durée du jour le leur permit ; au coucher du soleil, ils abandonnèrent la poursuite et revinrent au camp comme ils en avaient reçu l'ordre.

Les Suessions, les Bellovaques, les Ambiens se soumettent. César passe chez les Nerviens.

XII. Le lendemain César, sans laisser à l'ennemi le temps de se ressaisir après cette panique, conduisit son armée dans le pays des Suessions, qui étaient voisins des Rèmes, et à marche forcée parvint à Noviodunum, leur capitale[2]. Il voulut enlever la place d'emblée, parce qu'on lui disait qu'elle était sans défenseurs ; mais, bien que ceux-ci fussent effectivement peu nombreux, la largeur du fossé et la hauteur des murs firent échouer son assaut. Ayant établi un camp fortifié, il fit avancer des mantelets et commença les préparatifs ordinaires d'un siège. Cependant toute la multitude des Suessions en déroute se jeta la nuit suivante

1. *Exercitum equitatumque.* César emploie souvent le mot *exercitus* pour désigner l'infanterie seule, à l'exclusion de la cavalerie. Cf. I, 48, 4 ; IV, 11, 6 ; VI, 41, 2 ; VII, 56, 4 ; 61, 2 ; 80, 1.

2. *Nouiodunum.* Nom de ville celtique, signifiant Ville neuve (ou Ville de Novios ?) très répandu en Gaule et hors de Gaule. César cite trois villes de ce nom : *Nouiodunum Suessionum*, à 3 kil. 500 au nord-

pexerat, exercitum equitatumque castris continuit. [3]Prima luce confirmata re ab exploratoribus omnem equitatum, qui nouissimum agmen moraretur, praemisit. His Q. Pedium et L. Aurunculeium Cottam legatos praefecit. T. Labienum legatum cum legionibus tribus subsequi iussit. [4]Hi nouissimos adorti et multa milia passuum prosecuti magnam multitudinem eorum fugientium conciderunt, cum ab extremo agmine, ad quos uentum erat, consisterent fortiterque impetum nostrorum militum sustinerent, [5]priores, quod abesse a periculo uiderentur, neque ulla necessitate neque imperio continerentur, exaudito clamore perturbatis ordinibus omnes in fuga sibi praesidium ponerent. [6]Ita sine ullo periculo tantam eorum multitudinem nostri interfecerunt, quantum fuit diei spatium, sub occasumque solis destiterunt seque in castra, ut erat imperatum, receperunt

XII [1]Postridie eius diei Caesar, priusquam se hostes ex terrore ac fuga reciperent, in fines Suessionum, qui proximi Remis erant, exercitum duxit et magno itinere confecto ad oppidum Nouiodunum *peruenit*. [2]Id ex itinere oppugnare conatus, quod uacuum ab defensoribus esse audiebat, propter latitudinem fossae murique altitudinem paucis defendentibus expugnare non potuit. [3]Castris munitis uineas agere quaeque ad oppugnandum usui erant comparare coepit. [4]Interim omnis ex fuga Suessio-

XI. **3** his α : eique β || Q. α U*l* : *om.* T[1] *f*[1] (?) || L. α U*l* : *om.* T*f* || T. α : *om.* β || **4** hi... conciderunt : *del. Meusel* || agmine : ordine LN || **5** ponerent : -ebant *Meusel* || omnes : omne *Maclennan* || praesidium sibi LN || **6** interfecerunt α : -e β || occasumque α : occasu β occasum *Meusel* || destiterunt α : sequi destiterunt β.

XII. **1** hostes se β || terrore α : pauore β || confecto : confestim *Haellingk del. Nipperdey* || peruenit *ego* : contendit *codd.* consedit *Gertz* || **2** ab α : a β.

dans la place. On avait vivement poussé les mantelets, élevé le terrassement, construit les tours[1] : frappés par la grandeur de ces ouvrages, chose qu'ils n'avaient jamais vue, dont ils n'avaient même jamais ouï parler, et par la rapidité de l'exécution, les Gaulois envoient à César des députés pour se rendre ; à la prière des Rèmes, il leur fait grâce.

XIII. César reçut la soumission des Suessions, qui donnèrent comme otages les premiers personnages de la cité et deux fils du roi Galba lui-même, et livrèrent toutes les armes que leur ville renfermait ; puis il marche sur les Bellovaques. Ceux-ci s'étaient rassemblés, emportant avec eux tout ce qu'ils possédaient, dans la ville de Bratuspantium ; César et son armée n'étaient plus qu'à 5.000 pas environ de cette place, quand tous les anciens sortirent de la ville et, tendant les mains vers César, puis usant de la parole, firent connaître qu'ils se remettaient à sa discrétion et n'entreprenaient pas de lutter contre Rome. César avança sous les murs de la ville et y campa : et cette fois les enfants et les femmes, du haut des murs, bras écartés et mains ouvertes suivant leur geste habituel de supplication, demandèrent la paix aux Romains.

XIV. Diviciacos intervient en leur faveur (après la dissolution de l'armée belge, il avait renvoyé les troupes héduennes et était revenu auprès de César) : « Les Bellovaques, dit-il, ont été de tout temps les alliés et les amis des Héduens ; c'est sous l'impulsion de leurs chefs, qui leur représentaient les Héduens comme réduits par César en esclavage et supportant de sa part toutes sortes de traitements indignes et d'humiliations, qu'ils se sont détachés des Héduens et ont déclaré la guerre à Rome. Ceux qui étaient responsables de cette décision, comprenant l'étendue du mal qu'ils avaient fait à leur patrie,

ouest de Soissons, dont il s'agit ici ; *Nouiodunum Biturigum* (cf. VII, 12,2) : *Nouiodunum Haeduorum* (cf. VII, 55).

1. Les mantelets (*uineae*, par analogie avec les treilles où l'on faisait grimper la vigne) étaient des sortes de baraques en bois léger ou en claies recouvertes de cuir, montées sur roues ; ils servaient, entre

num multitudo in oppidum proxima nocte conuenit. [5]Celeriter uineis ad oppidum actis, aggere iacto turribusque constitutis magnitudine operum, quae neque uiderant ante Galli neque audierant, et celeritate Romanorum permoti legatos ad Caesarem de deditione mittunt et petentibus Remis ut conseruarentur impetrant.

XIII. [1]Caesar obsidibus acceptis primis ciuitatis atque ipsius Galbae regis duobus filiis armisque omnibus ex oppido traditis in deditionem Suessiones accepit exercitumque in Bellouacos ducit. [2]Qui cum se suaque omnia in oppidum Bratuspantium contulissent atque ab eo oppido Caesar cum exercitu circiter milia passuum quinque abesset, omnes maiores natu ex oppido egressi manus ad Caesarem tendere et uoce significare coeperunt sese in eius fidem ac potestatem uenire neque contra populum romanum armis contendere. [3]Item, cum ad oppidum accessisset castraque ibi poneret, pueri mulieresque ex muro passis manibus suo more pacem ab Romanis petierunt.

XIV. [1]Pro his Diuiciacus (nam post discessum Belgarum dimissis Haeduorum copiis ad eum reuerterat) facit uerba : [2]Bellouacos omni tempore in fide atque amicitia ciuitatis Haeduae fuisse : [3]inpulsos a suis principibus, qui dicerent Haeduos a Caesare in seruitutem redactos omnes indignitates contumeliasque perferre, et ab Haeduis defecisse et populo romano bellum intulisse. [4]Qui eius consilii principes fuissent, quod intellegerent quantam calamitatem

XIII. 1 accepit : accipit *Vascosan* || 2 milia *f*, *Ul* : milibus T *om.* α || neque α : nec β.

XIV. 2 haeduae ciuitatis β || 3 a [ab L] caesare SLNB² β : ad caesarem AM, B¹ R || omnes redactos β || 4 eius α : huius β.

se sont réfugiés en Bretagne[1]. Aux prières des Bellovaques, les Héduens joignent les leurs : « Qu'il les traite avec la générosité et la bonté qui sont dans sa nature. S'il agit ainsi, il augmentera le crédit des Héduens auprès de tous les peuples belges, dont les troupes et l'argent leur donnent régulièrement, en cas de guerre, le moyen d'y faire face. »

XV. César répondit que, pour le prestige de Diviciacos et des Héduens, il accepterait la soumission des Bellovaques et les épargnerait ; comme leur cité jouissait d'une grande influence parmi les cités belges et était la plus peuplée, il demanda six cents otages. Quand on les lui eut livrés, et qu'on lui eut remis toutes les armes de la place, il marcha vers le pays des Ambiens : ceux-ci, à son arrivée, se hâtèrent de faire soumission complète[2]. Ils avaient pour voisins les Nerviens. L'enquête que fit César sur le caractère et les mœurs de ce peuple lui fournit les renseignements suivants : les marchands n'avaient aucun accès auprès d'eux ; ils ne souffraient pas qu'on introduisît chez eux du vin ou quelque autre produit de luxe, estimant que cela amollissait leurs âmes et détendait les ressorts de leur courage ; c'étaient des hommes rudes et d'une grande valeur guerrière ; ils accablaient les autres Belges de sanglants reproches pour s'être soumis à Rome et avoir fait litière de la vertu de leurs ancêtres ; ils assuraient que, quant à eux, ils n'enverraient pas de députés et n'accepteraient aucune proposition de paix.

Bataille de la Sambre. XVI. César, après trois jours de marche à travers leur pays, apprit en interrogeant les prisonniers que la Sambre

autres choses, à protéger les travailleurs qui élevaient le terrassement (*agger*). Celui-ci était une chaussée d'approche que l'on construisait, en avançant peu à peu, perpendiculairement au rempart. Les tours, mobiles, en bois et à plusieurs étages, étaient poussées sur l'*agger*.

1. Les peuples belges entretenaient d'étroits rapports avec les Bretons. Cf. plus haut, 4, 7.

2. Il y a lieu de penser que les Calètes et les Véliocasses se soumirent également.

ciuitati intulissent, in Britanniam profugisse. [5]Petere non solum Bellouacos, sed etiam pro his Haeduos, ut sua clementia ac mansuetudine in eos utatur. [6]Quod si fecerit, Haeduorum auctoritatem apud omnes Belgas amplificaturum ; quorum auxiliis atque opibus, si qua bella inciderint, sustentare consuerint.

XV. [1]Caesar honoris Diuiciaci atque Haeduorum causa sese eos in fidem recepturum et conseruaturum dixit ; quod erat ciuitas magna inter Belgas auctoritate atque hominum multitudine praestabat, sexcentos obsides poposcit. [2]His traditis omnibusque armis ex oppido conlatis ab eo loco in fines Ambianorum peruenit, qui se suaque omnia sine mora dediderunt. [3]Eorum fines Neruii attingebant ; quorum de natura moribusque Caesar cum quaereret, sic reperiebat : [4]Nullum aditum esse ad eos mercatoribus ; nihil pati uini reliquarumque rerum ad luxuriam pertinentium inferri, quod iis rebus relanguescere animos eorum et remitti uirtutem existimarent : [5]esse homines feros magnaeque uirtutis, increpitare atque incusare reliquos Belgas, qui se populo romano dedidissent patriamque uirtutem proiecissent ; [6]confirmare sese neque legatos missuros neque ullam condicionem pacis accepturos.

XVI. [1]Cum per eorum fines triduum iter fecisset,

5. his AM β : iis BRSLN || sua α : *om* β.

XV. **1** quod α : et quod β || inter : et inter LN || hominum α : omnes β || **2** omnibusque α : et β || conlatis : conlocatis RLN, U || || ambianorum M, LNB^2 β : ambion- A, B^1 RS || **3** caesar α : *om.* β || **4** esse aditum L^1 β || eos α : hos β || ad luxuriam pertinentium β : *om.* α || iis α : his β || eorum : uirorum *Eberz, del. Morus* || et remitti uirtutem α : uirtutemque remitti β || **5** magnaeque α : magnae β || dedidissent *f*, *l* U^2 dededissent T dedissent α U^1 || patriamque α : et patriam β || **6** sese α U*l* : se T*f*.

XVI. **1** triduum α : -o β.

n'était pas à plus de dix milles de son camp[1]; « tous les Nerviens avaient pris position de l'autre côté de cette rivière et ils y attendaient l'arrivée des Romains avec les Atrébates et les Viromandues, leurs voisins, car ils avaient persuadé ces deux peuples de tenter avec eux la chance de la guerre ; ils comptaient aussi sur l'armée des Atuatuques, et, en effet, elle était en route ; les femmes et ceux qui, en raison de leur âge, ne pouvaient être d'aucune utilité pour la bataille, on les avait entassés en un lieu que des marais rendaient inaccessible à une armée. »

XVII. Pourvu de ces renseignements, César envoie en avant des éclaireurs et des centurions chargés de choisir un terrain propre à l'établissement d'un camp. Un grand nombre de Belges soumis et d'autres Gaulois avaient suivi César et faisaient route avec lui ; certains d'entre eux, comme on le sut plus tard par les prisonniers, ayant étudié la façon dont avait été réglée pendant ces jours-là la marche de notre armée, allèrent de nuit trouver les Nerviens et leur expliquèrent que les légions étaient séparées l'une de l'autre par des convois très importants, et que c'était chose bien facile, quand la première légion serait arrivée sur l'emplacement du camp et que les autres seraient encore loin derrière elle, de l'attaquer avant que les soldats eussent mis sac à terre ; une fois cette légion mise en fuite, et le convoi pillé, les autres n'oseraient pas leur tenir tête. Une considération appuyait encore le conseil de leurs informateurs : les Nerviens, n'ayant pas de cavalerie[2] (jusqu'à présent, en effet, ils ne s'y intéressent pas, mais toute leur force, ils la doivent à l'infanterie), avaient depuis longtemps recours, afin de mieux

1. Vers Bavay. Il y a lieu de penser que César, qui venait d'Amiens, se trouvait à l'ouest de la Sambre, et que, par conséquent, le champ de bataille doit être cherché sur la rive gauche. La question est très controversée : cf. Jullian, III, p. 261, n. 2. Une opinion qui trouve encore aujourd'hui des défenseurs fait arriver César par la rive droite, et place la bataille sur cette rive (en dernier lieu, C[t] Sépulchre, dans *Pro Nervia*, 1923, p. 133 sq. : le champ de bataille aurait été entre Berlaimont et Bachant).

2. *Cum equitatu nihil possent.* Il est difficile de dire si César entend

inueniebat ex captiuis Sabim flumen ab castris suis non amplius milia passuum x abesse : [2]trans id flumen omnes Neruios consedisse aduentumque ibi Romanorum expectare una cum Atrebatibus et Viromanduis, finitimis suis [3](nam his utrisque persuaserant uti eandem belli fortunam experirentur) ; [4]expectari etiam ab his Atuatucorum copias atque esse in itinere : [5]mulieres, quique per aetatem ad pugnam inutiles uiderentur, in eum locum coniecisse quo propter paludes exercitui aditus non esset.

XVII. [1]His rebus cognitis exploratores centurionesque praemittit, qui locum idoneum castris deligant. [2]Cum ex dediticiis Belgis reliquisque Gallis complures Caesarem secuti una iter facerent, quidam ex his, ut postea ex captiuis cognitum est, eorum dierum consuetudine itineris nostri exercitus perspecta nocte ad Neruios peruenerunt atque his demonstrarunt inter singulas legiones inpedimentorum magnum numerum intercedere, neque esse quicquam negotii, cum prima legio in castra uenisset reliquaeque legiones magnum spatium abessent, hanc sub sarcinis adoriri ; [3]qua pulsa inpedimentisque direptis futurum ut reliquae contra consistere non auderent. [4]Adiuuabat etiam eorum consilium qui rem deferebant, quod Neruii antiquitus, cum equitatu nihil possent (neque enim ad hoc tempus ei rei student sed, quicquid possunt, pedestribus ualent copiis),

1 captiuis α : capt. eorum β || sabim α *l* : sabin U sabini T*f* || ab α : a β || milia α : mil. U*l* mille T*f* milibus *Meusel* || passuum α U*l* : passus T *f* (?) || **2** romanorum ibi T*f* || atrebatibus β : atr(e)batis α || uiromanduis β : uer- α || **4** his : iis *ed. pr.* || atuatucorum Tf^2, U*l* : ad- α f^1 || **5** inutiles α : in. esse β || paludes SLN β : -is AM, BR.

XVII. **1** castris idoneum β || **2** ex his AM, T*f*, *l* : ex iis BRSLN, U || prima α : -um β || **4** adiuuabat β : -ant α || deferebant LNB^3 R^2, *f*, U*l* : deferebat B^4 differebant AM, B^2 R^1 S,T differebat B^1 || cum β : *om.* α.

faire obstacle à la cavalerie de leurs voisins, dans le cas où ils viendraient faire des razzias chez eux, au procédé suivant : ils taillaient et courbaient de jeunes arbres ; ceux-ci poussaient en largeur de nombreuses branches ; des ronces et des buissons épineux croissaient dans les intervalles : si bien que ces haies, semblables à des murs, leur offraient une protection que le regard même ne pouvait violer. Notre armée étant embarrassée dans sa marche par ces obstacles, les Nerviens pensèrent qu'ils ne devaient pas négliger le conseil qu'on leur donnait.

XVIII. La configuration du terrain que les nôtres avaient choisi pour le camp était la suivante. Une colline toute en pente douce descendait vers la Sambre, ci-dessus nommée ; en face, de l'autre côté de la rivière, naissait une pente semblable, dont le bas, sur deux cents pas environ, était découvert, tandis que la partie supérieure de la colline était garnie de bois assez épais pour que le regard y pût difficilement pénétrer. C'est dans ces bois que l'ennemi se tenait caché ; sur le terrain découvert, le long de la rivière, on ne voyait que quelques postes de cavaliers. La profondeur de l'eau était d'environ trois pieds [1].

XIX. César, précédé de sa cavalerie, suivait à peu de distance avec toutes ses troupes. Mais il avait réglé sa marche autrement que les Belges ne l'avaient dit aux Nerviens : car, à l'approche de l'ennemi, il avait pris les dispositions qui lui étaient habituelles : six légions avançaient sans bagages, puis venaient les convois de toute l'armée, enfin deux légions, celles qui avaient été

par là qu'ils n'avaient pas du tout de cavalerie, ou qu'ils n'avaient que des forces de cavalerie insignifiantes. En tout cas, les cavaliers dont il est question plus loin, 19, 4-5, et qui luttèrent avec succès contre la cavalerie romaine, appuyée d'infanterie légère, ne peuvent être que des alliés des Nerviens, Atrébates ou Viromandues.

1. L'hypothèse la plus vraisemblable place les Romains sur la colline entre Hautmont et Neuf-Mesnil, à 6 kilomètres au sud-ouest de Maubeuge, et les Nerviens en face, sur la colline d'Hautmont et dans les bois du Quesnoy. Cf. Napoléon, pl. 9.

quo facilius finitimorum equitatum, si praedandi causa ad eos uenissent, impedirent, teneris arboribus incisis atque inflexis crebrisque in latitudinem ramis enatis et rubis sentibusque interiectis effecerant ut instar muri hae saepes munimenta praeberent, quo non modo non intrari, sed ne perspici quidem posset. [5]His rebus cum iter agminis nostri impediretur, non omittendum sibi consilium Neruii existimauerunt.

XVIII. [1]Loci natura erat haec, quem locum nostri castris delegerant. Collis ab summo aequaliter decliuis ad flumen Sabim, quod supra nominauimus, uergebat. [2]Ab eo flumine pari accliuitate collis nascebatur aduersus huic et contrarius, passus circiter ducentos infimus apertus, ab superiore parte siluestris, ut non facile introrsus perspici posset. [3]Intra eas siluas hostes in occulto sese continebant ; in aperto loco secundum flumen paucae stationes equitum uidebantur. Fluminis erat altitudo circiter pedum trium.

XIX. [1]Caesar equitatu praemisso subsequebatur omnibus copiis ; sed ratio ordoque agminis aliter se habebat ac Belgae ad Neruios detulerant. [2]Nam quod hostis adpropinquabat, consuetudine sua Caesar VI legiones expeditas ducebat ; [3]post eas totius exercitus impedimenta conlocarat ; inde duae legiones,

4 uenissent : -et *Aldus* || inflexis crebrisque β : *om.* α || enatis α : *om.* β || munimenta M^2, LN : -is AM^1, BRS, U -um T*f*, *l* munimenta iis *Roesch, del. Madvig* || quo α U*l* : quod T*f* || non modo non : non modo LN, T^2, l^2 || posset β : -it α || **5** sibi β : *om.* α || existimauerunt β : extim- α [*cf. R. E. A.*, 1925, *p.* 285].

XVIII. **1** locum : *om.* LN || castris nostri LN || **2** accliuitate α : decliu- β || infimus : ab infimo *Klotz* || ab α : a β || posset M, LNB^2 R^2 β : -it A, B^1 R^1 S || **3** circiter pedum β.

XIX. **2** quod hostis α : quoad hostis [hostes T^1, U^1] β quod hostibus *Frigell* quod hosti *Faernus* quod ad hostis *Davies* || **3** conlocarat : -auerat *Meusel.*

levées le plus récemment[1], fermaient la marche et protégeaient les convois. Notre cavalerie passa la rivière, en même temps que les frondeurs et les archers, et engagea le combat avec les cavaliers ennemis. Ceux-ci tour à tour se retiraient dans la forêt auprès des leurs, tour à tour, reparaissant, chargeaient les nôtres ; et les nôtres n'osaient pas les poursuivre au delà de la limite où finissait le terrain découvert. Pendant ce temps, les six légions qui étaient arrivées les premières, ayant tracé le camp, entreprirent de le fortifier. Dès que la tête de nos convois fut aperçue par ceux qui se tenaient cachés dans la forêt — c'était le moment dont ils avaient convenu pour engager le combat — comme ils avaient formé leur front et disposé leurs unités à l'intérieur de la forêt, augmentant ainsi leur assurance par la solidité de leur formation, ils s'élancèrent soudain tous ensemble et se précipitèrent sur nos cavaliers. Ils n'eurent pas de peine à les défaire et à les disperser; puis, avec une rapidité incroyable, ils descendirent au pas de course vers la rivière, si bien que presque en même temps ils semblaient se trouver devant la forêt, dans la rivière, et déjà aux prises avec nous. Avec la même rapidité, ils gravirent la colline opposée, marchant sur notre camp et sur ceux qui étaient en train d'y travailler[2].

XX. César avait tout à faire à la fois : il fallait faire arborer l'étendard, qui était le signal de l'alarme, faire sonner la trompette, rappeler les soldats du travail, envoyer chercher ceux qui s'étaient avancés à une certaine distance pour chercher de quoi construire le remblai, ranger les troupes en bataille, les haranguer, donner le signal de l'attaque. Le peu de temps, et l'ennemi qui

1. La 13e et la 14e. Les six autres portaient les numéros 7 à 12.

2. Napoléon Ier a écrit à ce sujet, dans son *Précis des guerres de César*, p. 45 : « On a cependant avec raison reproché à César de s'être laissé surprendre à la bataille de la Sambre, ayant tant de cavalerie et de troupes légères. Il est vrai que sa cavalerie et ses troupes légères avaient passé la Sambre ; mais, du lieu où il était, il s'apercevait qu'elles étaient arrêtées à 150 toises de lui, à la lisière de la forêt ; il devait donc ou tenir une partie de ses troupes sous les armes, ou attendre que ses coureurs eussent traversé la forêt et éclairé le pays.

quae proxime conscriptae erant, totum agmen claudebant praesidioque impedimentis erant. [4]Equites nostri cum funditoribus sagittariisque flumen transgressi cum hostium equitatu proelium commiserunt. [5]Cum se illi identidem in siluas ad suos reciperent ac rursus ex silua in nostros impetum facerent, neque nostri longius quam quem ad finem porrecta [ac] loca aperta pertinebant cedentes insequi auderent, interim legiones sex, quae primae uenerant, opere dimenso castra munire coeperunt. [6]Vbi prima impedimenta nostri exercitus ab iis qui in siluis abditi latebant uisa sunt, quod tempus inter eos committendi proelii conuenerat, ut intra siluas aciem ordinesque constituerant atque ipsi sese ita confirmauerant, subito omnibus copiis prouolauerunt impetumque in nostros equites fecerunt. [7]His facile pulsis ac proturbatis incredibili celeritate ad flumen decucurrerunt, ut paene uno tempore ad siluas et in flumine et iam in manibus nostris hostes uiderentur. [8]Eadem autem celeritate aduerso colle ad nostra castra atque eos qui in opere occupati erant contenderunt.

XX. [1]Caesari omnia uno tempore erant agenda : uexillum proponendum, quod erat insigne cum ad arma concurri oporteret, signum tuba dandum, ab opere reuocandi milites, qui paulo longius aggeris petendi causa processerant arcessendi, acies instruenda, milites cohortandi, signum dandum. [2]Qua-

5 silua α : l(a)eua β || porrecta : prospectus *Schlee* || ac *del. Morus* || sex α : *om.* β || primae α : ante β || dimenso α : dimisso β || 6 iis BRSLN : his AM β || siluis α : -a β || conuenerat AM^2, LN, T/h, U^2 l^2 : -ant M^1. BRS, U^1 l^1 || ut α : ita ut β || ordinesque : ordinemque LN || constituerant β : ita const- α || sese α : se β || ita *transposui ego* || 7 proturbatis α : pert- β || ad β : et ad α || iam α : *om.* β.

XX. 1 quod... dandum : *del. Aldus nepos* || instruenda acies β.

approchait, rendaient impossible une grande partie de ces mesures. Dans cette situation critique, deux choses aidaient César : d'une part l'instruction et l'entraînement des soldats, qui, exercés par les combats précédents, pouvaient aussi bien se dicter à eux-mêmes la conduite à suivre que l'apprendre d'autrui ; d'autre part l'ordre qu'il avait donné aux légats de ne pas quitter le travail et de rester chacun avec sa légion, tant que le camp ne serait pas achevé. En raison de la proximité de l'ennemi et de la rapidité de son mouvement, ils n'attendaient pas, cette fois, les ordres de César, mais prenaient d'eux-mêmes les dispositions qu'ils jugeaient bonnes.

XXI. César se borna à donner les ordres indispensables et courut haranguer les troupes du côté que le hasard lui offrit : il tomba sur la dixième légion. Il fut bref, recommandant seulement aux soldats de se souvenir de leur antique valeur, de ne pas se laisser troubler et de tenir ferme devant l'assaut ; puis, l'ennemi étant à portée de javelot, il donna le signal du combat. Il partit alors vers l'autre aile pour y exhorter aussi les soldats ; il les trouva déjà combattant[1]. On fut tellement pris de court, et l'ardeur offensive des ennemis fut telle, que le temps manqua non seulement pour arborer les insignes, mais même pour mettre les casques et pour enlever les housses des boucliers[2]. Chacun, au hasard de la place où il se trouvait en quittant les travaux du camp, rejoignit les premières enseignes qu'il aperçut, afin de ne pas perdre à la recherche de son unité le temps qu'il devait au combat.

1. La préoccupation de César de parler à ses soldats, si brièvement que ce fût, dans des circonstances comme celles-là, montre quelle importance avait la *cohortatio* dans les habitudes militaires des Romains.

2. *Insignia* : ce sont, essentiellement, les aigrettes des casques. Peut-être César comprend-il aussi sous ce mot les décorations (bracelets, colliers ou phalères). — *Galea* : casque du légionnaire, plus léger que la *cassis* des cavaliers (VII, 45, 2) ; pendant la marche, le soldat portait son casque pendu sur la poitrine ; il ne le mettait que pour combattre. — *Scutum* : bouclier rectangulaire, à face convexe, fait de bois recouvert de cuir, avec une pièce de fer ornementée, *umbo*, au centre ; la surface en était diversement décorée.

rum rerum magnam partem temporis breuitas et successus hostium inpediebat. [3]His difficultatibus duae res erant subsidio, scientia atque usus militum, quod superioribus proeliis exercitati quid fieri oporteret non minus commode ipsi sibi praescribere quam ab aliis doceri poterant, et quod ab opere singulisque legionibus singulos legatos Caesar discedere nisi munitis castris uetuerat. [4]Hi propter propinquitatem et celeritatem hostium nihil iam Caesaris imperium exspectabant, sed per se quae uidebantur administrabant.

XXI. [1]Caesar necessariis rebus imperatis ad cohortandos milites quam in partem fors obtulit decucurrit et ad legionem decimam deuenit. [2]Milites non longiore oratione cohortatus quam uti suae pristinae uirtutis memoriam retinerent neu perturbarentur animo hostiumque impetum fortiter sustinerent, [3]quod non longius hostes aberant quam quo telum adigi posset, proelii committendi signum dedit. [4]Atque in alteram partem item cohortandi causa profectus pugnantibus occurrit. [5]Temporis tanta fuit exiguitas hostiumque tam paratus ad dimicandum animus, ut non modo ad insignia adcommodanda, sed etiam ad galeas induendas scutisque tegimenta detrudenda tempus defuerit. [6]Quam quisque ab opere in partem casu deuenit quaeque prima signa conspexit, ad haec constitit, ne in quaerendis suis pugnandi tempus dimitteret.

2 temporis α : -um β ‖ successus α : incursus β ‖ **3** sibi α : sibi magis β ‖ **4** celeritatem et propinquitatem β ‖ exspectabant α : spect- β.

XXI. **1** in : *del. Kraner* ‖ decucurrit α : decurrit β ‖ **2** cohortatus α : est coh- β ‖ **3** adigi *Ciacconius* : adici α abici β ‖ **5** induendas LNR², T²: inducendas *cett.* ‖ detrudenda AM, SLNR² : detruenda BR¹ detrahenda β ‖ **6** quisque α : quisquam β ‖ signa prima β ‖ in quaerendis suis α : inquirendo suos β ‖ tempus pugnandi β.

XXII. Comme les troupes s'étaient rangées selon la nature du terrain et la pente de la colline, en obéissant aux circonstances plutôt qu'aux règles de la tactique et des formations usuelles, comme les légions, sans liaison entre elles, luttaient chacune séparément et que des haies très épaisses, ainsi qu'on l'a dit plus haut, barraient la vue, on n'avait pas de données précises pour l'emploi des réserves, on ne pouvait pourvoir aux besoins de chaque partie du front et l'unité de commandement était impossible. Aussi bien les chances étaient-elles trop inégales pour que la fortune des armes ne fût pas aussi très diverse.

XXIII. La 9e et la 10e légions, qui se trouvaient à l'aile gauche[1], lancèrent le javelot ; harassés par la course et tout hors d'haleine, et, pour finir, blessés par nos traits, les Atrébates (car c'étaient eux qui occupaient ce côté de la ligne ennemie) furent rapidement refoulés de la hauteur vers la rivière, et tandis qu'ils tâchaient de la franchir, les nôtres, les poursuivant à l'épée, en tuèrent un grand nombre. Puis ils n'hésitèrent pas à passer eux-mêmes la rivière, et, progressant sur un terrain qui ne leur était pas favorable, brisant la résistance des ennemis qui s'étaient reformés, ils les mirent en déroute après un nouveau combat. Sur une autre partie du front, deux légions, la 11e et la 8e, agissant séparément, avaient défait les Viromandues, qui leur étaient opposés, leur avaient fait dévaler la pente et se battaient sur les bords mêmes de la rivière. Mais le camp presque entier, sur la gauche et au centre, se trouvant ainsi découvert, — à l'aile droite avaient pris position la 12e légion et, non loin d'elle, la 7e — tous les Nerviens[2], en rangs très serrés, sous la conduite de Boduognatos, leur chef suprême,

1. Elles étaient commandées par Labiénus (cf. 26, 4). D'après la suite du chapitre, il est clair que César énumère les légions en suivant l'ordre de leur position tactique, de gauche à droite ; par conséquent, c'est la 9e légion, et non la 10e, comme l'indiquent la plupart des plans de la bataille (cf. Napoléon, pl. 9), qui était à la gauche du dispositif.

2. D'après, 4, 8, les Nerviens avaient promis de fournir à l'armée des coalisés un contingent de 50.000 hommes. D'après 28, 2, ils étaient 60.000 sur le champ de bataille.

XXII. [1]Instructo exercitu, magis ut loci natura de*i*ectusque collis et necessitas temporis quam ut rei militaris ratio atque ordo postulabat, cum diuersis legionibus aliae alia in parte hostibus resisterent, saepibusque densissimis, ut ante demonstrauimus, interiectis prospectus impediretur, neque certa subsidia conlocari neque quid in quaque parte opus esset prouideri neque ab uno omnia imperia administrari poterant. [2]Itaque in tanta rerum iniquitate fortunae quoque euentus uarii sequebantur.

XXIII. [1]Legionis nonae et decimae milites, ut in sinistra parte acie constiterant, pilis emissis cursu ac lassitudine exanimatos uulneribusque confectos Atrebates (nam his ea pars obuenerat) celeriter ex loco superiore in flumen conpulerunt et transire conantes insecuti gladiis magnam partem eorum impeditam interfecerunt. [2]Ipsi transire flumen non dubitauerunt et in locum iniquum progressi rursus resistentes hostes redintegrato proelio in fugam coniecerunt. [3]Item alia in parte diuersae duae legiones undecima et octaua, profligatis Viromanduis, quibuscum erant congressi, ex loco superiore, in ipsis fluminis ripis proeliabantur. [4]At totis fere a fronte et ab sinistra parte nudatis castris, cum in dextro cornu legio duodecima et non magno ab ea interuallo septima constitisset, omnes Neruii confertissimo agmine duce Boduognato, qui summam imperii

XXII. **1** deiectusque *ed. pr.* : delectusque *codd.* delectusque collis *del. Mommsen* || rei : re A[1] || diuersis legionibus : diuersae legiones *Ciacconius.*

XXIII. **1** acie α T*f* : -ei U*l* || uulneribusque α : uulneribus β || his AM : iis *cett.* || **2** resistentis α : regressos ac resistentes β || co(n)iecerunt α : dederunt β || **3** congressi : -ae *Meusel* || **4** at totis β : a(t)tonitis α || fere α : fere castris β || ab α : a β || castris α : *om.* β || cum β : quo [*fuerit in archetypo* : quom] A, BRSLN quod M || ab ea α : ea *f*, U*l om.* T.

marchèrent sur ce point ; et tandis que les uns entreprenaient de tourner les légions par leur droite, les autres se portaient vers le sommet du camp.

XXIV. Dans le même moment, nos cavaliers et les soldats d'infanterie légère qui les avaient accompagnés, mis en déroute, comme je l'ai dit, au début de l'attaque ennemie, rentraient au camp pour s'y réfugier et se trouvaient face à face avec les Nerviens : ils se remirent à fuir dans une autre direction; et les valets[1] qui, de la porte décumane, sur le sommet de la colline[2], avaient vu les nôtres passer, victorieux, la rivière, et étaient sortis pour faire du butin, quand ils virent, en se retournant, que les ennemis étaient dans le camp romain, se mirent à fuir tête baissée. En même temps s'élevaient des clameurs et un grand bruit confus : c'étaient ceux qui arrivaient avec les bagages, et qui, pris de panique, se portaient au hasard dans toutes les directions[3]. Tout cela émut fortement les cavaliers trévires, qui ont parmi les peuples de la Gaule une particulière réputation de courage, et que leur cité avait envoyés à César comme auxiliaires : voyant qu'une foule d'ennemis emplissait le camp, que les légions étaient serrées de près et presque enveloppées, que valets, cavaliers, frondeurs, Numides fuyaient de toutes parts à la débandade, ils crurent notre situation sans espoir et prirent le chemin de leur pays ; ils y apportèrent la nouvelle que les Romains avaient été défaits et vaincus, que l'ennemi s'était emparé de leur camp et de leurs bagages.

XXV. César, après avoir harangué la 10e légion, était parti vers l'aile droite : les nôtres y étaient vivement pressés ; les soldats de la 12e légion, ayant rassemblé leurs enseignes en un même point, étaient serrés les uns

1. Les *calones* étaient les esclaves des officiers et des soldats.

2. La porte décumane était celle qui s'ouvrait du côté opposé à l'ennemi, donc dans la partie haute du camp ; une large voie, le *decumanus maximus*, la reliait à la porte prétorienne, qui s'ouvrait face à l'ennemi.

3. Ce ne sont pas les 13e et 14e légions (cf. 26,3), mais les conducteurs et valets du convoi ; les légions venaient à quelque distance, fermant la marche.

tenebat, ad eum locum contenderunt ; [5]quorum pars aperto latere legiones circumuenire, pars summum castrorum locum petere coepit.

XXIV. [1]Eodem tempore equites nostri leuisque armaturae pedites qui cum iis una fuerant, quos primo hostium impetu pulsos dixeram, cum se in castra reciperent, aduersis hostibus occurrebant ac rursus aliam in partem fugam petebant, [2]et calones, qui ab decumana porta ac summo iugo collis nostros uictores flumen transisse conspexerant, praedandi causa egressi, cum respexissent et hostes in nostris castris uersari uidissent, praecipites fugae sese mandabant. [3]Simul eorum qui cum impedimentis ueniebant clamor fremitusque oriebatur, aliique aliam in partem perterriti ferebantur. [4]Quibus omnibus rebus permoti equites Treueri, quorum inter Gallos uirtutis opinio est singularis, qui auxilii causa ab ciuitate ad Caesarem missi uenerant, cum multitudine hostium castra compleri, legiones premi et paene circumuentas teneri, calones, equites, funditores, Numidas diuersos dissipatosque in omnes partes fugere uidissent, desperatis nostris rebus domum contenderunt ; [5]Romanos pulsos superatosque, castris impedimentisque eorum hostes potitos ciuitati renuntiauerunt.

XXV. [1]Caesar ab decimae legionis cohortatione ad dextrum cornu profectus, ubi suos urgeri signisque in unum locum conlatis duodecimae legionis confertos

5 aperto : ab *ante* aperto *add. Meusel.*

XXIV. **1** qui α *Ul* : quique T*f* || iis α : his β || in aliam LN || **2** ab β : *om.* α || ac α : et β || transisse α : -ire β || sese fugae LN || **4** treueri : -iri R², T, U || opinio est uirtutis β || ab α : a β || missi ad caesarem β || compleri S : compleri. nostras AM² [nostros M¹], BRLN nostra compleri β || diuersos : dispersos *Kraffert* || rebus α : *om.* β.

contre les autres et se gênaient mutuellement pour combattre ; la 4e cohorte avait eu tous ses centurions et un porte-enseigne tués, elle avait perdu une enseigne ; dans les autres cohortes, presque tous les centurions étaient blessés ou tués, et parmi eux le primipile P. Sextius Baculus[1], homme du plus grand courage, qui épuisé par de nombreuses et graves blessures, ne pouvait plus se tenir debout ; le reste faiblissait, et aux derniers rangs un certain nombre, se sentant abandonnés, quittaient le combat et cherchaient à se soustraire aux coups ; les ennemis montaient en face de nous sans relâche, tandis que leur pression augmentait sur les deux flancs ; la situation était critique. Ce que voyant, et comme il ne disposait d'aucun renfort, César prit à un soldat des derniers rangs son bouclier — car il ne s'était pas muni du sien — et s'avança en première ligne : là, il parla aux centurions en appelant chacun d'eux par son nom et harangua le reste de la troupe ; il donna l'ordre de porter les enseignes en avant et de desserrer les rangs afin de pouvoir plus aisément se servir de l'épée. Son arrivée ayant donné de l'espoir aux troupes et leur ayant rendu courage, car chacun, en présence du général, désirait, même si le péril était extrême, faire de son mieux, on réussit à ralentir un peu l'élan de l'ennemi.

XXVI. César, voyant que la 7e légion, qui était à côté de la 12e, était également pressée par l'ennemi, fit savoir aux tribuns militaires[2] que les deux légions devaient peu à peu se souder et faire face aux ennemis en s'adossant l'une à l'autre. Par cette manœuvre, les soldats se prêtaient un mutuel secours et ne craignaient plus d'être pris

1. Le *primipilus* était le centurion commandant le premier manipule de la première cohorte ; il avait un rang à part parmi les officiers subalternes de la légion. Sur P. Sextius Baculus, type de ces vieux centurions pleins d'expérience, d'honneur et de courage, qui faisaient la force des légions romaines, cf. III, 5, 2 et VI, 38.

2. Il y avait six tribuns militaires par légion. Ce passage nous donne à penser que certains d'entre eux étaient employés par le général en chef comme officiers de liaison.

milites sibi ipsos ad pugnam esse impedimento uidit, quartae cohortis omnibus centurionibus occisis signiferoque interfecto, signo amisso, reliquarum cohortium omnibus fere centurionibus aut uulneratis aut occisis, in his primipilo P. Sextio Baculo, fortissimo uiro, multis grauibusque uulneribus confecto, ut iam se sustinere non posset, reliquos esse tardiores et non nullos ab nouissimis desertos proelio excedere ac tela uitare, hostis neque a fronte ex inferiore loco subeuntes intermittere et ab utroque latere instare et rem esse in angusto uidit neque ullum esse subsidium quod submitti posset, [2]scuto ab nouissimis uni militi detracto, quod ipse eo sine scuto uenerat, in primam aciem processit centurionibusque nominatim appellatis reliquos cohortatus milites signa inferre et manipulos laxare iussit, quo facilius gladiis uti possent. [3]Cuius aduentu spe inlata militibus ac redintegrato animo, cum pro se quisque in conspectu imperatoris etiam extremis suis rebus operam nauare cuperet, paulum hostium impetus tardatus est.

XXVI. [1]Caesar cum septimam legionem, quae iuxta constiterat, item urgeri ab hoste uidisset, tribunos militum monuit ut paulatim sese legiones coniungerent et conuersa signa in hostes inferrent. [2]Quo facto cum alius alii subsidium ferret, neque timerent ne auersi ab hoste circumuenirentur, auda-

XXV. **1** milites confertos LN || impedimento esse LN || uidit : *del. Aldus* || signiferoque α : signifero β || primipilo α : primo pilo β || baculo α : pactio T*f*, U paccio *l* || ab nouissimis α : a nou- β e nou- *Lipsius* || desertos : -o A deserto loco *Klussmann* desertores *Herzog del. Apitz* || excedere ac : excedere acie ac *Oudendorp* || a fronte α : fronte β || esse α : *om.* β || **2** ab nouissimis uni : *del. Hoffmann* uni *del. Vielhaber* || **3** cuius α *l* : huius T*f*, U || extremis α : in extr- β || cuperet α : -ent β || paulum α U*l* : paululum T*f*.

XXVI. **2** alius α : -iis β || ferret α : -ent β || auersi α *f* : adu- T, U*l*.

à revers ; la résistance en fut encouragée et devint plus vive. Cependant les soldats des deux légions qui, à la queue de la colonne, formaient la garde des convois, ayant su qu'on se battait avaient pris le pas de course et apparaissaient au sommet de la colline ; d'autre part T. Labiénus, qui s'était emparé du camp ennemi et avait vu, de cette hauteur, ce qui se passait dans le nôtre, envoya la 10e légion à notre secours. La fuite des cavaliers et des valets ayant appris à ces soldats quelle était la situation, et quel danger couraient le camp, les légions, le général, ils ne négligèrent rien pour aller vite[1].

XXVII. L'arrivée des trois légions produisit un tel changement dans la situation que ceux mêmes qui, épuisés par leurs blessures, gisaient sur le sol, recommencèrent à se battre en s'appuyant sur leurs boucliers, que les valets, voyant l'ennemi terrifié, se jetèrent sur lui, même sans armes, que les cavaliers enfin, pour effacer le souvenir de leur fuite honteuse, se multipliaient et partout cherchaient à surpasser les légionnaires. Mais l'ennemi, même alors qu'il ne lui restait plus guère d'espoir, montra un tel courage que, quand les premiers étaient tombés, ceux qui les suivaient montaient sur leurs corps pour se battre, et quand ils tombaient à leur tour et que s'entassaient les cadavres, les survivants, comme du haut d'un tertre, lançaient des traits sur nos soldats et renvoyaient les javelots qui manquaient leur but : il fallait se convaincre, à un tel spectacle, que d'avoir osé franchir une rivière très large, escalader une berge fort élevée, monter à l'assaut d'une position très forte, ce n'était pas une folle entreprise de la part de pareils guerriers : leur héroïsme l'avait rendue facile[2].

1. Labiénus était le meilleur des lieutenants de César. Son initiative sauva ici l'armée romaine, et César lui-même, d'un danger grave. Il est le véritable vainqueur de la journée.

2. Un pareil éloge de l'ennemi est rare chez César. Il fait honneur à son impartialité. Mais aussi doit-on observer qu'en insistant sur l'extraordinaire valeur des Nerviens, César invite le lecteur à expliquer par là qu'il ait pu se trouver un moment dans une situation si critique et détourne sa pensée des imprudences par lui commises.

cius resistere ac fortius pugnare coeperunt. [3]Interim milites legionum duarum quae in nouissimo agmine praesidio impedimentis fuerant proelio nuntiato cursu incitato in summo colle ab hostibus conspiciebantur, [4]et T. Labienus castris hostium potitus et ex loco superiore quae res in nostris castris gererentur conspicatus decimam legionem subsidio nostris misit. [5]Qui cum ex equitum et calonum fuga quo in loco res esset quantoque in periculo et castra et legiones et imperator uersaretur cognouissent, nihil ad celeritatem sibi reliqui fecerunt.

XXVII. [1]Horum aduentu tanta rerum commutatio est facta, ut nostri etiam qui uulneribus confecti procubuissent scutis innixi proelium redintegrarent, calones perterritos hostes conspicati etiam inermes armatis occurrerent, [2]equites uero, ut turpitudinem fugae uirtute delerent, omnibus in locis pugnae se legionariis militibus praeferrent. [3]At hostes etiam in extrema spe salutis tantam uirtutem praestiterunt ut, cum primi eorum cecidissent, proximi iacentibus insisterent atque ex eorum corporibus pugnarent, [4]his deiectis et coaceruatis cadaueribus, qui superessent ut ex tumulo tela in nostros conicerent et pila intercepta remitterent : [5]ut non nequiquam tantae uirtutis homines iudicari deberet ausos esse transire latissimum flumen, ascendere altissimas ripas, subire iniquissimum locum ; quae facilia ex difficillimis animi magnitudo redegerat.

4 t(itus) α T*f* : *om.* U*l* ‖ castris nostris T,U*l* ‖ gererentur : -etur LN.
XXVII. **1** calones β : tum cal- α ‖ occurrerent β : -erunt α ‖ **2** pugn(a)e β : pugnant [-abant LN] quo α pugnando *Weissenborn* pugnandi studio *Metzger, del. Nipperdey* ‖ **3** cecidissent α : *om.* β ‖ **4** et pila α : pilaque β ‖ **5** deberet B^2 *Aldus* : -ent *codd.* ‖ ausos esse α : ausi quod essent *f* aut si quod essent T^1, U^1 *l* ‖ magnitudo α : -ine β ‖ redegerat : -ant B^2, T^1 redigerent *f*.

Soumission des Nerviens. XXVIII. Cette bataille avait presque réduit à néant la nation des Nerviens ; aussi, quand ils en apprirent la nouvelle, les vieillards qui, nous l'avons dit, avaient été rassemblés avec les enfants et les femmes dans une région de lagunes et d'étangs, jugeant que rien ne pouvait arrêter les vainqueurs ni rien protéger les vaincus, envoyèrent, avec le consentement unanime des survivants, des députés à César : ils firent soumission complète, et, soulignant l'infortune de leur peuple, déclarèrent que de six cents sénateurs ils étaient réduits à trois, de soixante mille hommes en état de porter les armes, à cinq cents à peine[1]. César, soucieux de montrer qu'il était pitoyable aux malheureux et aux suppliants, prit grand soin de les ménager : il leur laissa la jouissance de leurs terres et de leurs villes, et ordonna à leurs voisins de respecter et de faire respecter leurs personnes et leurs biens.

Prise de l'oppidum des Atuatuques. XXIX. Les Atuatuques, dont il a été question plus haut, arrivaient au secours des Nerviens avec toutes leurs forces : à la nouvelle du combat, ils firent demi-tour et rentrèrent chez eux ; abandonnant toutes leurs villes et tous leurs villages fortifiés, ils réunirent tous leurs biens dans une seule place que sa situation rendait très forte. De toutes parts autour d'elle c'étaient de très hautes falaises d'où la vue plongeait, sauf sur un point où s'ouvrait un accès en pente douce qui n'avait pas plus de deux cents pieds de large : un double mur fort élevé défendait cette entrée, et ils le couronnèrent alors de pierres d'un grand poids et de poutres taillées en pointe[2]. Ce peuple descendait des Cimbres et des Teutons, qui, tandis qu'ils marchaient vers notre province et vers l'Italie, avaient laissé sur la

1. Un pareil anéantissement s'accorde mal avec le rôle qu'on voit jouer aux Nerviens trois ans après (V, 39-42 ; cf. VII, 75,3). Voir l'*Introduction*, p. VIII.

2. L'identification de l'oppidum des Atuatuques n'est pas certaine : les deux hypothèses les plus vraisemblables sont celle qui le place à Namur et celle qui le place au Mont Falhize (cf. Jullian, III,

XXVIII. [1]Hoc proelio facto et prope ad internecionem gente ac nomine Neruiorum redacto maiores natu, quos una cum pueris mulieribusque in aestuaria ac paludes co*ni*ectos dixeramus, hac pugna nuntiata, cum uictoribus nihil impeditum, uictis nihil tutum arbitrarentur, [2]omnium qui supererant consensu legatos ad Caesarem miserunt seque ei dediderunt et in commemoranda ciuitatis calamitate ex sexcentis ad tres senatores, ex hominum milibus LX uix ad quingentos, qui arma ferre possent, sese redactos esse dixerunt. [3]Quos Caesar, ut in miseros ac supplices usus misericordia uideretur, diligentissime conseruauit suisque finibus atque oppidis uti iussit et finitimis imperauit ut ab iniuria et maleficio se suosque prohiberent.

XXIX. [1]Atuatuci, de quibus supra scripsimus, cum omnibus copiis auxilio Neruiis uenirent, hac pugna nuntiata ex itinere domum reuerterunt; [2]cunctis oppidis castellisque desertis sua omnia in unum oppidum egregie natura munitum contulerunt. [3]Quod cum ex omnibus in circuitu partibus altissimas rupes despectusque haberet, una ex parte leniter adcliuis aditus in latitudinem non amplius ducentorum pedum relinquebatur; quem locum duplici altissimo muro munierant : tum magni ponderis saxa et praeacutas trabes in muro conlocabant. [4]Ipsi erant ex Cimbris Teutonisque prognati, qui, cum iter in prouinciam nostram atque Italiam

XXVIII. **1** coniectos *Glandorp* : collectos *codd.* || hac pugna nuntiata : *del. Kraffert* || **2** dediderunt : dederunt S, T¹, U¹.

XXIX. **1** scripsimus α : diximus β || **3** partibus in circuitu LN || despectusque *codd.* : deiectusque *Iurinius* || latitudinem β : altit- α || ducentorum pedum α : pedum CC [.cc. T,U] β || munierant α : - bant β || conlocabant α : collocarant *f* conlocarunt U*l* collocauerant T² collocauerunt T¹ || **4** prognati α T, Uᵐ : procreati *f*, U¹ *l* || in α : per β.

rive gauche du Rhin les bêtes et les bagages qu'ils ne pouvaient emmener, avec six mille hommes des leurs pour les garder. Ceux-ci, après la destruction de leur peuple, avaient été en lutte constante avec leurs voisins, tantôt les attaquant, tantôt repoussant leurs attaques ; enfin on fit la paix, et, avec le consentement de tous, ils choisirent cette région pour s'y installer.

XXX. Dans les premiers temps qui suivirent notre arrivée, ils faisaient de fréquentes sorties et engageaient avec nous de petits combats ; puis, quand nous les eûmes cernés d'un retranchement qui avait quinze mille pieds de tour et que complétaient de nombreuses redoutes[1], ils restèrent dans la place. Lorsqu'ils virent qu'après avoir poussé les mantelets et élevé un terrassement nous construisions au loin une tour[2], ils commencèrent par railler du haut de leur rempart et par nous couvrir de sarcasmes : « Un si grand appareil à une telle distance ! Quels bras, quels muscles avaient-ils donc, surtout avec leur taille infime (car aux yeux de tous les Gaulois, en général, notre petite taille à côté de leur haute stature est un objet de mépris) pour prétendre placer sur le mur une tour de ce poids ? »

XXXI. Mais quand ils virent qu'elle se mouvait et approchait des murs, vivement frappés de ce spectacle nouveau et étrange pour eux, ils envoyèrent à César des députés, qui lui tinrent à peu près ce langage : « Ils ne pouvaient pas croire que les Romains ne fussent pas aidés par les dieux dans la conduite de la guerre, puisqu'ils étaient capables de faire avancer si vite des machines d'une telle hauteur[3] » ; et ils déclarèrent qu'ils leur

p. 270, n. 2). En tout cas, il faut éviter de le confondre avec Atuatuca, castellum du pays des Eburons, dont il est question VI, 32, 3 et 35,8 et 10.

1. 15.000 pieds équivalent à 3.000 pas, soit environ 4 kilomètres 500. L'estimation d'une pareille longueur en pieds, et non en pas, est exceptionnelle. Le texte des manuscrits n'est d'ailleurs pas sûr.

2. Voir plus haut, p. 57, n. 1.

3. L'habileté des Romains dans les travaux de siège était une de leurs grandes supériorités. Et César en tira toujours le plus heureux parti.

facerent, iis impedimentis quae secum agere ac portare non poterant citra flumen Rhenum depositis custodiam ex suis ac praesidium sex milia hominum una reliquerunt. [5]Hi post eorum obitum multos annos a finitimis exagitati, cum alias bellum inferrent, alias inlatum defenderent, consensu eorum omnium pace facta hunc sibi domicilio locum delegerunt.

XXX. [1]Ac primo aduentu exercitus nostri crebras ex oppido excursiones faciebant paruulisque proeliis cum nostris contendebant ; [2]postea uallo pedum in circuitu xv milium crebrisque castellis circummuniti oppido sese continebant. [3]Vbi uineis actis aggere exstructo turrim procul constitui uiderunt, primum inridere ex muro atque increpitare uocibus, quod tanta machinatio ab tanto spatio instrueretur : [4]quibusnam manibus aut quibus uiribus praesertim homines tantulae staturae (nam plerumque omnibus Gallis prae magnitudine corporum suorum breuitas nostra contemptui est) tanti oneris turrim in muro sese conlocare confiderent ?

XXXI. [1]Vbi uero moueri et adpropinquare moenibus uiderunt, noua atque inusitata specie commoti legatos ad Caesarem de pace miserunt, qui ad hunc modum locuti, [2]non existimare Romanos sine ope diuina bellum gerere, qui tantae altitudinis machinationes tanta celeritate promouere possent, [3]se suaque

4 iis : his A, *f*, *l* || custodiam α : -ae β || ex suis : *del. Meusel* || praesidium [-a M] α : -o β || reliquerunt : -ant *ed. pr.* || **5** delegerunt : -ant *R. Estienne.*

XXX. **2** pedum α : p̄ XII β || crebrisque α : crebris β || sese : se AM || **3** turrim α : -em β || constitui procul N L² [procul *om.* L¹] || ab α : a β || instrueretur α : institueretur β || **4** homines praesertim β || omnibus : hominibus *Lipsius* || turrim α : -em β || muro M¹ β : -os α moturos *Döhner* || sese : se <pos> se *Klotz* || conlocare : *del. Döhner.*

XXXI. **1** moenibus α : muris β || **2** existimare α : se ex- β || diuina α : deorum β || promouere : et ex propinquitate pugnare *post* promouere *habet* β.

livraient leurs personnes et leurs biens. « Ils ne formulaient qu'une demande, une prière : si César, dont ils entendaient vanter la clémence et la bonté[1], décidait de ne pas anéantir les Atuatuques, qu'il ne les privât pas de leurs armes. Presque tous leurs voisins les détestaient, étaient jaloux de leur valeur ; s'ils livraient leurs armes, ils seraient sans défense devant eux. Mieux valait, s'ils en étaient réduits là, voir les Romains leur infliger n'importe quel sort, que périr dans les tourments de la main de ces hommes, parmi lesquels ils avaient toujours régné en maîtres. »

XXXII. César répondit que « ses habitudes de clémence, plutôt que leur conduite, l'engageaient à conserver leur nation, s'ils se rendaient avant que le bélier eût touché leur mur[2]; mais il n'y avait de capitulation possible que si les armes étaient livrées. Il agirait comme il avait fait pour les Nerviens, il interdirait à leurs voisins de faire le moindre tort à un peuple soumis à Rome ». Les députés rapportèrent à leur peuple ces conditions, et vinrent dire qu'ils s'y soumettaient. Une grande quantité d'armes fut jetée du haut du mur dans le fossé qui était devant la ville : elles s'élevaient en monceaux presque jusqu'au sommet du rempart et de notre terrassement ; et cependant, comme on le vit par la suite, les assiégés en avaient dissimulé environ un tiers, qu'ils avaient gardé dans la place. Ils ouvrirent leurs portes, et ce jour-là se passa dans le calme.

XXXIII. Quand vint le soir, César ordonna que les portes fussent fermées et que les soldats sortissent de la ville[3], pour éviter que pendant la nuit ils ne commissent contre les habitants quelque violence. Ceux-ci, qui — on

1. Cf. plus haut, 14, 5, et *Introduction*, p. XVI.

2. Le bélier, *aries*, était une longue poutre (entre 60 et 180 pieds) garnie d'une masse de fer affectant parfois la forme d'une tête de bélier ; on la manœuvrait à l'aide de cordages de l'intérieur d'une baraque mobile.

3. Il semble que le deuxième ordre devrait, logiquement, être énoncé d'abord : mais c'est que l'ordre de fermer les portes est celui qui traduit le mieux la mesure générale prise par César : empêcher que ses soldats entrent la nuit dans la ville pour la piller ; subsidiai-

omnia eorum potestati permittere dixerunt. [4]Vnum petere ac deprecari : si forte pro sua clementia ac mansuetudine, quam ipsi ab aliis audirent, statuisset Atuatucos esse conseruandos, ne se armis despoliaret. [5]Sibi omnes fere finitimos esse inimicos ac suae uirtuti inuidere ; a quibus se defendere traditis armis non possent. [6]Sibi praestare, si in eum casum deducerentur, quamuis fortunam a populo romano pati, quam ab his per cruciatum interfici, inter quos dominari consuessent.

XXXII. [1]Ad haec Caesar respondit : Se magis consuetudine sua quam merito eorum ciuitatem conseruaturum, si prius quam murum aries attigisset se dedidissent : [2]sed deditionis nullam esse condicionem nisi armis traditis. Se id quod in Neruiis fecisset facturum finitumisque imperaturum ne quam dediticiis populi romani iniuriam inferrent. [3]Re nuntiata ad suos, quae imperarentur facere dixerunt. [4]Armorum magna multitudine de muro in fossam quae erat ante oppidum iacta, sic ut prope summam muri aggerisque altitudinem acerui armorum adaequarent, et tamen circiter parte tertia, ut postea perspectum est, celata atque in oppido retenta, portis patefactis eo die pace sunt usi.

XXXIII. [1]Sub uesperum Caesar portas claudi militesque ex oppido exire iussit, ne quam noctu oppidani a militibus iniuriam acciperent. [2]Illi ante

4 atuatucos β : aduat- α || **6** his α *l* : iis U aliis T*f* || cruciatum α : -us β.

XXXII. **1** ad haec α : quibus ad haec β || consuetudine : mansuetudine *Hartz* || dedidissent AM, LN β : dedissent BRS || **2** neruiis α : -os β || **3** re nuntiata : re renuntiata *Paul* || quae α : illi se quae β || **4** summam β : -a α || adaequarent α : aequarent β || perspectum α : compertum β || eo α : ea β.

XXXIII. **1** uesperum α : -e β || ab α : a β.

le vit bien — s'étaient concertés au préalable, parce qu'ils avaient cru qu'une fois leur soumission faite, nous retirerions nos postes ou tout au moins relâcherions notre surveillance, se servant, d'une part, des armes qu'ils avaient retenues et cachées, d'autre part de boucliers qu'ils avaient fabriqués avec de l'écorce ou en tressant de l'osier et qu'ils avaient sur-le-champ, vu l'urgence, revêtus de peaux, firent à la troisième veille[1], du côté où la montée vers nos retranchements était le moins rude, une sortie soudaine et en masse. Promptement, selon les ordres que César avait donnés d'avance, des feux furent allumés comme signal d'alarme et on accourut des postes voisins sur le point menacé ; les ennemis se battirent avec l'acharnement que devaient montrer des guerriers valeureux qui jouaient leur dernière chance de salut et qui avaient le désavantage de la position contre un adversaire lançant ses traits du haut d'un retranchement et de tours[2], dans des conditions enfin où ils ne pouvaient rien attendre que de leur courage. Après qu'on en eut tué environ quatre mille, ce qui restait fut rejeté dans la place. Le lendemain nous enfonçâmes les portes, que ne défendait plus personne ; nos soldats pénétrèrent dans la ville, et César fit tout vendre à l'encan en un seul lot. Il sut par les acheteurs que le nombre des têtes était de 53.000[3].

Soumission des peuples de l'Océan. Quartiers d'hiver.

XXXIV. A la même époque, P. Crassus, que César avait envoyé avec une légion chez les Vénètes[4], les Unelles, les Osismes, les Coriosolites, les Esuvii, les Aulerques, les

rement, et en exécution de cette mesure générale, on fait sortir les soldats qui y avaient pénétré pendant le jour.

1. Entre minuit et deux heures, au moment où ils avaient le plus de chance de surprendre les Romains endormis.

2. Les Romains élevaient régulièrement des tours, de distance en distance, sur le remblai (*agger*) qui entourait leur camp.

3. Voir l'*Introduction*, p. XVI.

4. Les Vénètes étaient le plus puissant de ces peuples de l'Armorique. La mention des Aulerques parmi les peuples de la mer est surprenante : ils occupaient tout le pays entre Angers et Rouen, mais ne semblent pas avoir atteint nulle part la côte.

inito, ut intellectum est, consilio, quod deditione facta nostros praesidia deducturos aut denique indiligentius seruaturos crediderant, partim cum *iis* quae retinuerant et celauerant armis, partim scutis ex cortice factis aut uiminibus intextis, quae subito, ut temporis exiguitas postulabat, pellibus induxerant, tertia uigilia, qua minime arduus ad nostras munitiones ascensus uidebatur, omnibus copiis repentino ex oppido eruptionem fecerunt. [3]Celeriter, ut ante Caesar imperarat, ignibus significatione facta ex proximis castellis eo concursum est, [4]pugnatumque ab hostibus ita acriter est ut a uiris fortibus in extrema spe salutis iniquo loco contra eos qui ex uallo turribusque tela iacerent pugnari debuit, cum in una uirtute omnis spes salutis consisteret. [5]Occisis ad hominum milibus quattuor reliqui in oppidum reiecti sunt. [6]Postridie eius diei refractis portis, cum iam defenderet nemo, atque intromissis militibus nostris sectionem eius oppidi uniuersam Caesar uendidit. [7]Ab *iis* qui emerant capitum numerus ad eum relatus est milium quinquaginta trium.

XXXIV. Eodem tempore a P. Crasso, quem cum legione una miserat ad Venetos, Vnellos, Osismos, Coriosolitas, *E*suuios, Aulercos, Redones, quae sunt maritimae ciuitates Oceanumque attingunt, certior

2 deducturos α : non inducturos β || indiligentius α : indulgentius β || cum iis *Vascosan* : cum his *codd.* sumptis *Hug* || intextis : contextis *Nitsche* || qua... uidebatur : *del. Meusel* || repentino AM, BRLN : -tinam S -te β || **3** imperarat α : -auerat β || ex α : *om.* β || **4** spes salutis α : spes β || **6** intromissis α : inmissis β || **7** iis *ed. pr.* : his *codd.*

XXXIV. una : VII *Schneider* [*cf.* III, 7,2] || unellos : uenellos *Glück* || coriosolitas AM^2, T^1 : curiosolitas BRSLN, T^2 coriosolitos M^1, *f*, U*l* || esuuios *Whitte* : sesuuios *codd.* || redones *f*, *l* : rhed- α T, U || maritimae : -umae B^2, U.

Redons, peuples marins riverains de l'Océan, lui fit savoir que tous ces peuples avaient été soumis à Rome.

XXXV. Ces campagnes ayant procuré la pacification de toute la Gaule, la renommée qui en parvint aux Barbares fut telle que César reçut des nations habitant au delà du Rhin des députés qui venaient promettre la livraison d'otages et l'obéissance. Comme il était pressé de partir pour l'Italie et l'Illyricum[1], César leur dit de revenir au début de l'été prochain. Il amena ses légions prendre leurs quartiers d'hiver chez les Carnutes, les Andes, les Turons et les peuples voisins des régions où il avait fait la guerre[2], et partit pour l'Italie. En raison de ces événements on décréta, à la suite du rapport de César, quinze jours de supplication, ce qui n'était encore arrivé à personne[3].

1. Le gouvernement de l'Illyricum avait été confié à César en même temps que celui de la Gaule cisalpine, qu'il cumulait avec le gouvernement de la Gaule transalpine ou Narbonnaise.

2. Les légions étaient donc réparties en deux groupes, l'un sur la Loire, l'autre en Belgique.

3. La *supplicatio* consistait en prières solennelles, généralement d'actions de grâce; elle était décrétée par le Sénat. Pompée n'avait eu que 12 jours de supplication pour sa victoire sur Mithridate. On considéra à Rome, après la campagne de 57, et sur la foi de César, que la conquête de la Gaule était un fait acquis (cf. le *De prouinciis consu- laribus* de Cicéron).

factus est omnes eas ciuitates in dicionem potestatemque populi romani esse redactas.

XXXV. [1]His rebus gestis omni Gallia pacata tanta huius belli ad barbaros opinio perlata est, uti ab *i*is nationibus quae trans Rhenum incolerent mitterentur legati ad Caesarem, qui se obsides daturas, imperata facturas pollicerentur. [2]Quas legationes Caesar, quod in Italiam Illyricumque properabat, inita proxima aestate ad se reuerti iussit. [3]Ipse in Carnutes, Andes, Turon*o*s, quaeque ciuitates propinquae his locis erant ubi bellum gesserat, legionibus in hibernacula deductis in Italiam profectus est. [4]Ob easque res ex litteris Caesaris dies quindecim supplicatio decreta est, quod ante id tempus accidit nulli.

di(c)ionem T, U*l* : deditionem α *f* || redactas esse β.

XXXV. **1** iis *ed. pr.* : his *codd.* || legati ad caesarem mitterentur β || legati : legationes *Sauppe* || qui AM, BRS : quae LN β || **2** inita proxima aestate α : initio proximae aestatis β || **3** turonos quaeque *Dittenberger* : turones quaeque AM, U*l* turonesque quae BRSLN, T*f* || his locis propinquae LN || his : iis *ed. pr.* || hibernacula α : hiberna β || **4** dies : dierum *Wesenberg* in dies *Dinter*.

LIVRE TROISIÈME

LIVRE TROISIÈME

Attaque du camp de Galba dans les Alpes.

I. En partant pour l'Italie, César envoya Servius Galba[1] avec la 12e légion et une partie de la cavalerie chez les Nantuates, les Véragres et les Sédunes, dont le territoire s'étend depuis les frontières des Allobroges, le lac Léman et le Rhône jusqu'aux grandes Alpes[2]. Ce qui l'y détermina, ce fut le désir d'ouvrir au commerce la route des Alpes, où les marchands ne circulaient jusque-là qu'au prix de grands dangers et en payant de forts péages. Il autorisa Galba, s'il le jugeait nécessaire, à installer la légion dans ces parages pour y passer l'hiver. Celui-ci, après avoir livré un certain nombre de combats heureux et pris plusieurs forteresses, reçut de toutes parts des députations, des otages, et fit la paix ; il résolut alors d'installer deux cohortes chez les Nantuates et de s'établir lui-même pour l'hiver, avec les autres cohortes de sa légion, dans un bourg des Véragres qui s'appelle Octoduros ; ce bourg, situé au fond d'une vallée étroite, est enfermé de tous côtés par de très hautes montagnes. Comme la rivière le coupait en deux, Galba autorisa les indigènes

1. Ser. Sulpicius Galba avait le titre de légat, bien que César ne le lui donne pas ici : cf. Hirtius, VIII, 50, 4 ; Suétone, *Galba*, 3, 2 ; Dion, XXXIX, 5,2. Il fut parmi les conjurés des ides de mars.

2. Ces trois peuples occupaient la haute vallée du Rhône, les Nantuates autour de Saint-Maurice, les Véragres autour de Martigny, les Sédunes autour de Sion.

LIBER TERTIVS

I. [1]Cum in Italiam proficisceretur Caesar Seruium Galbam cum legione XII et parte equitatus in Nantuatis, Veragros Sedunosque misit, qui a finibus Allobrogum et lacu Lemanno et flumine Rhodano ad summas Alpes pertinent. [2]Causa mittendi fuit quod iter per Alpes, quo magno cum periculo magnisque cum portoriis mercatores ire consuerant, patefieri uolebat. [3]Huic permisit, si opus esse arbitraretur, uti in his locis legionem hiemandi causa conlocaret. [4]Galba secundis aliquot proeliis factis castellisque conpluribus eorum expugnatis, missis ad eum undique legatis obsidibusque datis et pace facta constituit cohortes duas in Nantuatibus conlocare et ipse cum reliquis eius legionis cohortibus in uico Veragrorum, qui appellatur Octodurus, hiemare ; [5]qui uicus positus in ualle non magna adiecta planitie altissimis montibus undique continetur. [6]Cum hic in duas partes flumine diuideretur, alteram partem eius

I. **1** nantuatis BRSLN : ant-AM β || ueragrosque L^1 sedunos ueragrosque N L^2 || a AM β : ab BRSLN || **2** cum portoriis α : portoriis β || consuerant : -euerant L, T*f* || **4** undique : *om.* LN || nantuatibus S : ant- *cett.* || octodurus AM, BR : octodorus SLN β || **6** hic *f*, U*l* : hinc α T || flumine β : flumen α.

à s'installer pour l'hiver dans une moitié du bourg, tandis que l'autre, qu'il avait fait évacuer, était donnée à ses cohortes. Il la fortifia d'un retranchement et d'un fossé[1].

II. Il y avait plusieurs jours qu'il hivernait là, et il venait de donner l'ordre qu'on y fît des provisions de blé, quand soudain ses éclaireurs lui apprirent que la partie du bourg laissée aux Gaulois avait été complètement abandonnée pendant la nuit et qu'une immense multitude de Sédunes et de Véragres occupait les montagnes environnantes. Plusieurs raisons avaient provoqué cette décision soudaine des Gaulois de recommencer la guerre et de tomber à l'improviste sur notre légion : d'abord cette légion, et qui n'était pas au complet, car on en avait distrait deux cohortes et un très grand nombre d'isolés qu'on avait envoyés chercher des vivres, leur semblait une poignée d'hommes méprisable ; puis l'avantage de leur position leur faisait croire que, quand ils dévaleraient les pentes de leurs montagnes et lanceraient une grêle de traits, cette attaque serait, dès le premier choc, irrésistible. A ces calculs s'ajoutait le ressentiment de s'être vu arracher leurs enfants à titre d'otages, et la conviction que les Romains cherchaient à occuper les sommets des Alpes, non seulement pour être maîtres des routes, mais pour s'y établir définitivement et annexer ces régions à leur province, qu'elles bordent[2].

III. A ces nouvelles, Galba, qui n'avait pas entièrement achevé le camp d'hiver et ses défenses, et n'avait pas fait encore une réserve suffisante de blé et autres approvisionnements, parce qu'il avait cru, les Gaulois

1. Octoduros s'identifie avec Martigny-Bourg, qui est coupé en deux par la Dranse.

2. César voulait s'assurer le passage du Grand Saint-Bernard. Cette opération était le complément logique de son entreprise de conquête de la Gaule : il lui fallait être maître de la grande route stratégique qui menait de l'Italie vers la Gaule du Nord. Les raisons économiques qu'il invoque au chapitre précédent, pour n'être pas fausses, n'étaient cependant pas les principales.

uici Gallis ad hiemandum concessit, alteram uacuam ab his relictam cohortibus attribuit. Eum locum uallo fossaque muniuit.

II. [1]Cum dies hibernorum conplures transissent frumentumque eo conportari iussisset, subito per exploratores certior factus est ex ea parte uici quam Gallis concesserat omnes noctu discessisse montesque qui impenderent a maxima multitudine Sedunorum et Veragrorum teneri. [2]Id aliquot de causis acciderat, ut subito Galli belli renouandi legionisque opprimendae consilium caperent : [3]primum quod legionem, neque eam plenissimam, detractis cohortibus duabus et compluribus singillatim, qui commeatus petendi causa missi erant, propter paucitatem despiciebant ; [4]tum etiam quod propter iniquitatem loci, cum ipsi ex montibus in uallem decurrerent et tela coicerent, ne primum quidem posse impetum suum sustineri existimabant. [5]Accedebat quod suos ab se liberos abstractos obsidum nomine dolebant et Romanos non solum itinerum causa, sed etiam perpetuae possessionis culmina Alpium occupare conari et ea loca finitimae prouinciae adiungere sibi persuasum habebant.

III. [1]His nuntiis acceptis Galba, cum neque opus hibernorum munitionesque plene essent perfectae neque de frumento reliquoque commeatu satis esset prouisum, quod deditione facta obsidibusque acceptis

6 ad hiemandum : *post* cohortibus *transposuit Hotman del. Davies* || his α : illis β.

II. **1** frumentumque α : et frumentum β || **3** legionem : unam *post* leg. *add. Iurinius* || eam β : tam α || erant α : erant absentibus β || **4** quod α : *om.* β || impetum suum posse β || sustineri AM β : -e BRSLN.

III. **1** opus α : tempus β || plene : plane *Müller.*

s'étant soumis et lui ayant donné des otages, qu'aucun acte d'hostilité n'était à craindre, s'empressa d'assembler un conseil[1] et recueillit les avis. Dans ce conseil, en face d'un si grand péril, et si inattendu, voyant presque toutes les hauteurs garnies d'une foule d'hommes en armes, ne pouvant espérer de secours ni de ravitaillement, puisque les chemins étaient coupés, désespérant presque déjà de leur salut, plusieurs formulaient l'avis d'abandonner les bagages et de chercher à échapper à la mort en faisant une sortie par les mêmes chemins qui les avaient conduits là. Cependant, le sentiment de la majorité fut qu'il fallait réserver ce parti comme un parti extrême et, en attendant, voir quelle tournure prendraient les choses et se tenir sur la défensive dans le camp.

IV. Peu après — on avait eu à peine le temps de mettre à exécution les mesures décidées —, les ennemis, de toutes parts, à un signal donné, descendent à la course et jettent contre le retranchement des pierres et des javelots[2]. Les nôtres, au début, ayant toute leur force, résistèrent avec courage, et, comme ils dominaient l'assaillant, tous leurs traits portaient; chaque fois qu'un point du camp, dégarni de défenseurs, paraissait menacé, on accourait à la rescousse ; mais ce qui faisait leur infériorité, c'est que, la lutte se prolongeant, les ennemis, s'ils étaient fatigués, quittaient le combat et étaient remplacés par des troupes fraîches ; les nôtres, en raison de leur petit nombre, ne pouvaient rien faire de semblable ; il était impossible, non seulement que le combattant épuisé se retirât de l'action, mais que le blessé même quittât son poste pour se ressaisir.

1. *Consilio celeriter conuocato.* Il est souvent question dans César du *consilium*, conseil de guerre : convoqué et présidé par le commandant de la légion, il était composé des six tribuns militaires de la légion et des six centurions de la première cohorte, *primorum ordinum centuriones* (cf. V, 28, 3).

2. *Lapides* : il s'agit de pierres lancées à la main, et non à l'aide d'une fronde. Cf. I, 46, 1 ; VII, 81, 2. — *Gaesa* : le mot *gaesum*, qui est d'origine celtique, désigne un javelot de fer, qui paraît avoir été d'abord propre aux peuples des Alpes (cf. Virg., *Aen.*, VIII, 661 : *alpina gaesa*), puis est devenu l'arme de tous les Gaulois et leur a été emprunté par les Germains.

nihil de bello timendum existimauerat, consilio celeriter conuocato sententias exquirere coepit. [2]Quo in consilio, cum tantum repentini periculi praeter opinionem accidisset ac iam omnia fere superiora loca multitudine armatorum conpleta conspicerentur neque subsidio ueniri neque commeatus supportari interclusis itineribus possent, [3]prope iam desperata salute non nullae huius modi sententiae dicebantur, ut impedimentis relictis eruptione facta isdem itineribus quibus eo peruenissent ad salutem contenderent. [4]Maiori tamen parti placuit hoc reseruato ad extremum consilio interim rei euentum experiri et castra defendere.

IV. [1]Breui spatio interiecto, uix ut iis rebus quas constituissent conlocandis atque administrandis tempus daretur, hostes ex omnibus partibus signo dato decurrere, lapides gaesaque in uallum coicere. [2]Nostri primo integris uiribus fortiter repugnare neque ullum frustra telum ex loco superiore mittere, ut quaeque pars castrorum nudata defensoribus premi uidebatur, eo occurrere et auxilium ferre, [3]sed hoc superari, quod diuturnitate pugnae hostes defessi proelio excedebant; alii integris uiribus succedebant; [4]quarum rerum a nostris propter paucitatem fieri nihil poterat, ac non modo defesso ex pugna excedendi, sed ne saucio quidem eius loci ubi constiterat relinquendi ac sui recipiendi facultas dabatur.

1 consilio α : conc- β || 2 consilio α: conc- β || 3 huius α : eius β || 4 reseruato α : seruato β || ad extremum : casum *post* extremum *add. Paul.*

IV. 1 iis B², U : his T*f*, *l*, *om.* α || conlocandis [con loquendis M] *codd.* : comparandis *Nitsche* conlocandis atque *del. Koch* || administrandis α *f* : ministrandis T, U*l* || lapides α : in pedes β || gaesaque β : caesaque α || 2 repugnare α : propugnare β || ut quaeque α : et quaecumque β || 3 defessi : si *post* defessi *add. Mommsen.*

V. Il y avait déjà plus de six heures que l'on combattait sans relâche ; les nôtres étaient à bout de forces, et les traits aussi leur manquaient ; l'ennemi redoublait ses coups et, notre résistance faiblissant, il entamait la palissade[1] et comblait les fossés ; la situation était extrêmement grave. C'est alors que P. Sextius Baculus, centurion primipile, qui avait été, comme on l'a vu, couvert de blessures lors du combat contre les Nerviens, et avec lui C. Volusénus, tribun militaire, homme plein de sens et de courage[2], viennent en courant trouver Galba et lui représentent qu'il n'y a qu'un espoir de salut : faire une sortie, tenter cette chance suprême. Il convoque donc les centurions et par eux fait rapidement savoir aux soldats qu'ils aient à suspendre quelques instants le combat, en se contentant de se protéger des traits qu'on leur enverrait, et à refaire leurs forces ; puis, au signal donné, ils feront irruption hors du camp, et n'attendront plus leur salut que de leur valeur.

VI. Ils exécutent les ordres reçus, et, sortant soudain par toutes les portes, ils surprennent l'ennemi qui ne peut ni se rendre compte de ce qui se passe ni se reformer. Ainsi le combat change de face, et ceux qui déjà se flattaient de prendre le camp sont enveloppés et massacrés : sur plus de trente mille hommes qu'on savait s'être portés à l'attaque, plus du tiers est tué, les autres, effrayés, sont mis en fuite, et on ne les laisse même pas s'arrêter sur les hauteurs. Ayant ainsi mis en déroute et désarmé[3] les forces ennemies, nos soldats rentrent dans leur camp, à l'abri de leurs retranchements. Après ce combat, ne voulant pas tenter de nouveau la fortune, considérant d'ailleurs que ce n'était pas pour cela qu'il était venu prendre ses

1. Le mot *uallum* désigne proprement la palissade, formée de pieux (*ualli*), qu'on disposait sur le remblai (*agger*). C'est le sens qu'il a ici. Mais souvent il sert à désigner, par extension, l'ensemble du retranchement, y compris l'*agger*.

2. Sur P. Sextius Baculus, voir plus haut, p. 65, n. 1. C. Volusénus reparaît IV, 21, 1, et VI, 41, 2.

3. *Hostem armis exuere*, c'est forcer l'ennemi à jeter ses armes pour chercher son salut dans la fuite (cf. V, 51, 5 et IV, 37,4).

V. [1]Cum iam amplius horis sex continenter pugnaretur ac non solum uires, sed etiam tela nostros deficerent atque hostes acrius instarent languidioribusque nostris uallum scindere et fossas complere coepissent, resque esset iam ad extremum perducta casum, [2]P. Sextius Baculus, primi pili centurio, quem Neruico proelio compluribus confectum uulneribus diximus, et item C. Volusenus, tribunus militum, uir et consilii magni et uirtutis, ad Galbam adcurrunt atque unam esse spem salutis docent, si eruptione facta extremum auxilium experirentur. [3]Itaque conuocatis centurionibus celeriter milites certiores facit, paulisper intermitterent proelium ac tantummodo tela missa exciperent seque ex labore reficerent, post dato signo ex castris erumperent atque omnem spem salutis in uirtute ponerent.

VI. [1]Quod iussi sunt faciunt, ac subito omnibus portis eruptione facta neque cognoscendi quid fieret neque sui colligendi hostibus facultatem relinquunt. [2]Ita commutata fortuna eos qui in spem potiundorum castrorum uenerant undique circumuentos interficiunt et ex hominum milibus amplius XXX, quem numerum barbarorum ad castra uenisse constabat, plus tertia parte interfecta reliquos perterritos in fugam coniciunt ac ne in locis quidem superioribus consistere patiuntur. [3]Sic omnibus hostium copiis fusis armisque exutis se in castra munitiones que suas recipiunt. [4]Quo proelio facto, quod saepius fortunam temptare Galba nolebat atque alio se in hiberna

V. 1 sex horis β || nostros *Heinsius* : -is *codd.* || 2 adcurrunt α : occ- β || esse α : *om.* β || 3 reficerent α *Ul* : recip- T*f* || signo dato LN || ex α : e β.

VI. 2 ita α : itaque β || potiundorum α *f* : potiend- β || interficiunt : intercipiunt *Lange* || 3 in castra munitionesque α : intra munitiones β || 4 se α : sese β.

quartiers d'hiver et qu'il se trouvait en face de circonstances imprévues, mais surtout fort ému à la pensée de manquer de vivres, Galba fit incendier dès le lendemain toutes les maisons du bourg et reprit la route de la province ; sans qu'aucun ennemi arrêtât ou retardât sa marche, il conduisit sa légion sans pertes chez les Nantuates, et de là chez les Allobroges, où il hiverna.[1]

Soulèvement des Vénètes. VII. Après ces événements, César avait tout lieu de penser que la Gaule était pacifiée : les Belges avaient été battus, les Germains chassés, les Sédunes vaincus dans les Alpes ; il était, dans ces conditions, parti après le commencement de l'hiver pour l'Illyricum, dont il voulait aussi visiter les peuples et connaître le territoire : soudain, la guerre éclata en Gaule. La cause en fut la suivante. Le jeune P. Crassus[2], avec la 7e légion, avait établi ses quartiers d'hiver chez les Andes : c'était lui qui était le plus près de l'Océan. Le blé manquant dans cette région[3], il envoya un bon nombre de préfets et de tribuns militaires chez les peuples voisins pour y chercher du blé : entre autres, T. Terrasidius fut envoyé chez les Esuvii[4], M. Trébius Gallus chez les Coriosolites[5], Q. Vélanius avec T. Sillius chez les Vénètes.

VIII. Ce peuple est de beaucoup le plus puissant de toute cette côte maritime : c'est lui qui possède le plus grand nombre de navires, flotte qui fait le trafic avec la

1. C'est un échec. César essaie de l'atténuer, mais il le fait un peu lourdement, en insistant trop (cf., au début du chapitre suivant, *uictis in Alpibus Sedunis*). Il est plus habile quand il rattache l'affaire de la 12e légion au compte-rendu de l'année 56, bien qu'elle appartienne à l'année précédente (octobre 57 : cf. Dion, XXXIX, 5, 2, ἤ τε ὡραία), et que par conséquent sa place naturelle ait été à la fin du livre II ; mais César a préféré que ce livre s'achevât par un bulletin de victoire.

2. C'était le fils du triumvir. En 58 (cf. I, 52, 7), il commandait la cavalerie ; il est maintenant à la tête d'une légion. Avait-il le titre de légat ? C'est possible ; mais César ne le lui donne pas.

3. Dans l'Anjou. La région est riche en céréales. Sans doute la récolte avait-elle été mauvaise cette année-là ; à moins qu'au temps de César le blé y fût peu cultivé.

4. Les Esuvii habitaient vraisemblablement la haute vallée de l'Orne.

5. Les Coriosolites étaient établis autour de la baie de Saint-Brieuc.

consilio uenisse meminerat, aliis occurrisse rebus uide*bat*, maxime frumenti commeatusque inopia permotus postero die omnibus eius uici aedificiis incensis in prouinciam reuerti contendit [5]ac nullo hoste prohibente aut iter demorante incolumem legionem in *N*antuatis, inde in Allobroges perduxit ibique hiemauit.

VII. [1]His rebus gestis cum omnibus de causis Caesar pacatam Galliam existimaret, superatis Belgis, expulsis Germanis, uictis in Alpibus Sedunis, atque ita inita hieme in Illyricum profectus esset, quod eas quoque nationes adire et regiones cognoscere uolebat, subitum bellum in Gallia coortum est. [2]Eius belli haec fuit causa. P. Crassus adulescens cum legione septima proximus mare Oceanum in Andibus hiemarat. [3]Is, quod in his locis inopia frumenti erat, praefectos tribunosque militum conplures in finitimas ciuitates frumenti commeatusque petendi causa dimisit ; [4]quo in numero est T. Terrasidius missus in Esu*u*ios, M. Trebius Gallus in Coriosolitas, Q. Velanius cum T. Sillio in Venetos.

VIII. [1]Huius est ciuitatis longe amplissima auctoritas omnis orae maritimae regionum earum, quod et naues habent Veneti plurimas, quibus in Britan-

4 aliis α T*f* : aliis se U*l* || uidebat *Faernus* : -erat *codd.* || commeatusque α : commeatus β *del. Mommsen* || **5** nantuatis *edd.* : antuatis [antuantis T¹] *codd.*

VII. **1** superatis... sedunis : *del. Meusel* || ita α : *om.* β || inita : *del. Klotz* || in BRSLN : *om.* AM β || illyricum BRS : illir- AM, LN β || **2** mare oceanum AM, BRS : mari oceano LN mare oceanum qui β oceano *Ciacconius* || hiemarat AM² β : hiemerat M¹, B¹ R¹ hiemauerat SLNB² R² hiemabat *Aldus* || **3** commeatusque petendi β : *om.* α || **4** esuuios *edd.* : esubios α unellos sesuuios β || coriosolitas β : cur-α || sillio : silio *Vascosan.*

VIII. **1** plurimas ueneti LN.

Bretagne ; il est supérieur aux autres par sa science et son expérience de la navigation ; enfin, comme la mer est violente et bat librement une côte où il n'y a que quelques ports, dont ils sont les maîtres, presque tous ceux qui naviguent habituellement dans ces eaux sont leurs tributaires[1]. Les premiers, ils retiennent Sillius et Vélanius, pensant se servir d'eux pour recouvrer les otages qu'ils avaient donnés à Crassus.

Leur exemple entraîne les peuples voisins — car les décisions des Gaulois sont soudaines et impulsives — et, obéissant au même mobile, ils retiennent Trébius et Terrasidius ; on envoie promptement des ambassades, les chefs se concertent, on jure de ne rien faire que d'un commun accord et de courir tous la même chance ; ils pressent les autres cités de garder l'indépendance que les ancêtres leur ont transmise plutôt que de subir le joug des Romains. Toute la côte est promptement gagnée à leur avis, et une ambassade commune est envoyée à P. Crassus pour l'inviter à rendre les otages s'il veut qu'on lui rende les officiers.

César construit une flotte. Coalition des peuples de l'Océan.

IX. César, mis au courant par Crassus, ordonne qu'en l'attendant — car il était loin[2] — on construise des navires de guerre sur la Loire, fleuve qui se jette dans l'Océan, qu'on lève des rameurs dans la province et qu'on se procure des matelots et des pilotes. On y pourvoit avec promptitude, et lui-même, dès que la saison le lui permit, se rend à l'armée. Les Vénètes, ainsi que les autres peuples, quand ils apprennent l'arrivée de César, comme

1. Le Morbihan, pays des Vénètes, était particulièrement favorable au développement d'une puissance maritime dans l'antiquité. La crainte de voir les Romains concurrencer leur trafic avec la Bretagne a dû être pour beaucoup dans l'insurrection des Vénètes.

2. César était soit encore à Ravenne (cf. Cic., *Ad fam.*, I, 9, 9), soit déjà à Lucques, où eut lieu en avril 56 la fameuse conférence entre César, Pompée et Crassus pour le partage du pouvoir. D'après la phrase suivante (*cum primum per anni tempus potuit*), il dut quitter Lucques, pour se rendre en Gaule, dès après la conférence, fin avril ou début de mai.

niam nauigare consuerunt, et scientia atque usu nauticarum rerum reliquos antecedunt et in magno impetu maris atque aperto paucis portibus interiectis, quos tenent ipsi, omnes fere qui eo mari uti consuerunt habent uectigales. [2]Ab his fit initium retinendi Sillii atque Velanii, quod per eos suos se obsides, quos Crasso dedissent, reciperaturos existimabant. [3]Horum auctoritate finitimi adducti, ut sunt Gallorum subita et repentina consilia, eadem de causa Trebium Terrasidiumque retinent, [4] et celeriter missis legatis per suos principes inter se coniurant nihil nisi communi consilio acturos eundemque omnis fortunae exitum esse laturos, reliquasque ciuitates sollicitant ut in ea libertate quam a maioribus acceperint permanere quam Romanorum seruitutem perferre malint. [5]Omni ora maritima celeriter ad suam sententiam perducta communem legationem ad P. Crassum mittunt, si uelit suos recipere, obsides sibi remittat.

IX. [1]Quibus de rebus Caesar ab Crasso certior factus, quod ipse aberat longius, naues interim longas aedificari in flumine Ligere, quod influit in Oceanum, remiges ex prouincia institui, nautas gubernatoresque comparari iubet. [2]His rebus celeriter administratis ipse, cum primum per anni tempus potuit, ad exercitum contendit. [3]Veneti reliquaeque item ciuitates cognito Caesaris aduentu [certiores facti],

1 nauticarum rerum *ed. pr.* : r.n. β nauticarum α || reliquos α : caeteros β || atque aperto : atque aperto oceano *Klotz* uasti atque aperti *Zucker* litore aperto *Mommsen* || eo α : eodem β || **2** fit : fuit LN || uelanii AM, β : uellanii BRSLN || et si quos intercipere potuerunt *post* uelanii *habet* β || reciperaturos α : recup- β || **4** acceperint β : -rant α || malint β : mallent α || recipere α : reccuperare β || sibi α : *om.* β

IX. **1** ab α : a β || ligere α : -ri [-ris T] β || influit in α : influit β || institui α : -it β || cognito : de subito *Oudendorp* || certiores facti : de navium aedificatione *ante* certiores *suppl. Klotz* perterrefacti *Paul del. ed. Florent. 1508.*

d'ailleurs ils se rendaient compte de la gravité de leur crime, — n'avaient-ils pas retenu et chargé de fers des ambassadeurs, titre que toutes les nations ont toujours regardé comme sacré et inviolable ? — font des préparatifs de guerre proportionnés à un si grand péril, et pourvoient principalement à l'équipement de leurs navires ; leurs espoirs étaient d'autant plus forts que la nature du pays leur inspirait beaucoup de confiance. Ils savaient que les chemins de terre étaient coupés à marée haute par des baies, que l'ignorance des lieux et le petit nombre des ports nous rendaient la navigation difficile, et ils pensaient que nos armées, à cause du manque de blé, ne pourraient pas demeurer longtemps chez eux ; à supposer d'ailleurs que tout trompât leur attente, ils n'ignoraient pas la supériorité de leur marine, ils se rendaient compte que les Romains manquaient de vaisseaux, que dans le pays où ils devaient faire la guerre rades, ports, îles leur étaient inconnus, enfin que c'était tout autre chose de naviguer sur une mer fermée ou sur l'Océan immense et sans limites. Leurs résolutions prises, ils fortifient les villes, y entassent les moissons[1], assemblent en Vénétie, où chacun pensait que César ouvrirait les hostilités, une flotte aussi nombreuse que possible. Ils s'assurent pour cette guerre l'alliance des Osismes, des Lexovii, des Namnètes, des Ambiliates, des Morins, des Diablintes, des Ménapes[2] ; ils demandent du secours à la Bretagne, qui est située en face de ces contrées.

1. *Frumenta*. Le singulier *frumentum* désigne le grain, prêt à être moulu ; le pluriel *frumenta* désigne le blé en épi, avec sa tige (cf. I, 16, 2 ; 40, 11). Son emploi ici indique que les Vénètes ne prirent pas le temps de battre le blé.

2. César ne suit pas, dans cette énumération, l'ordre géographique ; il ne semble pas non plus que ce soit celui de la puissance relative de ces peuples. Les Osismes habitaient le Finistère, les Lexovii le pays de Lisieux, au sud de l'embouchure de la Seine, les Namnètes la région de Nantes. Les Ambiliates, qui ne sont nommés que dans ce passage, et par une seule classe de manuscrits, se confondent peut-être avec les Ambibarii nommés VII, 75, 4 : leur nom indique qu'ils étaient établis de part et d'autre d'une rivière. Les Diablintes étaient une des trois fractions du peuple Aulerque, établi en Normandie. Sur les Morins et les Ménapes, voir plus haut, p. 51, n. 2.

simul quod quantum in se facinus admisissent intellegebant, legatos, quod nomen ad omnes nationes sanctum inuiolatumque semper fuisset, retentos ab se et in uincula coniectos, pro magnitudine periculi bellum parare et maxime ea quae ad usum nauium pertinent prouidere instituunt, hoc maiore spe, quod multum natura loci confidebant. [4]Pedestria esse itinera concisa aestuariis, nauigationem impeditam propter inscientiam locorum paucitatemque portuum sciebant, [5]neque nostros exercitus propter frumenti inopiam diutius apud se morari posse confidebant : [6]ac iam ut omnia contra opinionem acciderent, tamen se plurimum nauibus posse,[quam] Romanos neque ullam facultatem habere nauium neque eorum locorum ubi bellum gesturi essent uada, portus, insulas nouisse ; [7]ac longe aliam esse nauigationem in concluso mari atque in uastissimo atque apertissimo Oceano perspiciebant. [8]His initis consiliis oppida muniunt, frumenta ex agris in oppida conportant, [9]naues in Venetiam, ubi Caesarem primum bellum gesturum constabat, quam plurimas possunt cogunt. [10]Socios sibi ad id bellum Osismos, Lexouios, Namnetes, Ambiliatos, Morinos, Diablintes, Menapios adsciscunt ; auxilia ex Britannia, quae contra eas regiones posita est, arcessunt.

3 legatos...coniectos : *del. Mommsen* || ad α : apud β || uincula A, T*f*. *l*[1]: uincla M, BRSLN, U*l*[2] || **5** inopiam frumenti β || **6** acciderent M, T[2] : -erant A, BRSLN accederent β || quam *del. ed. pr.* || nouisse α : nosse β || 7 mari α U*l* : uastissimo mari T*f* || uastissimo atque apertissimo BRSN : uastissimo A M, L[1] apertissimo L[m] β *del. Mommsen* || perspiciebant α : respic- β || **9** primum caesarem U || bellum β : esse bellum AM, BRS bellum esse LN || **10** osismos AMβ : ossismos BRSLN || lexouios β Oros., VI, 8,8 : lexobios α || ambiliatos α : ambianos β ambiuaritos Oros., *l. c.* || diablintes *f*, U*l*, Oros. : diablindes T diablintres α || auxilia... arcessunt α : *om.* β *legit* Orosivs.

César répartit ses troupes dans la Gaule.

X. On vient de voir quelles étaient les difficultés de cette guerre ; et cependant plusieurs raisons poussaient César à l'entreprendre : des chevaliers romains retenus au mépris du droit, une révolte après soumission, la trahison quand on avait livré des otages, tant de cités coalisées, et surtout la crainte que s'il négligeait de punir ces peuples les autres se crussent autorisés à agir comme eux. Aussi, sachant que les Gaulois en général aiment le changement et sont prompts à partir en guerre, que d'ailleurs tous les hommes ont naturellement au cœur l'amour de la liberté et la haine de la servitude, il pensa qu'il lui fallait, avant que la coalition se fît plus nombreuse, diviser son armée et la répartir sur une plus vaste étendue.

XI. En conséquence, il envoie son légat T. Labiénus avec de la cavalerie chez les Trévires, peuple voisin du Rhin [1]. Il lui donne mission d'entrer en contact avec les Rèmes et les autres Belges et de les maintenir dans le devoir, de barrer la route aux Germains, que, disait-on, les Belges avaient appelés à leur aide, s'ils essaient de forcer avec leurs bateaux le passage du fleuve. P. Crassus reçoit l'ordre de partir pour l'Aquitaine avec douze cohortes légionnaires et une importante cavalerie, afin d'empêcher que les peuples de ce pays n'envoient des secours aux Gaulois et que deux si grandes nations ne s'unissent. Le légat Q. Titurius Sabinus est envoyé avec trois légions chez les Unelles, les Coriosolites et les Lexovii [2], avec charge de tenir leurs troupes en respect. Il donne au jeune D. Brutus [3] le commandement de la flotte et des vaisseaux gaulois qu'il avait fait fournir par les Pictons et les

1. Sur les Trévires, voir plus haut, p. 29, n. 2. Les Rèmes étaient leurs voisins à l'ouest.

2. Les *Vnelli*, que certains érudits écrivent, sans raison suffisante, *Venelli*, étaient établis dans la presqu'île du Cotentin. Sur les Coriosolites, voir plus haut, p. 78, n. 5 ; sur les Lexovii, p. 80, n. 2.

3. D. Junius Brutus, que l'on retrouve pendant la campagne de 52

X. [1]Erant hae difficultates belli gerendi quas supra ostendimus, sed multa Caesarem tamen ad id bellum incitabant : [2]iniuriae retentorum equitum romanorum, rebellio facta post deditionem, defectio datis obsidibus, tot ciuitatum coniuratio, in primis ne hac parte neglecta reliquae nationes sibi idem licere arbitrarentur. [3]Itaque cum intellegeret omnes fere Gallos nouis rebus studere et ad bellum mobiliter celeriterque excitari, omnes autem homines natura libertati studere et condicionem seruitutis odisse, prius quam plures ciuitates conspirarent partiendum sibi ac latius distribuendum exercitum putauit.

XI. [1]Itaque T. Labienum legatum in Treueros, qui proximi flumini Rheno sunt, cum equitatu mittit. [2]Huic mandat, Remos reliquosque Belgas adeat atque in officio contineat Germanosque, qui auxilio a Belgis arcessiti dicebantur, si per uim nauibus flumen transire conentur, prohibeat. [3]P. Crassum cum cohortibus legionariis XII et magno numero equitatus in Aquitaniam proficisci iubet, ne ex his nationibus auxilia in Galliam mittantur ac tantae nationes coniungantur. [4]Q. Titurium Sabinum legatum cum legionibus tribus in Vnellos, Coriosolitas Lexouiosque mittit, qui eam manum distinendam curet. [5]D. Brutum adulescentem classi Gallicisque nauibus quas ex Pictonibus et Santonis reliquisque

X. **1** hae : heae BRS eae *Frigell* || multa tamen caesarem LN tamen multa caesarem β || **2** iniuriae α : -a β || ciuitatum α : ciuium β || idem sibi LN || **3** libertati studere α : libertatis studiose incitari β libertatis studio incitari *Lange*.

XI. **1** treueros α U : treuiros R^2, T*f*, *l* || flumini Rheno AM, BRS : Rheno flumini LN Rheno β || **2** a U*l* : ab α *om.* T*f* || belgis α : gallis β || **3** p(ublium) α : *om.* β || ex his α *l* : ex eis U^1 ex iis U^2 exiguis T^1 ex *f* || **4** unellos *codd.* : uen- l^1 || coriosolitas β : -es α || lexouiosque β: lexob. α || **5** pictonibus A^2, B^2, T^2 : pect- *codd.*

Santons[1] et par les autres régions pacifiées, avec l'ordre de partir le plus tôt possible chez les Vénètes. Lui-même se dirige de ce côté avec l'infanterie.

Difficultés de la guerre contre les Vénètes.

XII. Les villes de la région étaient en général placées à l'extrémité de langues de terre et de promontoires, en sorte qu'on n'y pouvait accéder à pied, quand la mer était haute — ce qui se produit régulièrement toutes les douze heures — et qu'elles n'étaient pas plus accessibles aux navires, car, à marée basse, ils se seraient échoués sur les bas-fonds. C'était là un double obstacle aux sièges. Et si jamais, grâce à d'énormes travaux, en contenant la mer par des terrassements et des digues et en élevant ces ouvrages à la hauteur des remparts, on amenait les assiégés à se croire perdus, ils poussaient au rivage une nombreuse flotte — ils avaient des navires en abondance —, y transportaient tous leurs biens et se retiraient dans les villes voisines : là, ils retrouvaient les mêmes moyens naturels de défense. Cette manœuvre se renouvela une grande partie de l'été, d'autant plus aisément que nos vaisseaux étaient retenus par le mauvais temps et que sur cette mer vaste et ouverte, sujette à de hautes marées, où il y avait peu ou point de ports, la navigation était extrêmement difficile.

Leurs navires. Leur tactique.

XIII. Les ennemis, eux, avaient des vaisseaux qui étaient construits et armés de la manière suivante. Leur carène était notablement plus plate que celle des nôtres, afin qu'ils eussent moins à craindre les bas-fonds et le reflux ; leurs proues étaient très relevées, et les poupes de même, appropriées à la hauteur des vagues et à la violence des tempêtes ; le navire entier était en bois de chêne, pour résister à tous les

(VII, 9, 2; 87, 1), commandait la flotte de César lors du siège de Marseille, en 49, et remporta en cette qualité une victoire navale ; César lui donna le gouvernement de la Gaule transalpine en 48, et le désigna parmi ses héritiers ; il n'en prit pas moins part à la conjuration des ides de mars.

1. Les Pictons peuplaient le Poitou, et les Santons la Saintonge.

pacatis regionibus conuenire iusserat praeficit et, cum primum possit, in Venetos proficisci iubet. Ipse eo pedestribus copiis contendit.

XII. [1]Erant eius modi fere situs oppidorum, ut posita in extremis lingulis promunturiisque neque pedibus aditum haberent, cum ex alto se aestus incitauisset, quod [bis] accidit semper horarum XII spatio, neque nauibus, quod rursus minuente aestu naues in uadis adflictarentur. [2]Ita utraque re oppidorum oppugnatio impediebatur ; [3]ac si quando magnitudine operis forte superati, extruso mari aggere ac molibus atque his oppidi moenibus adaequatis, suis fortunis desperare coeperant, magno numero nauium adpulso, cuius rei summam facultatem habebant, sua deportabant omnia seque in proxima oppida recipiebant : [4]ibi se rursus isdem oportunitatibus loci defendebant. [5]Haec eo facilius magnam partem aestatis faciebant, quod nostrae naues tempestatibus detinebantur summaque erat uasto atque aperto mari, magnis aestibus, raris ac prope nullis portibus, difficultas nauigandi.

XIII. [1]Namque ipsorum naues ad hunc modum factae armataeque erant : carinae aliquanto planiores quam nostrarum nauium, quo facilius uada ac decessum aestus excipere possent ; [2]prorae admodum erectae atque item puppes, ad magnitudinem fluctuum tempestatumque accommodatae ; [3]naues totae factae ex robore ad quamuis uim et contume-

5 praeficit α : -ecit β ‖ possit *ed. pr.* : -et *codd.* ‖ eo : eodem *Meusel.*

XII. **1** bis (αT*f* [his] *l* iis U]) *del. Iurinius* : bis die *Herzog* ‖ accidit β : accedit α accidit die *Gertz* ‖ XII : XXIIII *Iurinius, stante* bis ‖ **3** his α : isdem β ‖ desperare fortunis suis β ‖ omnia sua deportabant β sua omnia dep- *Meusel* ‖ **4** loci oportunitatibus β ‖ **5** magnis AM β : -i B[1] -o RSLNB[2].

chocs et à tous les outrages; les traverses avaient un pied d'épaisseur, et étaient assujetties par des chevilles de fer de la grosseur d'un pouce ; les ancres étaient retenues non par des cordes, mais par des chaînes de fer ; en guise de voiles, des peaux, des cuirs minces et souples, soit parce que le lin faisait défaut et qu'on ne savait pas l'employer, soit, ce qui est plus vraisemblable, parce qu'on pensait que des voiles résisteraient mal aux tempêtes de l'Océan et à ses vents impétueux, et seraient peu capables de faire naviguer des bateaux si lourds. Quand notre flotte se rencontrait avec de pareils vaisseaux, elle n'avait d'autre avantage que sa rapidité et l'élan des rames, tout le reste était en faveur des navires ennemis, mieux adaptés à la nature de cette mer et à ses tempêtes. En effet, nos éperons ne pouvaient rien contre eux, tant ils étaient solides ; la hauteur de leur bord faisait que les traits n'y atteignaient pas aisément, et qu'il était difficile de les harponner. Ajoutez à cela qu'en filant sous le vent, lorsque celui-ci devenait violent, il leur était plus facile de supporter les tempêtes, qu'ils pouvaient mouiller sur des fonds bas sans craindre autant d'être mis à sec, enfin que, si le reflux les laissait, ils n'avaient rien à craindre des rochers et des écueils ; toutes choses qui constituaient pour nos vaisseaux un redoutable danger.[1]

Victoire navale de Brutus.

XIV. Après s'être emparé de plusieurs places, César, voyant qu'il se donnait une peine inutile, que de prendre à l'ennemi ses villes, cela ne l'empêchait point de se dérober, et qu'il restait invulnérable, décida d'attendre sa flotte. Quand elle arriva, à

1. La fin du chapitre (comparaison des vaisseaux romains et des vaisseaux vénètes) contient plus d'un trait que l'on retrouve dans le récit du chapitre suivant. Mais il n'y a pas lieu de considérer pour cela le passage comme une interpolation fabriquée à l'aide du chapitre XIV (Meusel, à la suite de Hecker). César insiste sur les différences des deux flottes pour mieux rendre sensibles les difficultés qu'il a eu à vaincre. Il avait d'ailleurs lieu d'être fier d'avoir conduit si rapidement et avec un tel succès une guerre d'un caractère entièrement nouveau pour les Romains.

liam perferendam ; [4]transtra ex pedalibus in altitudinem trabibus confixa clauis ferreis digiti pollicis crassitudine ; [5]ancorae pro funibus ferreis catenis reuinctae ; [6]pelles pro uelis alutaeque tenuiter confectae, siue propter lini inopiam atque eius usus inscientiam, siue eo, quod est magis ueri simile, quod tantas tempestates Oceani tantosque impetus uentorum sustineri ac tanta onera nauium regi uelis non satis commode posse arbitrabantur. [7]Cum his nauibus nostrae classi eius modi congressus erat, ut una celeritate et pulsu remorum praestaret, reliqua pro loci natura, pro ui tempestatum illis essent aptiora et accommodatiora. [8]Neque enim his nostrae rostro nocere poterant (tanta in *i*is erat firmitudo), neque propter altitudinem facile telum adigebatur, et eadem de causa minus commode copulis continebantur. [9]Accedebat ut, cum saeuire uentus coepisset *et* se uento dedissent, tempestatem ferrent facilius et in uadis consisterent tutius et ab aestu relictae nihil saxa et cotes timerent ; quarum rerum omnium nostris nauibus casus erat extimescendus.

XIV. [1]Compluribus expugnatis oppidis Caesar, . intellexit frustra tantum laborem sumi neque hostium fugam captis oppidis reprimi neque iis noceri posse, statuit exspectandam classem. [2]Quae

XIII. **4** ex β : *om.* α || **6** uelis alutaeque β : ueli saluteque α || inopiam lini β || inscientiam α : -a β || eo α : *om.* β || sustineri β : -e α || posse α : *om.* β || **7-9** cum his... extimescendus : *del. Hecker* || **7** pulsu remorum α : p. r. incitatione β || **8** his α *f,l* : hiis T iis U || iis *Oudendorp* : his *codd.* || adigebatur U*l* : adieb- T[1] adicieb- α *f*T[2] || copulis *Hotman* : scopulis *codd.* || **9** saeuire A : se saeuire M, BRSLN [*cf. R. E. A.*, 1925, *p.* 283] || saeuire uentus coepisset α : *om.* β || et se T[3] : se β *om.* α || tempestatem β : et temp- α || relictae β : reirelictae α reiectae *Heinsius* || cotes β : cautes α || erat α T[1] : erant β || extimescendus α : -endi β.

XIV. **1** iis AM, BRS : his LN β || noceri : -e S[1] LN.

peine l'ennemi l'eut-il aperçue qu'environ 220 navires tout prêts et équipés de façon parfaite sortirent d'un port et vinrent se ranger en face des nôtres[1]. Brutus, qui commandait la flotte, les tribuns militaires et les centurions, qui avaient chacun un vaisseau, étaient perplexes sur la conduite à tenir, sur la méthode de combat à adopter. Ils se rendaient compte[2], en effet, que l'éperon était inefficace ; et si l'on élevait des tours, les vaisseaux ennemis les dominaient encore grâce à la hauteur de leurs poupes, en sorte que nos traits, lancés d'en bas, portaient mal, et ceux des Gaulois tombaient au contraire avec plus de force. Un seul engin préparé par nous fut très utile : des faux très tranchantes emmanchées de longues perches, assez semblables aux faux de siège. Une fois qu'à l'aide de ces engins on avait accroché et tiré à soi les cordes qui attachaient les vergues au mât, on les coupait en faisant force de rames. Alors les vergues tombaient forcément, et les vaisseaux gaulois, qui ne pouvaient compter que sur les voiles et les agrès, s'en trouvant privés, étaient du même coup réduits à l'impuissance. Le reste du combat n'était plus qu'affaire de courage, et en cela nos soldats avaient aisément le dessus, d'autant plus que la bataille se déroulait sous les yeux de César et de l'armée tout entière, si bien qu'aucune action de quelque valeur ne pouvait rester inconnue : l'armée occupait, en effet, toutes les collines et toutes les hauteurs d'où l'on voyait de près la mer.

XV. Une fois ses vergues abattues de la manière que nous avons dite, chaque navire était entouré de deux et parfois trois des nôtres, et nos soldats montaient de vive force

1. La flotte romaine venait de l'embouchure de la Loire. Pour le port de la flotte vénète, on peut hésiter entre la rivière d'Auray (Napoléon) et Port-Navalo (Jullian). L'opinion la plus répandue place la bataille navale dans les parages de Saint-Gildas.

2. *Cognouerant.* On a voulu conclure de ce mot qu'il y avait eu, avant la grande bataille, des rencontres partielles. Mais César dit formellement, 12,5, qu'en raison du mauvais temps ses vaisseaux n'avaient pu sortir pendant la plus grande partie de l'été.

ubi conuenit ac primum ab hostibus uisa est, circiter CCXX naues eorum paratissimae atque omni genere armorum ornatissimae profectae ex portu nostris aduersae constiterunt ; [3]neque satis Bruto, qui classi praeerat, uel tribunis militum centurionibusque, quibus singulae naues erant attributae, constabat quid agerent aut quam rationem pugnae insisterent. [4]Rostro enim noceri non posse cognouerant : turribus autem excitatis tamen has altitudo puppium ex barbaris nauibus superabat, ut neque ex inferiore loco satis commode tela adigi possent et missa ab Gallis grauius acciderent. [5]Vna erat magno usui res praeparata a nostris, falces praeacutae insertae adfixaeque longuriis, non absimili forma muralium falcium. [6]His cum funes, qui antemnas ad malos destinabant, conprehensi adductique erant, nauigio remis incitato praerumpebantur. [7]Quibus abscisis antemnae necessario concidebant, ut, cum omnis Gallicis nauibus spes in uelis armamentisque consisteret, his ereptis omnis usus nauium uno tempore eriperetur. [8]Reliquum erat certamen positum in uirtute, qua nostri milites facile superabant, atque eo magis quod in conspectu Caesaris atque omnis exercitus res gerebatur, ut nullum paulo fortius factum latere posset ; [9]omnes enim colles ac loca superiora, unde erat propinquus despectus in mare, ab exercitu tenebantur.

XV. [1]Disiectis, ut diximus, antemnis, cum singulas binae ac ternae naues circumsteterant, milites

2 CC XX β : ducentas XX α ‖ e portu profectae β ‖ **3** quam rationem : qua ratione LN ‖ **4** inferiore α : super- β ‖ satis commode α : *om.* β ‖ adigi *Madvig* : adici *codd.* ‖ ab α : a β ‖ **5** longuriis *ed. pr.* : -uris *codd.* ‖ **6** destinabant M^2, T, destinabant M^1, *f*, l^1 distinebant A, B^1 RSLN, Ul^2 detinebant B^2 ‖ praerumpebantur α : pro- β ‖ **7** abscisis α : praecisis β.

XV. **1** disiectis : deiectis T^1 ‖ circumsteterant α : -sisterent β.

à l'abordage. Quand les barbares virent ce qui se passait, comme déjà un grand nombre de leurs vaisseaux avaient été pris, et qu'ils ne trouvaient rien à opposer à cette tactique, ils cherchèrent leur salut dans la fuite. Déjà leurs navires prenaient le vent, quand soudain il tomba, et ce fut une telle bonace que les vaisseaux ne pouvaient bouger. Cette circonstance nous fut des plus favorables pour complèter notre victoire : car nous attaquâmes et prîmes les navires l'un après l'autre, et le nombre fut infime de ceux qui purent, grâce à la nuit, gagner le rivage, après un combat qui avait duré depuis la quatrième heure du jour environ jusqu'au coucher du soleil[1].

Soumission des Vénètes. XVI. Cette bataille mit fin à la guerre des Vénètes et de tous les peuples de cette côte. Car, outre que tous les hommes jeunes étaient venus là, et même tous ceux qui, déjà âgés, étaient de bon conseil ou occupaient un certain rang, ils avaient rassemblé sur ce seul point tout ce qu'ils avaient de vaisseaux ; après les pertes de cette bataille, ceux qui restaient ne savaient où se réfugier ni comment défendre leurs villes. Aussi se rendirent-ils à César corps et biens. Celui-ci résolut de les châtier sévèrement pour qu'à l'avenir les barbares fussent plus attentifs à respecter le droit des ambassadeurs. En conséquence, il fit mettre à mort tous les sénateurs et vendit le reste à l'encan[2].

Victoire de Sabinus sur les Unelles. XVII. Tandis que ces événements se déroulaient chez les Vénètes, Q. Titurius Sabinus arriva, avec les troupes que César lui avait confiées, chez les Unelles. Ceux-ci avaient à leur tête Viridovix ;

1. D'après Dion, XXXIX, 40-43, les choses se seraient passées autrement : Brutus fut attaqué par les Vénètes alors qu'il était au mouillage, et un moment, décontenancé, il songea à l'échouage ; la bonace arrêta l'ennemi non dans sa fuite, mais dans sa manœuvre d'attaque ; c'est alors que Brutus prit l'offensive. Le récit de Dion, sans doute emprunté à Tite-Live, est d'ailleurs beaucoup plus circonstancié que celui de César.

2. Cf. *Introduction*, p. XVI.

summa ui transcendere in hostium naues contendebant. [2]Quod postquam barbari fieri animaduerterunt, expugnatis conpluribus nauibus, cum ei rei nullum reperiretur auxilium, fuga salutem petere contenderunt. [3]Ac iam conuersis in eam partem nauibus quo uentus ferebat tanta subito malacia ac tranquillitas exstitit, ut se ex loco mouere non possent. [4]Quae quidem res ad negotium conficiendum maxime fuit oportuna : [5]nam singulas nostri consectati expugnauerunt, ut perpaucae ex omni numero noctis interuentu ad terram peruenerint, cum ab hora fere quarta usque ad solis occasum pugnaretur.

XVI. [1]Quo proelio bellum Venetorum totiusque orae maritimae confectum est. [2]Nam cum omnis iuuentus, omnes etiam grauioris aetatis, in quibus aliquid consilii aut dignitatis fuit, eo conuenerant, tum nauium quod ubique fuerat in unum locum coegerant ; [3]quibus amissis reliqui neque quo se reciperent neque quem ad modum oppida defenderent habebant. Itaque se suaque omnia Caesari dediderunt. [4]In quos eo grauius Caesar uindicandum statuit, quo diligentius in reliquum tempus a barbaris ius legatorum conseruaretur. Itaque omni senatu necato reliquos sub corona uendidit.

XVII. [1]Dum haec in Venetis geruntur, Q. Titurius Sabinus cum iis copiis quas a Caesare acceperat in fines Vnellorum peruenit. [2]His praeerat Viri-

2 fieri barbari β || contenderunt α : -ebant β || **3** quo α : in quam β || malacia α U : malicia T*f*, *l* || ac α : et β || mouere β : commouere α || **4** maxime [-ae B[1]] fuit oportuna α : maxim(a)e fuit oportunitati β || **5** consectati : consecuti LN || peruenerint α : -irent β || occasum solis U.

XVI. **2** omnes α : -is β || unum in locum β || **3** se suaque α : sua β.

XVII. **1** iis α : his β || **2** his β : iis α.

il commandait aussi à toutes les cités révoltées, d'où il avait tiré une armée, et fort nombreuse ; peu de jours après l'arrivée de Sabinus, les Aulerques Eburovices et les Lexovii, ayant massacré leur sénat, qui était opposé à la guerre[1], fermèrent leurs portes et se joignirent à Viridovix ; en outre, une multitude considérable était venue de tous les coins de la Gaule, gens sans aveu et malfaiteurs que l'espoir du butin et l'amour de la guerre enlevaient à l'agriculture et aux travaux journaliers. Sabinus, établi dans un camp à tous égards bien situé[2], s'y cantonnait, tandis que Viridovix s'était posté en face de lui à deux milles de distance et chaque jour, faisant avancer ses troupes, offrait le combat : déjà l'ennemi commençait à mépriser Sabinus, et les propos de nos soldats mêmes ne l'épargnaient pas ; il donna si fort à croire qu'il avait peur, que l'ennemi poussait l'audace jusqu'à venir à notre parapet. Son attitude lui était dictée par la pensée qu'un légat ne devait pas, surtout en l'absence du général en chef, livrer bataille à une telle multitude, à moins d'avoir pour soi l'avantage du terrain ou quelque occasion favorable[3].

XVIII. Une fois bien établie l'opinion qu'il avait peur, il choisit un homme capable et adroit, un Gaulois, qui faisait partie de ses auxiliaires. Il obtient de lui, par grands présents et promesses, qu'il passe à l'ennemi, et il lui explique ce qu'il désire. Celui-ci arrive en se donnant

1. Il faut entendre par là qu'une minorité de sénateurs hostiles aux Romains souleva le peuple contre la majorité, qui leur était favorable : car la plèbe par elle-même était impuissante (cf. VI, 13, 1-3).

2. D'après Napoléon, ce serait le camp du Châtelier, sur la Sée, à 7 kilomètres à l'est d'Avranches. M. Jullian préfère les environs de Vire.

3. C'est ce légat qui, en 54, se fit massacrer avec une légion et cinq cohortes dans le pays des Eburons (V, 26 sq.) Sa timidité, qui le servit en 56, lui fut fatale deux ans plus tard. On pourrait tirer argument des termes dans lesquels César le loue ici pour dire que le livre III a été écrit avant le désastre. Si, comme nous le croyons (cf. *Introduction*, p. VII-XI), César a écrit ensemble, dans l'automne de 52, les livres I-VII du *Bellum Gallicum*, ce passage témoigne de son impartialité : la mémoire de Sabinus était assez chargée par ses fautes dans l'affaire de 54 pour que César ne voulût pas lui rendre pleine justice à propos

douix ac summam imperii tenebat earum omnium ciuitatum quae defecerant, ex quibus exercitum magnasque copias coegerat; [3]atque his paucis diebus Aulerci Eburouices Lexouiique senatu suo interfecto, quod auctores belli esse nolebant, portas clauserunt seque cum Viridouice coniunxerunt: [4]magnaque praeterea multitudo undique ex Gallia perditorum hominum latronumque conuenerat, quos spes praedandi studiumque bellandi ab agricultura et cotidiano labore reuocabat. [5]Sabinus idoneo omnibus rebus loco castris sese tenebat, cum Viridouix contra eum duum milium spatio consedisset cotidieque productis copiis pugnandi potestatem faceret, ut iam non solum hostibus in contemptionem Sabinus ueniret, sed etiam nostrorum militum uocibus non nihil carperetur; [6]tantamque opinionem timoris praebuit, ut iam ad uallum castrorum hostes accedere auderent. [7]Id ea de causa faciebat, quod cum tanta multitudine hostium, praesertim eo absente, qui summam imperii teneret, nisi aequo loco aut oportunitate aliqua data legato dimicandum non existimabat.

XVIII. [1]Hac confirmata opinione timoris idoneum quendam hominem et callidum delegit Gallum ex *i*is quos auxilii causa secum habebat. [2]Huic magnis praemiis pollicitationibusque persuadet uti ad hostes transeat, et quid fieri uelit edocet. [3]Qui

2 uiridouix α T*f* : urid- U*l* [*constanter*] || magnasque copias : equitum *ante* copias *add. Gertz del. Mommsen* || **3** his β : iis α || aulerci β : -urci α || clauserunt : -ant *Pluygers* || seque α : seseque β || coniunxerunt : -ant *Pluygers* || **4** conuenerat AM², BS β : -ant M¹, RLN et *post* conuenerat *add. Paul* || reuocabat : seuoc- *Meusel* || **5** rebus omnibus β || sese α : se β || duum α : duorum β || contemptionem α : contemptum β || **7** faciebat de causa LN || hostium : *om.* U*l*.

XVIII. **1** hac S β : ac AM, BRLN || delegit : dirigit U*l* deligit *Meusel* || iis *ed. pr.* : his *codd.* || **2** uti α : ut β || et : *om.* U*l*.

comme transfuge, dépeint la frayeur des Romains, dit dans quelle grave situation les Vénètes ont mis César lui-même : pas plus tard que la nuit suivante, Sabinus lèvera le camp en secret pour aller le secourir. A cette nouvelle, tous s'écrient qu'on ne doit pas laisser perdre une si belle occasion : il faut marcher sur le camp. Plusieurs motifs poussaient les Gaulois à cette détermination : l'hésitation de Sabinus pendant les jours précédents, les affirmations du transfuge, le manque de vivres[1], dont ils n'avaient pas assez pris soin de se munir, les espoirs qu'éveillait en eux la guerre des Vénètes, et enfin la tendance qu'ont généralement les hommes à croire ce qu'ils désirent. Sous l'empire de ces idées, ils ne laissent pas Viridovix et les autres chefs quitter l'assemblée qu'ils n'aient obtenu d'eux l'ordre de prendre les armes et d'attaquer le camp. Joyeux de ce consentement, comme s'ils tenaient déjà la victoire, ils amassent des fascines et des branchages pour en combler les fossés des Romains[2], et ils marchent au camp.

XIX. Celui-ci était sur une hauteur où l'on accédait par une pente douce de mille pas environ. Ils s'y portèrent en courant très vite, afin que les Romains eussent le moins de temps possible pour se ressaisir et prendre les armes, et ils arrivèrent hors d'haleine. Sabinus, ayant harangué ses troupes, donne le signal qu'elles attendaient impatiemment. L'ennemi était embarrassé par les fardeaux dont il était chargé : Sabinus ordonne une sortie brusque par deux portes[3]. L'avantage du terrain, l'inexpérience et la fatigue de l'ennemi, le courage de nos soldats et l'entraînement qu'ils avaient acquis dans les batailles précédentes, tout cela fit que dès le premier

d'un succès antérieur. On ajoutera qu'il prévient ainsi le reproche d'avoir confié à Sabinus, en 54, le commandement d'une armée de recrues dans un pays lointain, inconnu, hostile, quand il connaissait la faiblesse de son caractère.

1. On trouve chez Dion (XXXIX, 45, 4) cette affirmation surprenante que les Gaulois étaient « gorgés de nourriture et de boisson ».

2. D'après Dion, c'était pour mettre le feu au camp.

3. Sans doute par les portes de côté, *principalis dextra* et *sinistra*.

ubi pro perfuga ad eos uenit, timorem Romanorum proponit, quibus angustiis ipse Caesar a Venetis prematur docet, [4]neque longius abesse quin proxima nocte Sabinus clam ex castris exercitum educat et ad Caesarem auxilii ferendi causa proficiscatur. [5]Quod ubi auditum est, conclamant omnes occasionem negotii bene gerendi amittendam non esse : ad castra ire oportere. [6]Multae res ad hoc consilium Gallos hortabantur : superiorum dierum Sabini cunctatio, perfugae confirmatio, inopia cibariorum, cui rei parum diligenter ab his erat prouisum, spes Venetici belli et quod fere libenter homines id quod uolunt credunt. [7]His rebus adducti non prius Viridouicem reliquosque duces ex concilio dimittunt quam ab his sit concessum arma uti capiant et ad castra contendant. [8]Qua re concessa laeti, ut explorata uictoria, sarmentis uirgultisque collectis, quibus fossas Romanorum compleant, ad castra pergunt.

XIX. [1]Locus erat castrorum editus et paulatim ab imo adcliuis circiter passus mille. Huc magno cursu contenderunt, ut quam minimum spatii ad se colligendos armandosque Romanis daretur, exanimatique peruenerunt. Sabinus suos hortatus cupientibus signum dat. [2]Impeditis hostibus propter ea quae ferebant onera subito duabus portis eruptionem fieri iubet. [3]Factum est oportunitate loci, hostium inscientia ac defetigatione, uirtute militum et superiorum pugnarum exercitatione, ut ne unum quidem

3 pro α : *om.* β || prematur α : -ebatur β || **6** rei : re B^1 || his : iis *ed. pr.* || **7** concilio AM, BRSN : cons- L β || his : iis *ed. pr.* || arma uti capiant α : ut copiam faciant β || **8** romanorum : *post* castra *transposuit Klotz, del. Nitsche.*

XIX. 1 armandosque α : *om.* β || **2** propter ea quae α : propterea quod β || **3** defetigatione α f^1 : defat- M^2, LN B^2 R^2 β || unum : primum *Ciacconius.*

choc les ennemis cédèrent et prirent la fuite. Gênés dans leurs mouvements, poursuivis par les nôtres dont les forces étaient intactes, ils perdirent beaucoup de monde ; ceux qui restaient furent harcelés par la cavalerie, qui n'en laissa échapper qu'un petit nombre. Sabinus apprit la bataille navale en même temps que César était informé de sa victoire, et toutes les cités s'empressèrent de lui faire leur soumission. Car autant les Gaulois sont, pour prendre les armes, enthousiastes et prompts, autant ils manquent, pour supporter les revers, de fermeté et de ressort.

Crassus bat et soumet les Sotiates.

XX. Vers le même temps[1], P. Crassus était arrivé en Aquitaine ; cette région, comme on l'a dit plus haut, peut être estimée, pour son étendue et sa population, au tiers de la Gaule. Voyant qu'il devait faire la guerre dans des contrées où peu d'années auparavant L. Valérius Préconinus, légat, avait été vaincu et tué, et d'où L. Manlius, proconsul, avait dû s'enfuir en abandonnant ses bagages[2], il se rendait compte qu'il lui faudrait être particulièrement attentif. Il fit donc ses provisions de blé, rassembla des auxiliaires et de la cavalerie, convoqua en outre individuellement, de Toulouse et de Narbonne, cités de la province de Gaule qui sont voisines de l'Aquitaine, un grand nombre de soldats éprouvés ; puis il pénétra sur le territoire des Sotiates. A la nouvelle de son approche, ceux-ci rassemblèrent des troupes nombreuses et de la cavalerie,

1. *Eodem fere tempore*. La même formule reparaît 28, 1. La bataille navale et la victoire de Sabinus ont eu lieu, vraisemblablement, à la fin d'août : cf. 12, 5, *magnam partem aestatis*, et Dion, XXXIX, 40, 3 : πᾶσαν ὀλίγου τὴν ὡραίαν μάτην ἀνάλωσεν. Les opérations de Crassus ont duré jusqu'à la mi-septembre : cf. 27, 2, *hiems suberat*, et 28, 1, *prope exacta iam aestas erat*.

2. L. Valérius Préconinus est inconnu par ailleurs ; il semble bien que sa défaite soit un épisode de la guerre contre Sertorius. Quant à L. Manlius, il était proconsul de Gaule transalpine ; battu par Sertorius en Espagne, il fut obligé de passer au retour par l'Aquitaine, où les indigènes l'assaillirent (78 ou 77 av. J.-C.). C'est à la suite de ces événements que Pompée reçut le commandement de la guerre contre Sertorius.

nostrorum impetum ferrent ac statim terga uerterent. [4]Quos inpeditos integris uiribus milites nostri consecuti magnum numerum eorum occiderunt ; reliquos equites consectati paucos, qui ex fuga euaserant, reliquerunt. [5]Sic uno tempore et de nauali pugna Sabinus et de Sabini uictoria Caesar est certior factus, ciuitatesque omnes se statim Titurio dediderunt. [6]Nam ut ad bella suscipienda Gallorum alacer ac promptus est animus, sic mollis ac minime resistens ad calamitates perferendas mens eorum est.

XX. [1]Eodem fere tempore P. Crassus, cum in Aquitaniam peruenisset, quae pars, ut ante dictum est, et regionum latitudine et multitudine hominum ex tertia parte Galliae est aestimanda, cum intellegeret in *i*is locis sibi bellum gerendum ubi paucis ante annis L. Valerius Praeconinus legatus exercitu pulso interfectus esset atque unde L. Manlius proconsul impedimentis amissis profugisset, non mediocrem sibi diligentiam adhibendam intellegebat. [2]Itaque re frumentaria prouisa, auxiliis equitatuque conparato, multis praeterea uiris fortibus Tolosa et Narbone, quae sunt ciuitates Galliae prouinciae finitimae [ex] his regionibus, nominatim euocatis in Sotiatium fines exercitum introduxit. [3]Cuius aduentu cognito Sotiates magnis copiis coactis equitatuque,

3 ac. α : et β || **4** inpeditos α : *om.* β || equites α : equites eorum β || **5** est certior T, U*l* : certior est LN certior AM, BRS, *f* || **6** perferendas α : fer- β.

XX. **1** fere α : *om.* β || quae... aestimanda : *del. Vielhaber* || galliae RSLNB² β : -a AM, B¹ || iis *ed. pr.* : his α illis β || praeconinus α : p coninus β || manlius T*f* : manilius U*l* mallius α [*cf.* Oros., v, 23,4; Liv *Per.*, 90] || **2** itaque α : ita β || tolosa : -ae AM || et narbone S : et narbonae AM, BR et narbona LN carcasone et narbona β || ex *del. Ciacconius* || sotiatium *l* : sociatium U sociacium T sontiatum α (*cf.* Oros., vi, 8, 19 *et* 20) || **3** sotiates U*l* : sontiates α T || equitatuque : equitatu *Lange.*

qui était leur principale force, et attaquèrent notre armée pendant sa marche : ils livrèrent d'abord un combat de cavalerie, puis, comme leurs cavaliers avaient été refoulés et que les nôtres les poursuivaient, soudain ils découvrirent leur infanterie, qu'ils avaient placée en embuscade dans un vallon. Elle fonça sur nos soldats dispersés, et un nouveau combat s'engagea.

XXI. Il fut long et acharné : les Sotiates, forts de leurs précédentes victoires, pensaient que le salut de toute l'Aquitaine dépendait de leur valeur ; les nôtres voulaient montrer ce qu'ils pouvaient faire en l'absence du général en chef, sans les autres légions et sous le commandement d'un tout jeune homme. Enfin les ennemis, couverts de blessures, prirent la fuite. Crassus en fit un grand massacre et, sans désemparer, essaya d'enlever la citadelle des Sotiates[1]. Devant leur vigoureuse résistance, il fit avancer mantelets et tours. Eux, tantôt faisaient des sorties, tantôt creusaient des mines vers le terrassement et les mantelets (c'est une pratique où les Aquitains sont tout particulièrement habiles, car il y a chez eux, en maint endroit, des mines de cuivre et des carrières) ; mais, ayant compris que la vigilance de nos soldats les empêchait d'obtenir aucun résultat par ces moyens, ils envoient des députés à Crassus et demandent qu'il accepte leur soumission. Il consent, et, sur son ordre, ils livrent leurs armes.

XXII. Tandis que cette reddition retenait l'attention de toute l'armée, d'un autre côté de la place, Adiatuanos, qui détenait le pouvoir suprême[2], parut avec six cents hommes à sa dévotion, de ceux qu'ils nomment des *soldures* ; la condition de ces personnages est la suivante :

1. On a beaucoup discuté sur l'emplacement de cette citadelle. Le plus vraisemblable est Sos, dans le Lot-et-Garonne (cf. Jullian, III, p. 305, n. 1). Les manuscrits α nomment le peuple : *Sontiates*. Mais Pline, Orose et les monnaies (A. Blanchet, *Traité des monnaies gauloises*, I, p. 96) conduisent, avec les manuscrits β, à la forme *Sotiates*.

2. Les monnaies citées à la note précédente portent au revers SOTIOTA et à l'avers REX ADIETVANVS. Nicolas de Damas (Athénée, VI, 54, p. 249 b) nomme ce personnage βασιλεύς des Sotiates.

quo plurimum ualebant, in itinere agmen nostrum adorti primum equestre proelium commiserunt, 4deinde equitatu suo pulso atque insequentibus nostris subito pedestres copias, quas in conualle in insidiis conlocauerant, ostenderunt. Hi nostros disiectos adorti proelium renouarunt.

XXI. 1Pugnatum est diu atque acriter, cum Sotiates superioribus uictoriis freti in sua uirtute totius Aquitaniae salutem positam putarent, nostri autem quid sine imperatore et sine reliquis legionibus adulescentulo duce efficere possent perspici cuperent : ta*nde*m confecti uulneribus hostes terga uerterunt. 2Quorum magno numero interfecto Crassus ex itinere oppidum So*t*iatium oppugnare coepit. Quibus fortiter resistentibus uineas turresque egit. 3Illi alias eruptione temptata, alias cuniculis ad aggerem uineasque actis (cuius rei sunt longe peritissimi Aquitani, propterea quod multis locis apud eos aerariae secturaeque sunt), ubi diligentia nostrorum nihil his rebus profici posse intellexerunt, legatos ad Crassum mittunt seque in deditionem ut recipiat petunt. Qua re impetrata arma tradere iussi faciunt.

XXII. 1Atque in ea re omnium nostrorum intentis animis alia ex parte oppidi Adiatua*n*us, qui summam imperii tenebat, cum DC deuotis, quos illi soldurios appellant, 2quorum haec est condicio, uti omnibus

3 quo α *f* : quod T, *Ul* || in α : *om.* β || agmen nostrum AM, BRS : nostrum agmen LN agmen nostrorum β || **4** hi β : hii S ii BRLN iis AM.

XXI. **1** sotiates [*uel* soc-] β : sont- α || quid α : quod β || tandem *f*[2] : tamen *codd.* || uerterunt M, L β : -e A, BRSN || **2** sotiatium *Meusel* : sosatium β sontiatum α || **3** his rebus nihil LN.

XXII. **1** ea re : eam rem *Müller* || adiatuanus *Meusel* [adietuanus *nummi*] : adiatunnus α adcatuannus β || **2** uti *f*, *Ul* : ut α T.

celui à qui ils ont voué leur amitié doit partager avec eux tous les biens de la vie ; mais s'il périt de mort violente, ils doivent ou subir en même temps qu'eux le même sort ou se tuer eux-mêmes ; et de mémoire d'homme il ne s'est encore vu personne qui refusât de mourir quand avait péri l'ami auquel il s'était dévoué[1]. C'est avec cette escorte qu'Adiatuanos tentait une sortie ; une clameur s'éleva de ce côté du retranchement[2], et nos soldats coururent aux armes : après un violent combat, Adiatuanos fut refoulé dans la place ; il n'en obtint pas moins de Crassus les mêmes conditions que les autres.

Les Aquitains se coalisent et font appel aux Espagnols.

XXIII. Ayant reçu armes et otages, Crassus partit pour le pays des Vocates et des Tarusates[3]. Alors les Barbares, vivement émus d'apprendre qu'une place fortifiée par la nature et par l'art était tombée dans les quelques jours qui avaient suivi notre arrivée, envoient de toutes parts des députés, échangent des serments, des otages, et mobilisent leurs forces. On envoie aussi des ambassadeurs aux peuples qui appartiennent à l'Espagne citérieure, voisine de l'Aquitaine : on en obtient des troupes de secours et des chefs. Leur arrivée permet d'entrer en guerre avec une excellente direction et de nombreux effectifs. On choisit pour chefs des hommes qui avaient été constamment les compagnons de Sertorius et passaient pour être très experts dans l'art militaire. Ils font la guerre à la romaine, occupant les positions favorables, fortifiant leurs camps, nous coupant les vivres. Quand

1. Les *soldurii* ne sont nommés qu'ici. L'étymologie du mot, qui doit être celtique (ou ibérique ?), est inconnue.

2. *Ab ea parte munitionis.* Les Romains n'avaient certainement pas entouré la ville d'une ligne fortifiée; il s'agit donc d'un des côtés du camp romain, celui devant lequel Adiatuanos était obligé de passer pour s'enfuir : car on ne saurait prêter au roi des Sotiates l'intention d'attaquer le camp romain avec ses 600 hommes ; il voulait seulement se réfugier chez quelqu'autre peuple d'Aquitaine, qu'il aurait poussé à la révolte.

3. Vers le sud-ouest. Les Vocates doivent être situés dans le pays de Bazas ; les Tarusates, peut-être, autour de Tartas. Ils ne sont nommés qu'ici et 27, 1. La terminaison *-ates* révèle une origine ligure.

in uita commodis una cum *ii*s fruantur quorum se amicitiae dediderint, si quid his per uim accidat, aut eundem casum una ferant aut sibi mortem consciscant ; [3]neque adhuc hominum memoria repertus est quisquam, qui eo interfecto cuius se amicitiae deuouisset, mori recusaret : [4]cum his Adiatuanus eruptionem facere conatus clamore ab ea parte munitionis sublato, cum ad arma milites concurrissent uehementerque ibi pugnatum esset, repulsus in oppidum tamen uti eadem deditionis condicione uteretur ab Crasso impetrauit.

XXIII. [1]Armis obsidibusque acceptis Crassus in fines Vocatium et Tarusatium profectus est. [2]Tum uero barbari commoti, quod oppidum et natura loci et manu munitum paucis diebus, quibus eo uentum erat, expugnatum cognouerant, legatos quoque uersus dimittere, coniurare, obsides inter se dare, copias parare coeperunt. [3]Mittuntur etiam ad eas ciuitates legati, quae sunt citerioris Hispaniae finitimae Aquitaniae : inde auxilia ducesque arcessuntur. [4]Quorum aduentu magna cum auctoritate et magna [cum] hominum multitudine bellum gerere conantur. [5]Duces uero ii deliguntur, qui una cum Q. Sertorio omnes annos fuerant summamque scientiam rei militaris habere existimabantur. [6]Hi consuetudine populi romani loca capere, castra munire, commeatibus nostros intercludere instituunt. [7]Quod ubi

2 iis *Nipperdey* : his [is M¹] *codd.* || his A² β : iis α || **3** mori α : mortem β || **4** adiatuanus *Meusel* : adiatunnus α adcatuannus β || munitionis α : eruptionis β || ab α : a β.

XXIII. **1** uocatium *f*² : uocatirum α U*l* uotium T*f*¹ || **2** uersus β : -um α || dare inter se LN || **3** ducesque : duces A *del. Lange* || **4** auctoritate : alacritate *Lange* || cum *del. Meusel* [*cf. R. E. A.*, 1925, *p.* 286] || hominum cum LN || **5** ii AM : hi BRSLN β || **6** hi A β : hii M,SB² ii B¹(R) in LN || instituunt α U*l* : insistunt T*f*.

Crassus s'aperçut que ses troupes, trop peu nombreuses, ne pouvaient guère être divisées, que les ennemis, eux, pouvaient aller loin, bloquer les routes, et cependant laisser au camp une garde suffisante, que pour cette raison il ne se ravitaillait qu'avec peine, que chaque jour les ennemis étaient plus nombreux, il jugea qu'il ne devait pas tarder davantage à livrer bataille. Il porta la question devant le conseil, et quand il vit que tous étaient du même avis, il fixa la bataille au lendemain.

Victoire de Crassus. Soumission de l'Aquitaine.

XXIV. Au point du jour, il déploya en avant du camp toutes ses troupes, sur deux lignes, les auxiliaires au centre, et il attendit la décision des ennemis[1]. Mais eux, bien que leur nombre, leurs glorieuses traditions guerrières, la faiblesse de nos effectifs les rassurassent pleinement sur l'issue d'un combat, ils trouvaient cependant plus sûr encore, étant maîtres des routes et, ainsi, nous coupant les vivres, d'obtenir la victoire sans coup férir : si la disette déterminait les Romains à battre en retraite, ils se proposaient de les attaquer en pleine marche, embarrassés de leurs convois et chargés de leurs bagages, dans des conditions où leur courage serait déprimé. Les chefs ayant approuvé ce dessein, ils laissaient les Romains déployer leurs troupes et restaient au camp. Lorsque Crassus vit cela, comme, par ses hésitations et en ayant l'air d'avoir peur, l'ennemi avait excité l'ardeur de nos troupes, et qu'il n'y avait qu'une voix pour dire qu'on ne devait pas tarder plus longtemps à attaquer, il les harangua et, répondant au vœu de tous, marcha sur le camp ennemi[2].

XXV. Là, tandis que les uns comblaient les fossés, les autres, lançant sur les défenseurs une grêle de traits, les forçaient à abandonner le parapet et les retranchements ;

1. *Duplici acie.* Crassus adopte ici le déploiement sur deux lignes, au lieu de *l'acies triplex*, qui est la formation courante : c'est pour étendre son front, en raison de la supériorité numérique des ennemis. S'il met les auxiliaires au centre, alors que leur place habituelle était aux ailes, c'est parce qu'il se défie d'eux (cf. 25, 1).

2. C'est la seule fois que l'on voit une armée romaine, pendant la

Crassus animaduertit suas copias propter exiguitatem non facile diduci, hostem et uagari et uias obsidere et castris satis praesidii relinquere, ob eam causam minus commode frumentum commeatumque sibi supportari, in dies hostium numerum augeri, non cunctandum existimauit quin pugna decertaret. [8]Hac re ad consilium delata, ubi omnes idem sentire intellexit, posterum diem pugnae constituit.

XXIV. [1]Prima luce productis omnibus copiis, duplici acie instituta, auxiliis in mediam aciem coniectis, quid hostes consilii caperent expectabat. [2]Illi etsi propter multitudinem et ueterem belli gloriam paucitatemque nostrorum se tuto dimicaturos existimabant, tamen tutius esse arbitrabantur obsessis uiis commeatu intercluso sine ullo uulnere uictoria potiri [3]et, si propter inopiam rei frumentariae Romani sese recipere coepissent, impeditos in agmine et sub sarcinis infirmiore animo adoriri cogitabant. [4]Hoc consilio probato ab ducibus productis Romanorum copiis sese castris tenebant. [5]Hac re perspecta Crassus cum sua cunctatione atque opinione tim*oris* hostes nostros milites alacriores ad pugnandum effecissent, atque omnium uoces audirentur, exspectari diutius non oportere quin ad castra iretur, cohortatus suos omnibus cupientibus ad hostium castra contendit.

XXV. [1]Ibi cum alii fossas complerent, alii multis telis coniectis defensores uallo munitionibusque

7 diduci *ed. Iuntina* : ded- *codd.* || **8** hac β : ac α || consilium α : conc- β.

XXIV. **1** coniectis T^1, *l* : conlectis U collectis α / T^2 || **2** ullo α : *om.* β || **3** sese α : se β || infirmiore α : inferiore β infirmiores *Kvičala* inferiores *Klotz* iam firmiore *Hällingk* infirmiore animo *del. Paul* || **4** ab α : a β || **5** timoris *R. Estienne* : timidiores *codd.* atque opinione timidiores *del. Hoffmann* || effecissent AM, LN : efficissent BRS effecisset β.

XXV. **1** ibi α : ubi β || cum alii α *l* : cum T*f*, U.

et les auxiliaires, en qui Crassus n'avait guère confiance comme combattants, passaient des pierres et des traits, apportaient des mottes de gazon pour élever une terrasse, et ainsi donnaient à croire qu'effectivement ils combattaient ; l'ennemi, de son côté, opposait une résistance tenace et valeureuse, et ses traits, lancés de haut, ne manquaient pas d'efficacité. Cependant des cavaliers, ayant fait le tour du camp ennemi, vinrent dire à Crassus que du côté de la porte décumane le camp était moins soigneusement fortifié, et offrait un accès facile.

XXVI. Crassus invita les préfets de la cavalerie à exciter le zèle de leurs hommes en leur promettant des récompenses[1], et leur expliqua ses intentions. Ceux-ci, selon l'ordre reçu, firent sortir les cohortes qui avaient été laissées à la garde du camp et qui étaient toutes fraîches, et, par un chemin détourné, afin qu'on ne pût les apercevoir du camp ennemi, elles atteignirent rapidement, tandis que le combat accaparait l'attention de tous, la partie du retranchement que nous avons dite ; elles le forcèrent, et se reformèrent dans le camp de l'ennemi avant que celui-ci ait pu les bien voir ni se rendre compte de ce qui se passait. Alors les nôtres, entendant la clameur qui s'élevait de ce côté, se sentirent des forces nouvelles, comme il arrive généralement quand on a l'espoir de vaincre, et ils redoublèrent d'ardeur. Les ennemis, se voyant enveloppés de toutes parts et perdant toute espérance, ne pensèrent plus qu'à franchir le retranchement pour chercher leur salut dans la fuite. Nos cavaliers les poursuivirent en rase campagne, et sur les cinquante mille Aquitains et Cantabres qui formaient cette

guerre des Gaules, attaquer un camp fortifié. L'ennemi, guidé par d'anciens compagnons de Sertorius (cf. 23, 3-5) avait construit un camp qui était une copie des camps romains.

1. *Magnis praemiis pollicitationibusque.* Même formule plus haut, 18, 2. Nous ne l'avons pas traduite de même dans les deux passages. Là, on paye au faux transfuge, par des *praemia*, son consentement à remplir la mission proposée ; il recevra un nouveau prix de son service (*pollicitationes*) s'il remplit sa mission avec succès. Ici, il ne peut être question de distribuer sur-le-champ des *praemia* à toute une troupe; d'ailleurs, on ne lui demande pas son consentement, on l'exhorte

depellerent, auxiliaresque, quibus ad pugnam non multum Crassus confidebat, lapidibus telisque subministrandis et ad aggerem cespitibus conportandis speciem atque opinionem pugnantium praeberent, cum item ab hostibus constanter ac non timide pugnaretur telaque ex loco superiore missa non frustra acciderent, [2]equites circumitis hostium castris Crasso renuntiauerunt non eadem esse diligentia ab decumana porta castra munita facilemque aditum habere.

XXVI. [1]Crassus equitum praefectos cohortatus ut magnis praemiis pollicitationibusque suos excitarent, quid fieri uellet ostendit. [2]Illi, ut erat imperatum, eductis iis cohortibus quae praesidio castris relictae in*t*ritae ab labore erant, et longiore itinere circumductis, ne ex hostium castris conspici possent, omnium oculis mentibusque ad pugnam intentis celeriter ad eas quas diximus munitiones peruenerunt [3]atque his pror*u*tis prius in hostium castris constiterunt quam plane ab his uideri aut quid rei gereretur cognosci posset. [4]Tum uero clamore ab ea parte audito nostri redintegratis uiribus, quod plerumque in spe uictoriae accidere consueuit, acrius inpugnare coeperunt. [5]Hostes undique circumuenti desperatis omnibus rebus se per munitiones deicere et fuga salutem petere contenderunt. [6]Quos equitatus apertissimis campis consectatus ex milium L numero, quae ex Aquitania Cantabrisque conuenisse constabat,

1 ad aggerem A, BRS LN : aggerem M β || accidерent β : accedere(nt) α || **2** renuntiauerunt α : -arunt β.

XXVI. **1** uellet SLNR² β : uellit B¹ uelit AM, R¹ B² || **2** iis α : IIII β || intritae *dett.* : integrae / interritae *cett.* || ex α : *om.* β || **3** prorutis *Faernus* : proruptis *codd.* || his AM β : iis BRSLN || **4** inpugnare : pugnare *Müller* || **5** deicere : eicere *R. Schneider* || contenderunt / : intend- *cett.* || **6** numero milium L β || conuenisse [uenisse LN] constabat α Ul : constabat conuenisse T/.

armée, un quart à peine échappa à leurs coups ; la nuit était fort avancée quand ils rentrèrent au camp[1].

XXVII. A la nouvelle de ce combat, la plus grande partie de l'Aquitaine se soumit à Crassus et envoya spontanément des otages : parmi ces peuples étaient les Tarbelles, les Bigerrions, les Ptianii, les Vocates, les Tarusates, les Elusates, les Gates, les Ausques, les Garunni, les Sibuzates, les Cocosates[2] ; seuls quelques-uns, qui étaient placés aux confins, se fiant à la saison avancée, car on était aux approches de l'hiver, ne suivirent pas cet exemple.

Campagne chez les Ménapes et les Morins.

XXVIII. Vers le même temps, bien que l'été fût presque à son terme, César estima cependant, comme il n'y avait plus dans la Gaule toute entière pacifiée que les Morins et les Ménapes qui fussent en armes et ne lui eussent jamais envoyé demander la paix, que c'était là une guerre qui pouvait être achevée promptement, et il conduisit son armée dans ces régions. Il eut affaire à une tactique toute différente de celle des autres Gaulois. Voyant, en effet, que les plus grands peuples qui avaient livré bataille à César avaient été complètement battus, et possédant une région que couvraient sans interruption forêts et marécages, ils s'y transportèrent avec tous leurs biens. César était parvenu à la lisière de ces forêts, il avait commencé de construire un camp et les ennemis ne s'étaient pas encore montrés, quand soudain, au moment où nos soldats étaient au travail et dispersés, ils bondirent de toutes parts hors de la forêt et chargèrent les nôtres. Ceux-ci prirent rapidement les armes et les refoulèrent dans leurs bois ;

seulement à bien faire : *pollicitationes* reprend simplement l'idée de *praemia* sous une forme plus générale.

1. M. Jullian conclut de cette indication que ce devait être le moment de la pleine lune, ce qui lui fournit la date du 10 septembre.

2. Ces peuples sont difficiles à identifier. On retrouve les *Ausci* dans le nom de Auch (*Augusta Auscorum* sous l'Empire), les Bigerrions dans celui du Bigorre ; on rapproche *Tarbelli* de Tarbes, mais il n'est

uix quarta parte relicta multa nocte se in castra recepit.

XXVII. [1]Hac audita pugna maxima pars Aquitaniae sese Crasso dedidit obsidesque ultro misit ; quo in numero fuerunt Tarbelli, Bigerriones, Ptianii, Vocates, Tarusates, *Elusates*, Gates, Ausci, Garunni, Sibuzates, Cocosates : [2]paucae ultimae nationes anni tempore confisae, quod hiems suberat, hoc facere neglexerunt.

XXVIII. [1]Eodem fere tempore Caesar, etsi prope exacta iam aestas erat, tamen, quod omni Gallia pacata Morini Menapiique supererant qui in armis essent neque ad eum umquam legatos de pace misissent, arbitratus id bellum celeriter confici posse eo exercitum adduxit ; qui longe alia ratione ac reliqui Galli bellum gerere coeperunt. [2]Nam quod intellegebant maximas nationes quae proelio contendissent pulsas superatasque esse, continentesque siluas ac paludes habebant, eo se suaque omnia contulerunt. [3]Ad quarum initium siluarum cum Caesar peruenisset castraque munire instituisset neque hostis interim uisus esset, dispersis in opere nostris subito ex omnibus partibus siluae euolauerunt et in nostros impetum fecerunt. [4]Nostri celeriter arma ceperunt

6 recepit SLN² β : recipit AM, BRN¹.

XXVII. 1 dedidit : dedit AM || misit α : obtulit β tarbelli : trabelli S, T¹ || elusates *Ciacconius* : flustates *codd.*, *om.* T¹ || gates : *om.* T¹ *del. Holder* || garunni α *Ul* : -umni *f om.* T¹ || sibuzates AM, S : sibutz-BRLN sibus- *Ul* sibul- T*f* [*cf.* PLIN., IV, 108 : sybill-] || cocosates α *Ul* : cossates T*f* || 2 hoc α : id β.

XXVIII. 1 caesar tempore β || menapiique : menapique A, T, U || celeriter confici α : confici celeriter T*f* confici *Ul* || adduxit α : duxit β || gerere coeperunt α : agere instituerunt β || 2 nam α : *om.* β || paludes α : paludes quas β || 3 caesar cum β || ex : de LN.

après en avoir tué un très grand nombre, ils les poursuivirent trop loin sur un terrain trop difficile, et perdirent quelques hommes.

XXIX. Les jours suivants, César décida de les employer sans relâche à abattre la forêt, et, pour que nos soldats ne pussent être surpris, sans armes, par une attaque de flanc, il disposait face à l'ennemi tous ces arbres coupés et les amoncelait sur chaque flanc en manière de rempart. On avait fait en quelques jours, avec une rapidité incroyable, une vaste clairière, et déjà nous nous étions emparés du bétail et des derniers bagages de l'ennemi, qui s'enfonçait au cœur des forêts, lorsque le temps se gâta si fort qu'il fallut interrompre le travail et que, la pluie ne cessant pas, il devint impossible de garder plus longtemps les hommes sous la tente. En conséquence, après avoir ravagé toute la campagne, brûlé les bourgs et les fermes, César ramena son armée et lui fit prendre ses quartiers d'hiver chez les Aulerques et les Lexovii, ainsi que chez les autres peuples qui venaient de nous faire la guerre.

pas sûr que ce peuple s'étendît au temps de César jusqu'à Tarbes. Le domaine de ces peuples d'Aquitaine est beaucoup plus restreint que celui des autres peuples gaulois, dont les plus petits occupent la valeur d'un département : ici, si l'on ajoute les peuplades aquitaines mentionnées par Pline, 31 peuples pour 6 ou 7 départements.

eosque in siluas repulerunt et conpluribus interfectis longius inpeditioribus locis secuti paucos ex suis deperdiderunt.

XXIX. [1]Reliquis deinceps diebus Caesar siluas caedere instituit et, ne quis inermibus inprudentibusque militibus ab latere impetus fieri posset, omnem eam materiam quae erat caesa conuersam ad hostem conlocabat et pro uallo ad utrumque latus exstruebat. [2]Incredibili celeritate magno spatio paucis diebus confecto, cum iam pecus atque extrema inpedimenta ab nostris tenerentur, ipsi densiores siluas peterent, eius modi sunt tempestates consecutae, uti opus necessario intermitteretur et continuatione imbrium diutius sub pellibus milites contineri non possent. [3]Itaque uastatis omnibus eorum agris, uicis aedificiisque incensis Caesar exercitum reduxit et in Aulercis Lexouiisque, reliquis item ciuitatibus quae proxime bellum fecerant, in hibernis conlocauit.

4 siluas M, BRSLN, T : -am *f*, U*l* -a A ‖ deperdiderunt : disp- T*f*.

XXIX. **1** diebus α : *om.* β ‖ **2** ab AM, BRLN : a S β ‖ tempestates sunt β ‖ uti α : ut β ‖ **3** caesar α : *om.* β ‖ reduxit β : perd- α ‖ lexouiisque β : lexob- α ‖ ciuitatibus α *f* : in ciu- T, U*l* ‖ proxime β : maxime *uel* -ae α.

LIVRE QUATRIÈME

LIVRE QUATRIÈME

Les Usipètes et les Tencthères passent le Rhin. Mœurs des Suèves.

I. L'hiver qui suivit, — c'était l'année du consulat de Cn. Pompée et de M. Crassus — les Usipètes, peuple de Germanie, et aussi les Tencthères, passèrent le Rhin en masse, non loin de son embouchure. La raison de ce passage fut que depuis plusieurs années les Suèves leur faisaient une guerre continuelle et très dure, et qu'ils ne pouvaient plus cultiver leurs champs.

Les Suèves sont le peuple de beaucoup le plus grand et le plus belliqueux de toute la Germanie. On dit qu'ils forment cent cantons[1], lesquels fournissent chacun mille hommes par an, qu'on emmène faire des guerres extérieures. Les autres, ceux qui sont restés au pays, pourvoient à leur nourriture et à celle de l'armée ; l'année suivante, ceux-ci prennent à leur tour les armes, tandis que ceux-là restent au pays. De la sorte la culture des champs, l'instruction et l'entraînement militaires sont également assurés sans interruption. D'ailleurs, la propriété privée n'existe pas chez eux, et on ne peut séjourner plus d'un an sur le même sol pour le cultiver[2]. Le blé

1. *Centum pagi*. Nous traduisons « cantons ». Mais il est possible que le mot désigne ici des groupes militaires plutôt que des circonscriptions territoriales. Cf. I, 37, 3.

2. Cf. Tacite, *Germ.*, 26, sur les Germains en général, et Horace, *Carm.*, III, 24, 11 sq., à propos des Gètes, peuple thrace de l'embou-

LIBER QVARTVS

I. [1]Ea quae secuta est hieme, qui fuit annus Cn. Pompeio M. Crasso consulibus, Vsipetes Germani et item Tenctheri magna cum multitudine hominum flumen Rhenum transierunt, non longe a mari quo Rhenus influit. [2]Causa transeundi fuit quod ab Sue*b*is conplures annos exagitati bello premebantur et agricultura prohibebantur.

[3]Sue*b*orum gens est longe maxima et bellicosissima Germanorum omnium. [4]Hi centum pagos habere dicuntur, ex quibus quotannis singula milia armatorum bellandi causa ex finibus educunt. Reliqui, qui domi manserunt, se atque illos alunt ; [5]hi rursus in uicem anno post in armis sunt, illi domi remanent. [6]Sic neque agricultura nec ratio atque usus belli intermittitur. [7]Sed priuati ac separati agri apud eos nihil est, neque longius anno remanere uno in loco colendi causa licet. [8]Neque multum frumento, sed

I. **1** cn. [*uel* gneo] pompeio m(arco) crasso α : pompeio et crasso β || et item α : item β || tenctheri AM : tanctheri BRSLN tencheteri U*l* tenchete T || cum : *del. Meusel* || quo α : cui β || **2** ab α : a β || suebis *edd.* : sueu- *codd.* || exagitati : -o U*l* || **3** sueborum *edd.* : sueu- *codd.* || **4** causa SLNβ : ex causa AM, BR || ex finibus α : suis ex finibus β *del. Apitz* || manserunt AM, BRL (?) manserint SN remanserunt U*l* remanserint T*l* || **7** colendi β : incol- α.

compte peu dans leur alimentation, ils vivent principalement du lait et de la chair des troupeaux, et ils sont grands chasseurs ; ce genre de vie — leur alimentation, l'exercice quotidien, la vie libre, car, dès l'enfance, n'étant pliés à aucun devoir, à aucune discipline, ils ne font rien que ce qui leur plaît — tout cela les fortifie et fait d'eux des hommes d'une taille extraordinaire. Ajoutez qu'ils ont pris l'habitude, bien qu'habitant des régions très froides, de n'avoir pour tout vêtement que des peaux, dont l'exiguïté laisse à découvert une grande partie de leur corps, et de se baigner dans les fleuves.

II. Ils donnent accès chez eux aux marchands, plus pour avoir à qui vendre leur butin de guerre que par besoin d'importations. Les Germains n'importent même pas de chevaux[1], qui sont la grande passion des Gaulois et qu'ils acquièrent à n'importe quel prix ; ils se contentent des chevaux indigènes, qui sont petits et laids[2], mais qu'ils arrivent à rendre extrêmement résistants grâce à un entraînement quotidien. Dans les combats de cavalerie, on les voit souvent sauter à bas de leur monture et combattre à pied ; les chevaux ont été dressés à rester sur place, et ils ont vite fait de les rejoindre en cas de besoin ; il n'y a pas à leurs yeux de plus honteuse mollesse que de faire usage de selles. Aussi n'hésitent-ils pas à attaquer, si peu nombreux soient-ils, n'importe quel corps de cavalerie dont les chevaux sont sellés. Ils prohibent absolument l'importation du vin, parce qu'ils estiment que cette boisson diminue chez l'homme l'endurance et le courage.

chure du Danube. Mais César est seul à parler d'une alternance annuelle de la vie guerrière et de la vie agricole. L'autorité de César pour tout ce qu'il rapporte des Germains est très contestée.

1. *Iumenta.* Le mot désigne d'ordinaire, en même temps que les chevaux de selle et de trait, les mulets et les bœufs. Mais ici, comme la suite le montre, il ne s'agit que de chevaux. De même, VII, 12, 4.

2. Cf. Tacite, *Germ.*, 5, 1 : « Le bétail y est nombreux, mais il est généralement de petite taille. »

maximam partem lacte atque pecore uiuunt multumque sunt in uenationibus ; [9]quae res et cibi genere et cotidiana exercitatione et libertate uitae, quod a pueris nullo officio aut disciplina adsuefacti nihil omnino contra uoluntatem fac*iu*nt, et uires alit et immani corporum magnitudine homines efficit. [10]Atque in eam se consuetudinem adduxerunt, ut locis frigidissimis neque uestitus praeter pellis haberent quicquam, quarum propter exiguitatem magna est corporis pars aperta, et laua*re*ntur in fluminibus.

II. [1]Mercatoribus est aditus, magis eo ut quae bello ceperint quibus uendant habeant, quam quo ullam rem ad se inportari desiderent. [2]Quin etiam iumentis, quibus maxime Galli delectantur, quaeque inpenso parant pretio, Germani inportatis non utuntur, sed quae sunt apud eos nata, parua atque deformia, haec cotidiana exercitatione summi ut sint laboris efficiunt. [3]Equestribus proeliis saepe ex equis desiliunt ac pedibus proeliantur, equosque eodem remanere uestigio adsuefecerunt, ad quos se celeriter, cum usus est, recipiunt ; [4]neque eorum moribus turpius quicquam aut inertius habetur, quam ephippiis uti. [5]Itaque ad quemuis numerum ephippiatorum equitum quamuis pauci adire audent. [6]Vinum ad se omnino inportari non sinunt, quod ea re ad laborem ferendum remollescere homines atque effeminari arbitrantur.

9 quod : quom *Nipperdey* || faciunt *Morus* : -ant *codd.* || efficit α : facit T efficiat U*l* || **10** haberent : haberant *ed. pr.* || quicquam α : *om.* β || lauarentur *Weissenborn* : lauantur *codd.* lauentur *Beroald.*

II. **1** aditus : ad eos aditus LN || eo magis β || **2** galli delectantur α : gallia delectatur β || inpenso α : inmenso β || germani : *del. Clarke* || i(m)portatis β : i(m)p. his α || parua β : praua α || **3** a(d)suefecerunt α : a(d)suefaciunt β || est α : poscit β || **4** inertius α : incertius β || ephippiis L *in rasura*, β : ephiapiis MA^2, B^2 etphiapiis A^1, B^1 $RSNL^m$ || **5** ephippiatorum LN, T^2 : ephiapp- AM, BRS ephippiorum β || **6** omnino ad se β || sinunt α : patiuntur β || uinum... arbitrantur : *del. Paul.*

III. Ils pensent que la plus grande gloire d'une nation c'est d'avoir au delà de ses frontières un désert aussi vaste que possible, car cela signifie qu'un grand nombre de cités ne peuvent soutenir la puissance de ses armes [1]. Aussi dit-on que sur un côté de la frontière des Suèves il y a une solitude de 600.000 pas[2]. De l'autre côté, ils ont pour voisins les Ubiens, qui formèrent un Etat considérable et florissant, du moins selon les normes des Germains ; ils sont un peu plus civilisés que les autres peuples de même race, parce qu'ils touchent au Rhin et que les marchands viennent beaucoup chez eux, parce qu'aussi, étant voisins des Gaulois, ils se sont façonnés à leurs mœurs. Les Suèves se mesurèrent avec eux à mainte reprise, mais ne purent, en raison de l'importance et de la force de cette nation, les chasser de leur territoire ; ils les assujettirent cependant à un tribut, et les abaissèrent et affaiblirent très sensiblement.

Les Usipètes et les Tencthères chez les Ménapes.

IV. Ce fut aussi le sort des Usipètes et des Tencthères, dont il a été question plus haut ; pendant de longues années ils résistèrent aux attaques des Suèves, mais ils furent finalement chassés de leur territoire[3], et après avoir erré trois ans dans maintes régions de la Germanie, ils atteignirent le Rhin ; c'était le pays des Ménapes, qui avaient des champs, des maisons, des villages sur les deux rives du fleuve ; mais, épouvantés par l'arrivée d'une telle multitude, ils abandonnèrent les maisons qu'ils avaient jusque-là possédées au delà du fleuve et dispo-

1. Le même trait est rapporté VI, 23, 1-3, avec cette addition, que les Germains pensent se mettre ainsi à l'abri des invasions soudaines.

2. Près de 900 kilomètres. Dans quel sens ? De toute façon, le chiffre paraît énorme. Les mss. β donnent 100.000 pas, soit environ 150 kilomètres. Mais on ne voit pas pourquoi le chiffre aurait été accru tandis qu'on voit très bien comment un critique ancien, étonné de la grandeur du chiffre, l'aura réduit. César rapporte un on-dit (*dicuntur*) : il a eu affaire à un informateur imaginatif (cf. le ch. suivant), et d'ailleurs rien ne prête plus à l'exagération que les chiffres. Ajoutons enfin que l'erreur a pu se produire dans la transposition de mesures gauloises ou germaines en mesures romaines.

3. On ne sait pas dans quelle région de la Germanie, par rapport

III. [1]Publice maximam putant esse laudem, quam latissime a suis finibus uacare agros : hac re significari magnum numerum ciuitatum suam uim sustinere non posse. [2]Itaque una ex parte a Sue*b*is circiter milia passuum sexcenta agri uacare dicuntur. [3]Ad alteram partem succedunt Vbii, quorum fuit ciuitas ampla atque florens, ut est captus Germanorum, et paulo [quam] sunt eiusdem generis [et] ceteris humaniores, propterea quod Rhenum attingunt, multumque ad eos mercatores uentitant, et ipsi propter propinquitatem [quod] Gallicis sunt moribus adsuefacti. [4]Hos cum Suebi multis saepe bellis experti propter amplitudinem grauitatemque ciuitatis finibus expellere non potuissent, tamen uectigales sibi fecerunt ac multo humiliores infirmioresque redegerunt.

IV. [1]In eadem causa fuerunt Vsipetes et Tenctheri, quos supra diximus, qui complures annos Sueborum uim sustinuerunt, [2]ad extremum tamen agris expulsi et multis locis Germaniae triennium uagati ad Rhenum peruenerunt : quas regiones Menapii incolebant et ad utramque ripam fluminis agros, aedificia uicosque habebant ; [3]sed tantae multitudinis aduentu perterriti ex *i*is aedificiis quae trans flumen habuerant demigrauerunt et cis Rhenum

III. **1** publice : rei publicae *R. Schneider* || laudem esse LN || uacare AM, BLNR[2] : uagari R[1] S β || agros α : *om.* β || ciuitatum [-ium A] α : -em β || posse α : potuisse β || **2** suebis *edd.* : sueuis α suis β || sexcenta [*uel* sesc-] α : C β || **3** quam *del. Nipperdey* || et *del. Nipperdey* [*uarias huius loci emendationes uide in Meusel, Tab. coniect.*] || multumque α : multique β || quod *del. Vascosan* || **4** suebi U*l* : sueui α T*f*.

IV. **1** tenctheri AM, LN : tenchteri BRS tentheri β || complures β : cum plures α || sueborum *l* : sueu- *cett.* || sustinuerunt : -ant *Hennings* || **2** et ad α : hi ad β || **3** aduentu LN β : aditu AM, BRS || iis *Vascosan* : his *codd.* || habuerant : habebant LN || demigrauerunt : -erant *Morus*.

sèrent de ce côté-ci du Rhin des postes qui barraient la route aux envahisseurs. Ceux-ci, après toutes sortes de tentatives, ne pouvant passer de vive force faute de navires, ni à la dérobée à cause des postes des Ménapes, feignirent de rentrer chez eux et firent trois journées de marche sur le chemin du retour ; puis, refaisant tout ce trajet en une nuit, leur cavalerie tomba à l'improviste sur les Ménapes qui, ayant appris par leurs éclaireurs le départ des Germains, avaient sans crainte repassé le Rhin et regagné leurs villages. Ils les massacrèrent et, s'emparant de leurs navires, franchirent le fleuve avant que les Ménapes de l'autre rive fussent informés de rien[1] ; ils occupèrent toutes leurs demeures et vécurent de leurs provisions pendant le reste de l'hiver.

Attitude de César. V. César, instruit de ces événements, et redoutant l'inconstance des Gaulois, car ils changent facilement d'avis et sont presque toujours séduits par ce qui est nouveau [2], estima qu'il ne devait se reposer sur eux de rien. Il est, en effet, dans les habitudes des Gaulois d'arrêter les voyageurs, même contre leur gré, et de les interroger sur tout ce que chacun d'eux peut savoir ou avoir entendu dire ; dans les villes, la foule entoure les marchands et les oblige à dire de quel pays ils viennent et ce qu'ils y ont appris. Sous le coup de l'émotion que provoquent ces nouvelles ou ces bavardages, il leur arrive souvent de prendre sur les affaires les plus importantes des décisions dont il leur faut incontinent se repentir, car ils accueillent en aveugles des bruits mal fondés et la plupart de leurs informateurs inventent des réponses conformes à ce qu'ils désirent.

au pays des Suèves, était ce territoire primitif des Usipètes et des Tencthères ; M. Jullian (III, p. 46 et n. 5) suppose le Nassau.

1. Où passèrent-ils le fleuve ? On peut hésiter entre la région de Clèves et celle de Xanten. Nous préférons Clèves, à cause de 1,1 : *non longe a mari.*

2. Cf. un jugement analogue plus haut, III, 10, 3.

dispositis praesidiis Germanos transire prohibebant. [4]Illi omnia experti cum neque ui contendere propter inopiam nauium neque clam transire propter custodias Menapiorum possent, reuerti se in suas sedes regionesque simulauerunt [5]et tridui uiam progressi rursus reuerterunt atque omni hoc itinere una nocte equitatu confecto inscios inopinantesque Menapios oppresserunt, [6]qui de Germanorum discessu per exploratores certiores facti sine metu trans Rhenum in suos uicos remigrauerant. [7]His interfectis nauibusque eorum occupatis, prius quam ea pars Menapiorum quae citra Rhenum erat certior fieret flumen transierunt atque omnibus eorum aedificiis occupatis reliquam partem hiemis se eorum copiis aluerunt.

V. [1]His de rebus Caesar certior factus et infirmitatem Gallorum ueritus, quod sunt in consiliis capiendis mobiles et nouis plerumque rebus student, nihil his committendum existimauit. [2]Est enim hoc Gallicae consuetudinis, uti et uiatores etiam inuitos consistere cogant et qu*i*d quisque eorum de quaque re audierit aut cognouerit quaerant et mercatores in oppidis uulgus circumsistat quibusque ex regionibus ueniant quasque ibi res cognouerint pronuntiare cogat ; [3]his rebus atque auditionibus permoti de summis saepe rebus consilia ineunt, quorum eos in uestigio paenitere necesse est, cum incertis rumoribus seruiant et plerique ad uoluntatem eorum ficta respondeant.

4 sedes suas LN || 5 confecto equitatu LN || equitatu : *del. Müller* || 6 remigrauerant α : -unt β || 7 erat α : qui in suis sedibus era(n)t β.

V. 2 enim : autem RLN,*f* || gallicae α T*f*[2] : galliae *f*[1], U*l* || uti α : ut β || quid *Aimoin* : quod *codd.* || res ibi LN || cogat β : -ant α || 3 his rebus α : et his rumoribus β || rebus saepe β || rumoribus β : moribus α.

VI. César, connaissant ces habitudes, et ne voulant pas se trouver en face d'une guerre particulièrement redoutable, part pour l'armée plus tôt qu'il ne faisait d'ordinaire[1]. Quand il y arriva, il apprit que ce qu'il avait prévu s'était produit : un grand nombre de cités avaient envoyé des ambassades aux Germains et les avaient invités à ne pas se cantonner au Rhin ; elles s'engageaient à fournir à toutes leurs demandes. Séduits par ces promesses, les Germains poussaient plus loin, et ils étaient arrivés sur le territoire des Eburons et des Condruses, qui sont les clients des Trévires[2]. César, ayant convoqué les chefs gaulois, jugea préférable de dissimuler ce qu'il savait : après les avoir tranquillisés et rassurés, il leur ordonna de lui fournir de la cavalerie et se déclara résolu à la guerre.

Ambassade des Germains. VII. Après qu'il eut fait ses provisions de blé et que la cavalerie eut été recrutée, il se mit en route pour la région où l'on disait qu'étaient les Germains. Il n'en était plus qu'à peu de journées, quand il reçut d'eux des députés qui lui tinrent ce langage : « Les Germains ne prennent pas l'initiative de faire la guerre au peuple romain, mais, si on les attaque, ils ne refusent pas la lutte ; car la tradition des Germains c'est, quel que soit l'agresseur, de se défendre et de ne pas implorer la paix. Voici cependant ce qu'ils déclarent : ils ne sont venus que contre leur gré, parce qu'on les chassait de chez eux ; si les Romains acceptent leur amitié, ils peuvent leur être d'utiles amis : qu'ils leur assignent des terres, ou qu'ils les laissent conserver celles qu'ils ont conquises. Ils ne le cèdent qu'aux Suèves, auxquels les dieux mêmes ne sauraient être com-

1. Bien qu'il n'en dise rien à la fin du livre III, César était parti, au début de l'hiver, pour la Gaule cisalpine. Cf. V, 1, 1 : *discedens ab hibernis Caesar in Italiam, ut quotannis facere consuerat.* — L'expression *ad exercitum proficiscitur* montre qu'il avait, d'Italie, envoyé l'ordre de concentrer les légions dispersées dans leurs quartiers d'hiver : à Evreux d'après R. Holmes, à Amiens d'après M. Jullian.

2. Le tour employé par César ne dit pas clairement si les Condruses seuls, ou les Eburons et les Condruses étaient clients des Trévires.

VI. [1]Qua consuetudine cognita Caesar, ne grauiori bello occurreret, maturius quam consuerat ad exercitum proficiscitur. [2]Eo cum uenisset, ea quae fore suspicatus erat facta cognouit : [3]missas legationes ab non nullis ciuitatibus ad Germanos inuitatosque eos uti ab Rheno discederent, omniaque *quae* postulassent ab se fore parata. [4]Qua spe adducti Germani latius uagabantur et in fines Eburonum et Condrusorum, qui sunt Treuerorum clientes, peruenerant. [5]Principibus Galliae euocatis Caesar ea quae cognouerat dissimulanda sibi existimauit eorumque animis permulsis et confirmatis equitatuque imperato bellum cum Germanis gerere constituit.

VII. [1]Re frumentaria comparata equitibusque delectis iter in ea loca facere coepit, quibus in locis esse Germanos audiebat. [2]A quibus cum paucorum dierum iter abesset, legati ab his uenerunt, quorum haec fuit oratio : [3]Germanos neque priores populo romano bellum inferre neque tamen recusare, si lacessantur, quin armis contendant, quod Germanorum consuetudo haec sit a maioribus tradita, quicumque bellum inferant, resistere neque deprecari. Haec tamen dicere, uenisse inuitos, eiectos domo ; [4]si suam gratiam Romani uelint, posse iis utiles esse amicos ; uel sibi agros adtribuant uel patiantur eos tenere quos armis possederint. [5]Sese unis Suebis concedere, quibus ne dii quidem immortales

VI. **1 consuerat** : -euerat S, T*f* || **3 ab** α : a β || omniaque quae *Aldus* : omnia quaeque *codd.* omnia quae *Morus* || ab α : a β || **4** latius α : lat. iam β || fines α : -ibus β || eburonum α : eburorum β || et condr... treuerorum : *om.* T*f*[1] || condrusorum U*l* : -onum αT[m] || treuerorum αT[m] : trebir- U*l* || peruenerant α : -erunt β || **5** euocatis β : uocatis α.

VII. **1 germanos esse** S β || **2 his** : iis *ed. pr.* || **3 haec** sit : haec *om.* A, *del. Kraner* || uenisse : se *add. Kraffert* || **4** iis α : eis β || esse utiles LN || eos tenere A, BRSLN : tenere eos β tenere M || **5** suebis U*l* : sueu- α T*f* || dii α T*f* : di (U)*l*.

parés : sauf eux, il n'est personne sur la terre qu'ils ne soient capables de vaincre. »

VIII. César fit à ce discours la réponse qu'il jugea convenable ; mais pour sa conclusion, elle fut qu'il n'y avait pas d'amitié possible d'eux à lui, s'ils restaient en Gaule : « D'abord il n'est pas juste qu'un peuple qui n'a pas su défendre son territoire s'empare de celui d'autrui ; d'autre part, il n'y a pas en Gaule de terres vacantes qu'on puisse donner, surtout à une telle multitude, sans nuire à personne ; mais ils peuvent, s'ils le veulent, s'établir sur le territoire des Ubiens, dont il a auprès de lui des députés qui se plaignent des violences des Suèves et lui demandent du secours ; il leur donnera l'ordre de les accueillir. »

IX. Les ambassadeurs germains dirent qu'ils allaient rapporter cette réponse, et qu'ils reviendraient dans trois jours, une fois qu'on en aurait délibéré ; ils demandèrent qu'en attendant César n'avançât point davantage. Celui-ci se déclara dans l'impossibilité de faire pareille concession. Il savait, en effet, qu'une grande partie de leur cavalerie avait été envoyée par eux, quelques jours auparavant, chez les Ambivarites d'au delà la Meuse[1] pour y faire du butin et y prendre du blé ; il pensait qu'on attendait ces cavaliers et que c'était pour cela qu'on demandait un délai.

La Meuse et le Rhin.

X. La Meuse prend sa source dans les Vosges, qui sont sur le territoire des Lingons[2] [et, après avoir reçu un bras du Rhin, qu'on appelle le Wahal, et formé avec lui

1. Ce peuple n'est pas nommé ailleurs que dans ce passage. M. Jullian suppose que c'était une tribu du peuple des Ménapes, « tribu située des deux côtés d'une rivière appelée **Ivara*, soit dans le Brabant hollandais, soit dans les basses terres du Limbourg. » (II, p. 474, n. 10).

2. La Meuse ne descend pas des Vosges, mais du plateau de Langres. Celui-ci est bien sur le territoire des Lingons, dont il occupe le centre ; par contre, les Lingons n'allaient pas jusqu'aux Vosges, mais seulement jusqu'aux Faucilles. Sur les digressions géographiques de César voir *Introduction*, p. XIV.

pares esse possint ; reliquum quidem in terris esse neminem, quem non superare possint.

VIII. [1]Ad haec quae uisum est Caesar respondit ; sed exitus fuit orationis : Sibi nullam cum his amicitiam esse posse, si in Gallia remanerent : [2]neque uerum esse, qui suos fines tueri non potuerint, alienos occupare ; neque ullos in Gallia uacare agros, qui dari tantae praesertim multitudini sine iniuria possint ; [3]sed licere, si uelint, in Vbiorum finibus considere, quorum sint legati apud se et de Sueborum iniuriis querantur et a se auxilium petant : hoc se Vbiis imperaturum.

IX. [1]Legati haec se ad suos relaturos dixerunt et re deliberata post diem tertium ad Caesarem reuersuros : interea ne propius se castra moueret petierunt. [2]Ne id quidem Caesar ab se impetrari posse dixit. [3]Cognouerat enim magnam partem equitatus ab his aliquot diebus ante praedandi frumentandique causa ad Ambiuaritos trans Mosam missam ; hos expectari equites atque eius rei causa moram interponi arbitrabatur.

X. [1]Mosa profluit ex monte Vosego, qui est in finibus Lingonum, [et parte quadam ex Rheno recepta, quae appellatur Vacalus, insulamque efficit

5 esse possint : esse possent AM.

VIII. **1** caesar quae uisum est β || his α *f*, *l* : iis U is T || **3** uelint AM, B^2 β : uellint B^1 RS uellent LN || sueborum U : sueu- *cett.* || se ubiis *cod. Leid. 38* : suebis AM, BR sueuis SLN se ab ubiis β || imperaturum α Tf^1 : impetrat- f^2, U*l*.

IX. **1** deliberata re LN || ad caesarem : *om.* LN || petierunt α : petiu- β || **2** ab α : a β || i(m)petrari M, $SLNB^2$ R^2, T : -e U*l* imperari A imperare B^1 R^1 || **3** his : iis *Aldus nepos.*

X. *Totum hoc caput del. von Göler* || **1** lingonum AM, BRLN, *f* : linguonum S, T, U*l* || et parte... influit *del. ego* || uacalus A, BR β : uaculus S, M ualus LN || insulamque M, LN β : insulam quae A, B insulam *dett.*, *Aimoin.*

l'île des Bataves, elle se jette dans l'Océan] et à quatre-vingt mille pas environ de l'Océan, elle se jette dans le Rhin.[1] Quant à ce fleuve, il prend sa source chez les Lépontes, habitants des Alpes, parcourt d'une allure rapide un long espace à travers les pays des Nantuates, des Helvètes, des Séquanes, des Médiomatrices, des Triboques, des Trévires ; à l'approche de l'Océan, il se divise en plusieurs bras en formant des îles nombreuses et immenses, dont la plupart sont habitées par des nations farouches et barbares, au nombre desquelles sont ces hommes qu'on dit se nourrir de poissons et d'œufs d'oiseaux ; il se jette dans l'Océan par plusieurs embouchures.

Une trêve est conclue.

XI. César n'était pas à plus de douze milles de l'ennemi quand les députés, observant le délai fixé, revinrent. Ils le rencontrèrent en marche, et se mirent à le supplier de ne pas aller plus avant ; leurs prières restant vaines, ils essayèrent d'obtenir qu'il fît porter aux cavaliers qui étaient en avant-garde l'ordre de ne pas engager le combat, et qu'il les laissât envoyer aux Ubiens des députés ; si les chefs de ce peuple et son sénat s'engageaient sous serment, ils déclaraient accepter la proposition que faisait César ; ils demandaient qu'il leur accordât trois jours pour ces négociations. César pensait que tout cela visait toujours au même but : gagner trois jours pour permettre à leur cavalerie, qui était absente, de revenir ; néanmoins il dit qu'il n'avancerait ce jour-là que de quatre milles, pour se procurer de l'eau ; qu'ils vinssent le trouver le

1. Les éditeurs ont jusqu'à présent essayé d'atténuer, à grand renfort de corrections, les contradictions que renferme cette phrase. Pour nous il est clair que le texte de César juxtapose deux conceptions géographiques différentes, et qu'il faut sacrifier l'un ou l'autre des deux membres de phrase qui les traduisent. Lequel ? Le premier est géographiquement correct, grammaticalement incorrect ; pour le second, c'est l'inverse. Donc celui-ci est de César, celui-là est d'un glossateur. En effet, l'exactitude du fond et l'incorrection de la forme dénoncent dans le membre de phrase que nous supprimons une correction marginale. Au contraire, il n'est pas vraisemblable qu'on ait corrigé une affirmation vraie par une fausse, et une erreur géographique n'est pas pour nous surprendre chez César. Il n'y a d'ailleurs pas ici erreur sur les faits, mais sur leur interprétation César — ou le géographe dont il

Batauorum in Oceanum influit] [2]neque longius ab Oceano milibus passuum LXXX in Rhenum influit. [3]Rhenus autem oritur ex Lepontiis, qui Alpes incolunt, et longo spatio per fines Nantuatium, Heluetiorum, Sequanorum, Mediomatricorum, Tribocorum, Treuerorum citatus fertur [4]et, ubi Oceano adpropinquauit, in plures defluit partes multis ingentibusque insulis effectis, quarum pars magna a feris barbarisque nationibus incolitur, [5]ex quibus sunt qui piscibus atque ouis auium uiuere existimantur, multisque capitibus in Oceanum influit.

XI. [1]Caesar cum ab hoste non amplius passuum XII milibus abesset, ut erat constitutum, ad eum legati reuertuntur ; qui in itinere congressi magnopere ne longius progrederetur orabant. [2]Cum id non impetrassent, petebant uti ad eos equites qui agmen antecessissent praemitteret eosque pugna prohiberet, sibique ut potestatem faceret in Vbios legatos mittendi : [3]quorum si principes ac senatus sibi iure iurando fidem fecisset, ea condicione quae a Caesare ferretur se usuros ostendebant : ad has res conficiendas sibi tridui spatium daret. [4]Haec omnia Caesar eodem illo pertinere arbitrabatur, ut tridui mora interposita equites eorum, qui abessent, reuerterentur ; tamen sese non longius milibus passuum quattuor aquationis causa processurum eo die

1 batauorum β : uat- α || **2** ab oceano : ab eo *Aldus* ab rheno *Nipperdey* inde *Bergk* || rhenum : oceanum *Aldus* || **3** nantuatium AM : nantuant- BLN nautuant- R nontuant- S nemetum T*f* namnetum U*l* || mediomatricorum β : -icum α || tribocorum *Vascosan* : tribuc- α *om.* β || treuerorum α : treuir- β || **4** oceano α : -um β || a(d)propinquauit AM, BR^1, (T^1) *f*, *l* : a(d)propinquat $SLNR^2$, T^2, U || defluit α : diffl- β || **5** ex α : e β || atque ouis AM, BRS : ouisque LN atque qui ouis β.

XI. **1** Caesar : *del. Meusel* || magnopere : *om.* LN || progrederetur α : procederet β || **2** equites : *om.* LN || uti β : ut α || **3** fecisset : -ent M^2, LN R^2 || **4** abessent : aberant LN || sese : se *Klotz*.

lendemain à cet endroit en aussi grand nombre que possible, afin qu'il pût se prononcer en connaissance de cause sur leurs demandes. En attendant, il fait dire à ses préfets, qui le précédaient avec toute la cavalerie, de ne pas attaquer l'ennemi, et, si on les attaque, de se borner à la défensive, jusqu'à ce qu'il soit là avec l'armée.

Elle est rompue par les Germains.

XII. Mais les ennemis, dès qu'ils aperçurent nos cavaliers, qui étaient au nombre d'environ cinq mille, tandis qu'eux-mêmes n'en avaient pas plus de huit cents — ceux qui étaient allés chercher du blé au delà de la Meuse n'étant pas encore revenus —, chargèrent les nôtres, qui ne se méfiaient de rien, parce que les députés ennemis venaient de quitter César et avaient demandé une trêve pour cette journée même ; ils eurent vite fait de mettre le désordre dans nos rangs ; puis, comme nos cavaliers se reformaient, ils mirent pied à terre, selon leur coutume, et, frappant les chevaux par dessous, jetant à bas un très grand nombre de nos hommes, ils mirent les autres en fuite : la panique fut telle, et la poursuite si vive, qu'ils ne s'arrêtèrent qu'une fois en vue de nos colonnes. Dans ce combat, soixante-quatorze de nos cavaliers trouvèrent la mort, et parmi eux un homme très valeureux, l'Aquitain Pison, personnage de haute naissance dont l'aïeul avait été roi dans sa cité et avait reçu de notre sénat le titre d'ami. Comme il portait secours à son frère, que les ennemis enveloppaient, il réussit à l'arracher au danger, mais il eut lui-même son cheval blessé et fut jeté à terre ; aussi longtemps qu'il put, il tint tête avec un grand courage ; mais, entouré de toutes parts, couvert de blessures, il tomba, et son frère,

s'inspire, — a considéré le Waal (dont le nom, *Vacalus*, n'apparaît pas avant Tacite) comme étant non pas une dérivation du Rhin, mais le Rhin lui-même ; et le Waal devait joindre alors ses eaux à celles de la Meuse au fort Saint-André, comme il le faisait encore avant les travaux de 1856 ; la distance de ce point à l'Océan correspond parfaitement aux 80 milles de César, et c'est le *confluens Mosae et Rheni* dont il est question plus loin, 15, 2.

dixit ; [5]huc postero die quam frequentissimi conuenirent, ut de eorum postulatis cognosceret. [6]Interim ad praefectos, qui cum omni equitatu antecesserant, mittit qui nuntiarent ne hostes proelio lacesserent, et si ipsi lacesserentur, sustinerent, quoad ipse cum exercitu propius accessisset.

XII. [1]At hostes ubi primum nostros equites conspexerunt, quorum erat v milium numerus, cum ipsi non amplius octingentos equites haberent, quod ii qui frumentandi causa ierant trans Mosam nondum redierant, nihil timentibus nostris, quod legati eorum paulo ante a Caesare discesserant atque is dies indutiis erat ab his petitus, impetu facto celeriter nostros perturbauerunt ; [2]rursus his resistentibus consuetudine sua ad pedes desiluerunt, subfossis equis conpluribusque nostris deiectis reliquos in fugam coniecerunt atque ita perterritos egerunt, ut non prius fuga desisterent quam in conspectum agminis nostri uenissent. [3]In eo proelio ex equitibus nostris interficiuntur quattuor et septuaginta, [4]in his uir fortissimus, Piso Aquitanus, amplissimo genere natus, cuius auus in ciuitate sua regnum obtinuerat amicus ab senatu nostro appellatus. [5]Hic cum fratri intercluso ab hostibus auxilium ferret, illum ex periculo eripuit, ipse equo uulnerato deiectus quoad potuit fortissime restitit : [6]cum circumuentus multis uulneribus acceptis cecidisset atque id frater,

XII. **1** octingentos α : MCCC U ∞ ccc *l* cccc T*f* || ii : hi T[2], U*l* || ierant trans mosam α : erant trans mosam profecti β || nostris timentibus LN || is BRSLN : his AM β || his α *f*, *l* : iis U eis T || **2** his *f*, *l* : hiis T iis U nostris N[2] *om.* α || sua consuetudine β || subfossis α : suffossisque β || conspectum α : -u β || uenissent : -irent LN || **4** ab A, BRLN : a M, S β || **5** ex α : *om.* β || **6** cecidisset α : decidisset β.

qui déjà était hors de la mêlée, voyant de loin la chose, se jeta au galop sur l'ennemi et se fit tuer aussi.

Victoire de César. XIII. Après ce combat, César estimait qu'il ne devait plus donner audience aux députés ni accueillir les propositions de gens qui avaient commencé les hostilités par traîtrise, à la faveur d'une demande de paix ; quant à attendre, en laissant les forces des ennemis s'accroître par le retour de leur cavalerie, il jugeait que c'eût été folie pure ; connaissant d'ailleurs l'inconstance des Gaulois, il comprenait tout ce que déjà par ce seul combat l'ennemi avait gagné de prestige à leurs yeux : il ne fallait pas leur laisser le temps de se décider. Sa pensée était bien arrêtée sur tout cela, et il avait communiqué à ses légats et à son questeur sa résolution de ne pas différer d'un jour la bataille, quand une circonstance très favorable se présenta : le lendemain au matin, agissant toujours avec la même traîtrise et la même hypocrisie, les Germains vinrent en grand nombre — il y avait là tous les chefs et tous les anciens — trouver César dans son camp ; ils voulaient — c'était le prétexte — s'excuser de ce qu'ils avaient la veille engagé le combat contrairement aux conventions et à leurs propres demandes ; mais en même temps ils se proposaient d'obtenir, s'ils le pouvaient, en nous trompant, quelque prolongement de trêve. César, heureux qu'ils vinssent ainsi s'offrir, ordonna de les garder ; puis il fit sortir du camp toutes ses troupes ; la cavalerie, démoralisée, pensait-il, par son dernier combat, fut placée à l'arrière-garde.

XIV. Ayant disposé son armée en ordre de bataille sur trois rangs, et ayant parcouru rapidement huit milles,[1] il arriva au camp des ennemis avant qu'ils pussent s'apercevoir de ce qui se passait. Tout concourait à frapper les Germains d'une peur subite : la promptitude de notre

1. Ce chiffre prouve que César avait tenu sa promesse de ne pas avancer de plus de 4 milles : cf. plus haut, 11, 1 et 4.

qui iam proelio excesserat, procul animaduertisset, incitato equo se hostibus obtulit atque interfectus est.

XIII [1]Hoc facto proelio Caesar neque iam sibi legatos audiendos neque condiciones accipiendas arbitrabatur ab iis qui per dolum atque insidias petita pace ultro bellum intulissent : [2]exspectare uero dum hostium copiae augerentur equitatusque reuerteretur summae dementiae esse iudicabat, [3]et cognita Gallorum infirmitate quantum iam apud eos hostes uno proelio auctoritatis essent consecuti sentiebat ; quibus ad consilia capienda nihil spatii dandum existimabat. [4]His constitutis rebus et consilio cum legatis et quaestore communicato ne quem diem pugnae praetermitteret, oportunissime res accidit, quod postridie eius diei mane eadem et perfidia et simulatione usi Germani frequentes omnibus principibus maioribusque natu adhibitis ad eum in castra uenerunt, [5]simul, ut dicebatur, sui purgandi causa, quod contra atque esset dictum et ipsi petissent proelium pridie commisissent, simul ut, si quid possent, de indutiis fallendo impetrarent. [6]Quos sibi Caesar oblatos gauisus illos retineri iussit, ipse omnes copias castris eduxit equitatumque, quod recenti proelio perterritum esse existimabat, agmen subsequi iussit.

XIV. [1]Acie triplici instituta et celeriter VIII milium itinere confecto prius ad hostium castra peruenit quam quid ageretur Germani sentire possent. [2]Qui omnibus rebus subito perterriti, et celeritate

6 animaduertisset α : animum adu- β || est interfectus β.
XIII. 1 iis BRN : his AM, SL β || 4 ne quem... praetermitteret : *del. Lange* || praetermitteret : intermitteret LN || op(p)ortunissime α : -a β || simulatione et perfidia β || germani usi β || frequentes : -ibus LN || 5 purgandi sui β || 6 gauisus β : grauius α || illos : *om.* LN.
XIV. 1 possent sentire β || 2 et celeritate... suorum : *del. Nitsche.*

approche, l'absence de leurs chefs, et de n'avoir le temps ni de tenir conseil, ni de prendre leurs armes ; ils s'affolent, ne sachant s'il vaut mieux aller au-devant de l'ennemi, ou défendre le camp, ou chercher son salut dans la fuite. Comme la rumeur et le rassemblement confus des hommes manifestaient leur frayeur, nos soldats, stimulés par la perfidie de la veille, firent irruption dans le camp. Là, ceux qui purent s'armer promptement résistèrent un moment aux nôtres, engageant le combat parmi les chariots et les bagages ; mais il restait une foule d'enfants et de femmes (car ils étaient partis de chez eux et avaient passé le Rhin avec tous les leurs) qui se mit à fuir de tous côtés. César envoya sa cavalerie à leur poursuite.

XV. Les Germains, entendant une clameur derrière eux, et voyant qu'on massacrait les leurs, jetèrent leurs armes, abandonnèrent leurs enseignes et se précipitèrent hors du camp ; arrivés au confluent de la Meuse et du Rhin[1], désespérant de pouvoir continuer leur fuite et voyant qu'un grand nombre d'entre eux avaient été tués, ceux qui restaient se jetèrent dans le fleuve et là, vaincus par la peur, par la fatigue, par la force du courant, ils périrent. Les nôtres, sans avoir perdu un seul homme et n'ayant qu'un tout petit nombre de blessés, après avoir redouté une lutte terrible, car ils avaient eu affaire à quatre cent trente mille ennemis, se retirèrent dans leur camp. César autorisa ceux qu'il avait retenus à s'en aller ; mais eux, craignant que les Gaulois, dont ils avaient ravagé les champs, ne leur fissent subir de cruels supplices, déclarèrent qu'ils désiraient rester auprès de lui. César leur accorda la liberté[2].

Il décide de passer le Rhin. XVI. La guerre germanique achevée, César, pour maintes raisons, décida de franchir le Rhin ; la meilleure était

1. *Ad confluentem Mosae et Rheni.* Très discuté. Pour notre interprétation, voir plus haut, p. 103, n. 1.

2. *His Caesar libertatem concessit.* Ces mots ont été généralement mal compris. Ils ne peuvent signifier : « César leur accorda cette faveur. » Mais de cette impossibilité il ne faut pas conclure, comme on l'a fait, que la phrase appelle une correction (*Hoc iis Caesar liberaliter concessit*, Sydow, suivi par Meusel). De par le droit de la guerre, ces hommes

aduentus nostri et discessu suorum, neque consilii habendi neque arma capiendi spatio dato, perturbantur, copiasne aduersus hostem ducere, an castra defendere, an fuga salutem petere praestaret. [3]Quorum timor cum fremitu et concursu significaretur, milites nostri pristini diei perfidia incitati in castra inruperunt. [4]Quo loco qui celeriter arma capere potuerunt paulisper nostris restiterunt atque inter carros impedimentaque proelium commiserunt : [5]at reliqua multitudo puerorum mulierumque (nam cum omnibus suis domo excesserant Rhenumque transierant) passim fugere coepit ; ad quos consectandos Caesar equitatum misit.

XV. [1]Germani post tergum clamore audito, cum suos interfici uiderent, armis abiectis signisque militaribus relictis se ex castris eiecerunt, [2]et cum ad confluentem Mosae et Rheni peruenissent, reliqua fuga desperata magno numero interfecto reliqui se in flumen praecipitauerunt atque ibi timore, lassitudine, ui fluminis oppressi perierunt. [3]Nostri ad unum omnes incolumes perpaucis uulneratis ex tanti belli timore, cum hostium numerus capitum CCCCXXX milium fuisset, se in castra receperunt. [4]Caesar *i*is quos in castris retinuerat discedendi potestatem fecit. [5]Illi supplicia cruciatusque Gallorum ueriti, quorum agros uexauerant, remanere se apud eum uelle dixerunt. His Caesar libertatem concessit.

XVI. [1] Germanico bello confecto multis de causis Caesar statuit sibi Rhenum esse transeundum ;

2 consilii : -um T || perturbantur : -babantur *Aldus* || ducere α : educere β || 4 quo loco [quo in loco LN] α : quorum β || 5 nam α : namque β.
XV. 1 tergum α : -a β || ex α T^2 : e *f*, *Ul*, *om.* T^1 || 2 et rheni : *del.* *Bergk* || ui : in B et ui LN || 4 iis *ed. pr.* : his *codd.*
XVI. 1 germanico : germano LN || esse rhenum LN.

que, voyant avec quelle facilité les Germains se déterminaient à venir en Gaule, il voulut qu'eux aussi eussent à craindre pour leurs biens, quand ils comprendraient qu'une armée romaine pouvait et osait traverser le Rhin. Un autre motif était que ceux des cavaliers Usipètes et Tencthères dont j'ai dit plus haut qu'ils avaient passé la Meuse pour faire du butin et prendre du blé, et qu'ils n'avaient pas participé au combat, s'étaient, après la défaite des leurs, réfugiés au delà du Rhin chez les Sugambres, et avaient fait alliance avec eux. César ayant fait demander aux Sugambres de lui livrer ces hommes qui avaient porté les armes contre lui et contre les Gaulois, ils répondirent que « la souveraineté du peuple romain expirait au Rhin ; s'il ne trouvait pas juste que les Germains passassent en Gaule malgré lui, pouvait-il prétendre à quelque souveraineté ou autorité au delà du Rhin ? » Or, les Ubiens, qui seuls parmi les Transrhénans avaient envoyé des députés à César, avaient lié amitié avec lui, lui avaient donné des otages, le priaient très instamment de leur porter secours, parce que les Suèves menaçaient leur existence. « Si les affaires de la république le retenaient, qu'il fît seulement passer le Rhin à son armée ; cela suffirait pour écarter le danger de l'heure présente et pour garantir leur sécurité future : le renom et la réputation de cette armée étaient tels, depuis la défaite d'Arioviste et après ce dernier combat, même chez les plus lointaines peuplades de la Germanie, que, si on les savait amis de Rome, on les respecterait[1]. » Ils

étaient esclaves. César leur accorda la liberté. L'auteur de la traduction grecque des *Commentaires* a bien traduit : Τούτοις ἐλευθερίαν ἔδωκεν ὁ Καῖσαρ.

1. César, dans ce chapitre, paraît avoir à cœur de répondre à des critiques. Caton, à la suite du massacre des Usipètes et des Tencthères, avait violemment dénoncé sa conduite comme une violation du droit des gens et avait proposé qu'on le livrât aux Germains pour détourner sur le coupable la colère divine. (Plut., *Caes.*, 22; *Cato*, 51 ; Appien, *Celt.*, 18). Dion (XXXIX, 48) l'accuse de mégalomanie : « Il était tourmenté du désir de faire ce qu'aucun de ses semblables n'avait encore fait. » Que César ait connu les emportements d'imagination des grands conquérants, c'est indéniable ; mais il est sûr aussi qu'une démonstration au delà du Rhin était utile pour assurer la sécurité de la Gaule.

quarum illa fuit iustissima, quod, cum uideret Germanos tam facile impelli ut in Galliam uenirent, suis quoque rebus eos timere uoluit, cum intellegerent et posse et audere populi romani exercitum Rhenum transire. [2]Accessit etiam quod illa pars equitatus Vsipetum et Tenctherorum, quam supra commemoraui praedandi frumentandique causa Mosam transisse neque proelio interfuisse, post fugam suorum se trans Rhenum in fines Sugambrorum receperat seque cum iis coniunxerat. [3]Ad quos cum Caesar nuntios misisset, qui postularent eos qui sibi Galliaeque bellum intulissent sibi dederent, responderunt : [4]Populi romani imperium Rhenum finire ; si se inuito Germanos in Galliam transire non aequum existimaret, cur sui quicquam esse imperii aut potestatis trans Rhenum postularet ? [5]Vbii autem, qui uni ex Transrhenanis ad Caesarem legatos miserant, amicitiam fecerant, obsides dederant, magnopere orabant ut sibi auxilium ferret, quod grauiter ab Sue*b*is premerentur ; [6]uel, si id facere occupationibus rei publicae prohiberetur, exercitum modo Rhenum transportaret : id sibi < ad praesens > auxilium spemque reliqui temporis satis futurum. [7]Tantum esse nomen atque opinionem eius exercitus Ariouisto pulso et hoc nouissimo proelio facto etiam ad ultimas Germanorum nationes, uti opinione [et] amicitia*e* populi romani tuti esse possint. [8]Nauium

1 ut α : quod β || **2** tenctherorum AM, LN β : tencter- BRS || commemoraui : memoraui A, LN || proelio α : in pr- β || sugambrorum : sig- LN || iis A, BRLN : hiis M, T his S, U*l* || **5** legatos α : *om.* β || orabant : postulabant LN || suebis *edd.* : sueuis *codd.* || **6** rei publicae β : p(opuli) r(omani) α || ad praesens *add. Lange* || satis : *om.* LN || **7** nomen α : apud eos *add.* β || eius exercitus α : exercitus romani β || ariouisto : -ixto A, BR || uti α : ut β || uti... possint : *del. Nitsche* || et *del. Bentley* || amicitiae *Bentley* : -ia *codd.* || possint : -ent *Whitte.*

promettaient une grande quantité de navires pour le transport de l'armée.

Construction d'un pont.

XVII. César, pour les raisons que j'ai dites, avait décidé de franchir le Rhin ; mais les bateaux lui semblaient un moyen trop peu sûr, et qui convenait mal à sa dignité et à celle du peuple romain. Aussi, en dépit de l'extrême difficulté que présentait la construction d'un pont, à cause de la largeur, de la rapidité et de la profondeur du fleuve[1]. il estimait qu'il devait tenter l'entreprise ou renoncer à faire passer ses troupes autrement. Voici le nouveau procédé de construction qu'il employa. Il accouplait, à deux pieds l'une de l'autre, deux poutres d'un pied et demi d'épaisseur, légèrement taillées en pointe par le bas et dont la longueur était proportionnée à la profondeur du fleuve. Il les descendait dans le fleuve au moyen de machines et les enfonçait à coups de mouton, non point verticalement, comme des pilotis ordinaires, mais obliquement, inclinées dans la direction du courant ; en face de ces poutres, il en plaçait deux autres, jointes de même façon, à une distance de quarante pieds en aval[2] et penchées en sens inverse du courant. Sur ces deux paires on posait des poutres larges de deux pieds, qui s'enclavaient exactement entre les pieux accouplés, et on plaçait de part et d'autre deux crampons qui empêchaient les couples de se rapprocher par le haut ; ceux-ci étant ainsi écartés et retenus chacun en sens contraire, l'ouvrage avait tant de solidité, et cela en vertu des lois de la physique, que plus la violence du courant était grande, plus le système était fortement lié. On posait sur les traverses des poutrelles longitudinales et, par dessus, des lattes et des claies. En outre, on enfonçait en aval des

1. On a proposé maint lieu de passage, de Clèves à Coblentz : le plus probable est Cologne (cf. Jullian, III, p. 331, n. 9). La largeur du fleuve y est de 400 mètres, sa profondeur moyenne de 3 mètres.

2. Ce chiffre ne doit pas s'entendre de l'écartement des couples de pilotis au sommet, le tablier du pont n'ayant certainement pas eu 12 mètres de large. On peut hésiter entre l'écartement à la base ou l'écartement au niveau de l'eau.

3. *Fibulae.* Il est difficile de se faire une idée précise de ce qu'étaient ces crampons.

magnam copiam ad transportandum exercitum pollicebantur.

XVII. [1]Caesar his de causis quas commemoraui Rhenum transire decreuerat ; sed nauibus transire neque satis tutum esse arbitrabatur, neque suae neque populi romani dignitatis esse statuebat. [2]Itaque, etsi summa difficultas faciendi pontis proponebatur propter latitudinem, rapiditatem altitudinemque fluminis, tamen id sibi contendendum aut aliter non traducendum exercitum existimabat. [3]Rationem pontis hanc instituit. Tigna bina sesquipedalia paulum ab imo praeacuta dimensa ad altitudinem fluminis interuallo pedum duorum inter se iungebat. [4]Haec cum machinationibus inmissa in flumen defixerat fistucisque adegerat, non sublicae modo derecte ad perpendiculum, sed prone ac fastigate, ut secundum naturam fluminis procumberent, [5]his item contraria duo ad eundem modum iuncta interuallo pedum quadragenum ab inferiore parte contra uim atque impetum fluminis conuersa statuebat. [6]Haec utraque insuper bipedalibus trabibus inmissis, quantum eorum tignorum iunctura distabat, binis utrimque fibulis ab extrema parte distinebantur ; [7]quibus disclusis atque in contrariam partem reuinctis tanta erat operis firmitudo atque ea rerum natura ut, quo maior uis aquae se incitauisset, hoc artius inligata tenerentur. [8]Haec derecta materia iniecta contexebantur ac longuriis cratibusque consternebantur ; [9]ac nihilo setius subli-

XVII. **1** transire neque α : transire se neque β || **2** faciendi α *f* : -iundi T, U*l* || **4** flumen α : -ine β || fistucisque AM, BRS festuculisque β fistulisque LN || **5** his M^2, BRSLN β : iis AM^1 || iuncta α : diiuncta β || quadragenum α : XL β || **7** inligata α : ligata β || **8** materia α : -ie β || contexebantur : contegebantur *Meusel* || ac α : et β || longuriis α : ris β.

pieux obliques qui, faisant contrefort[1], appuyant l'ensemble de l'ouvrage, résistaient au courant ; d'autres étaient plantés à une petite distance en avant du pont : c'était une défense qui devait, au cas où les Barbares lanceraient des troncs d'arbres ou des navires destinés à le jeter bas, atténuer la violence du choc et préserver l'ouvrage.

César au delà du Rhin. Retour en Gaule.

XVIII. Dix jours après qu'on avait commencé à apporter les matériaux, toute la construction est achevée et l'armée passe le fleuve. César laisse aux deux têtes du pont une forte garde et se dirige vers le pays des Sugambres. Sur ces entrefaites, il reçoit des députations d'un grand nombre de cités : à leur demande de paix et d'amitié, il répond avec bienveillance et ordonne qu'on lui amène des otages. Mais les Sugambres, qui avaient, dès l'instant où l'on commença de construire le pont, préparé leur retraite, sur le conseil des Tencthères et des Usipètes qui étaient auprès d'eux, avaient quitté leur pays en emportant tous leurs biens et étaient allés se cacher dans des contrées inhabitées et couvertes de forêts.

XIX. César, après être resté quelques jours sur leur territoire, incendia tous les villages et tous les bâtiments[2], coupa le blé, et se retira chez les Ubiens ; il leur promit de les secourir si les Suèves les attaquaient, et reçut d'eux les informations suivantes : les Suèves, ayant appris par leurs éclaireurs qu'on jetait un pont sur le Rhin, avaient, à la suite d'un conseil tenu selon leur usage, envoyé de tous côtés l'avis qu'on abandonnât les villes, qu'on dépo-

1. *Pro ariete.* Nous avons expliqué plus haut, p. 69, n. 2, ce que c'était que l'*aries*, bélier. Ce passage est le seul où le mot soit employé pour désigner un contrefort ou un étai. Si le texte n'est pas corrompu, César aura voulu faire entendre, par une image, que la poutre d'étai s'appuyait obliquement au pont, de même que le bélier frappant une muraille la frappait obliquement de bas en haut. Mais cette comparaison avec un instrument de destruction, pour désigner un moyen de consolidation, est singulière.

2. *Aedificia.* Le mot, quand il est associé à *uici*, désigne chez César toutes les constructions isolées, telles que fermes ou granges.

cae et ad inferiorem partem fluminis oblique agebantur, quae pro ariete subiectae et cum omni opere coniunctae uim fluminis exciperent, [10]et aliae item supra pontem mediocri spatio, ut, si arborum trunci siue naues deiciendi operis essent a barbaris missae, his defensoribus earum rerum uis minueretur, neu ponti nocerent.

XVIII. [1]Diebus decem quibus materia coepta erat conportari omni opere effecto exercitus traducitur. [2]Caesar ad utramque partem pontis firmo praesidio relicto in fines Sugambrorum contendit. [3]Interim a compluribus ciuitatibus ad eum legati ueniunt ; quibus pacem atque amicitiam petentibus liberaliter respondet obsidesque ad se adduci iubet. [4]At Sugambri ex eo tempore quo pons institui coeptus est fuga conparata hortantibus iis quos ex Tenctheris atque Vsipetibus apud se habebant finibus suis excesserant suaque omnia exportauerant seque in solitudinem ac siluas abdiderant.

XIX. [1]Caesar paucos dies in eorum finibus moratus omnibus uicis aedificiisque incensis frumentisque succisis se in fines Vbiorum recepit, atque his auxilium suum pollicitus, si a Suebis premerentur, haec ab iis cognouit : [2]Suebos, postea quam per exploratores pontem fieri comperissent, more suo concilio habito nuntios in omnes partes dimisisse, uti de

9 et ad : ad S, T*f* || ariete : anteride *Harder* || **10** naues : trabes *R. Schneider* || operis α : operis causa β || missae : inmissae *Ciacconius.*

XVIII. **1** opere α : ponte β || **2** sugambrorum β : sig- A^1 M^1, LN syg- BRS sic- A^2 M^2 || contendit α : int- β || **3** respondet β : -it α || **4** at U*l* : ut T*f* *om.* α || sugambri β : sig- [sic- M^2] α || iis α : his β || tenctheris LN, *l* : tencteris A, T(*f*) thencteris M, RS β tencheris U || atque α : et β.

XIX. **1** succisis M^2 [frumentisque succisis *om.* M^1] N L^2 : succensis *cett.* || his β : iis α || a Sβ : ab *cett.* || suebis : -uis $LNSB^2$, T*f* || iis [eis S] α : his [is T^1] β || **2** suebos : -uos $LNSB^2$, T*f* || postea quam : postquam LN.

sât dans les forêts enfants, femmes et tout ce qu'on possédait, et que tous les hommes capables de porter les armes se concentrassent sur un même point. Le lieu choisi était à peu près au centre de la contrée habitée par les Suèves : c'est là qu'ils avaient décidé d'attendre l'arrivée des Romains et là qu'ils devaient leur livrer la bataille décisive. Quand César connut ce plan, comme il avait atteint tous les objectifs qu'il s'était proposés en franchissant le Rhin — faire peur aux Germains, punir les Sugambres, délivrer les Ubiens de la pression qu'ils subissaient —, après dix-huit jours complets passés au delà du Rhin, estimant avoir atteint un résultat suffisamment glorieux et suffisamment utile, il revint en Gaule et coupa le pont derrière lui[1].

César prépare une expédition en Bretagne. XX. César n'avait plus devant lui qu'une petite partie de l'été ; bien que dans ces régions — car toute la Gaule est tournée vers le nord — les hivers soient précoces, il voulut néanmoins partir pour la Bretagne, parce qu'il se rendait compte que dans presque toutes les guerres que nous avions faites contre les Gaulois ceux-ci avaient reçu des secours de la Bretagne ; il pensait d'ailleurs que si la saison trop avancée ne lui laissait pas le temps de faire campagne, il lui serait néanmoins fort utile d'avoir seulement abordé dans l'île, et d'avoir vu ce qu'étaient ses habitants, reconnu les lieux, les ports, les points de débarquement : toutes choses qui étaient à peu près ignorées des Gaulois[2]. En effet, à part les marchands, il est rare que personne se risque là-bas, et les marchands eux-mêmes ne connaissent rien en dehors de la côte et des régions qui font face à la Gaule.

1. César n'avait-il que les intentions modestes qu'il avoue ? On en peut douter (cf. plus haut, p. 107, n. 1). En tout cas, le contraste était frappant entre les débuts grandioses de l'expédition et sa fin précipitée, après une simple promenade militaire ; aussi comprenons-nous que César insiste, comme il le fait dans cette phrase, pour qu'on sache bien qu'il avait atteint tous ses objectifs.

2. Cf. cependant ce que César dit plus haut des rapports des Bretons avec les Vénètes (III, 8, 1), les Suessions (II, 4, 7), les Bellovaques (II, 14, 4).

oppidis demigrarent, liberos, uxores suaque omnia in siluis deponerent, atque omnes qui arma ferre possent unum in locum conuenirent : [3]hunc esse delectum medium fere regionum earum, quas Sue*b*i optinerent : hic Romanorum aduentum expectare atque ibi decertare constituisse. [4]Quod ubi Caesar comperit, omnibus iis rebus confectis quarum rerum causa traducere exercitum constituerat, ut Germanis metum iniceret, ut Sugambros ulcisceretur, ut Vbios obsidione liberaret, diebus omnino XVIII trans Rhenum consumptis satis et ad laudem et ad utilitatem profectum arbitratus se in Galliam recepit pontemque rescidit.

XX. [1]Exigua parte aestatis reliqua Caesar, etsi in his locis, quod omnis Gallia ad septentriones uergit, maturae sunt hiemes, tamen in Britanniam proficisci contendit, quod omnibus fere Gallicis bellis hostibus nostris inde subministrata auxilia intellegebat [2]et, si tempus anni ad bellum gerendum deficeret, tamen magno sibi usui fore arbitrabatur, si modo insulam adisset et genus hominum perspexisset, loca, portus, aditus cognouisset ; quae omnia fere Gallis erant incognita. [3]Neque enim temere praeter mercatores illo adiit quisquam, neque iis ipsis quicquam praeter oram maritimam atque eas regiones quae sunt contra Galliam notum est. [4]Itaque

2 siluis : -as LN || **3** suebi *edd.* : sueui *codd.* || ibi : ibidem *Paul* || 4 iis rebus *Meusel* : his rebus LN β rebus his AM, BRS || exercitum traducere β || sugambros A^1, BR, *f*, *Ul* : syg- S sig- M^1 A^2, LN, T sic- M^2 || XVIII β : decem et octo α || *post* utilitatem *add.* populi romani *Sydow* || profectum BRSLN : pert- AM β.

XX. **1** quod... uergit : *del. Kraffert* || septentriones AM β : septemtrionem BRSLN || contendit proficisci β || bellis gallicis β || **2** anni : *del. Meusel* || deficeret α : defecerat β || usui sibi β || et α : *om.* β || **3** illo adiit α : adit ad illos β illo adit *Lipsius* || iis : hiis M, T, his *f* || galliam S : -as *cett.* [*cf. R. E. A.*, 1925, *p.* 293].

Aussi eut-il beau faire venir de partout des marchands, il lui était impossible de rien apprendre ni sur l'étendue de l'île, ni sur le caractère et l'importance des peuples qui l'habitent, ni sur leur manière de faire la guerre ou de vivre, ni sur les ports qui étaient capables de recevoir un grand nombre de gros navires[1].

XXI. Pour se renseigner là-dessus, avant de tenter l'entreprise, César détache, avec un navire de guerre, C. Volusénus, qu'il jugeait propre à cette mission[2]. Il lui donne comme instructions de faire une reconnaissance générale et de revenir au plus vite. De son côté, il part avec toutes ses troupes pour le pays des Morins, car c'est de là que le passage en Bretagne est le plus court. Il y rassemble des navires tirés de toutes les contrées voisines et la flotte qu'il avait construite l'été précédent pour la guerre des Vénètes. Cependant son projet s'ébruite et les marchands en portent la nouvelle aux Bretons : maints peuples de l'île lui envoient des députés pour offrir de livrer des otages et de faire soumission à Rome. Il leur donne audience, leur fait des promesses généreuses, les engage à persévérer dans ces sentiments, et les renvoie chez eux accompagnés de Commios, qu'il avait fait roi des Atrébates après sa victoire sur ce peuple[3]; il appréciait son courage et son intelligence, il le jugeait fidèle, et son autorité était grande dans le pays. Il lui ordonne de visiter le plus de peuples possible, de les engager à se placer sous le protectorat de Rome, et d'annoncer son arrivée

1. Il est très probable que cette ignorance était en partie feinte : les marchands Gaulois ne tenaient pas à renseigner les Romains, dont ils avaient tout lieu de redouter la concurrence sur les marchés de la Bretagne. A en croire Suétone, *Caes.*, 47, César serait allé en Bretagne dans l'espoir d'y trouver des perles ; mais Cicéron dit dans une lettre à Atticus (*Ad Att.*, IV, 16, 13), qu'il était assuré de n'en rapporter d'autre butin que des esclaves. Il faut reconnaître que cette campagne, de même que l'expédition en Germanie, se justifiait comme complément nécessaire de l'entreprise de conquête des Gaules.

2. C. Volusénus Quadratus était tribun militaire (cf. III, 5,2). En 51 (cf. VIII, 43,1), peut-être même dès 53 (cf. VI, 41,2), il était devenu préfet de la cavalerie.

3. C'est la victoire de la Sambre, en 57 : cf. II, 23,1. — La phrase de César *quem... regem ibi constituerat* nous semble signifier que Commios

uocatis ad se undique mercatoribus neque quanta esset insulae magnitudo, neque quae aut quantae nationes incolerent, neque quem usum belli haberent aut quibus institutis uterentur, neque qui essent ad maiorum nauium multitudinem idonei portus reperire poterat.

XXI. [1]Ad haec cognoscenda, prius quam periculum faceret, idoneum esse arbitratus C. Volusenum cum naui longa praemittit. [2]Huic mandat ut exploratis omnibus rebus ad se quam primum reuertatur. [3]Ipse cum omnibus copiis in Morinos proficiscitur, quod inde erat breuissimus in Britanniam traiectus. [4]Huc naues undique ex finitimis regionibus et quam superiore aestate ad Veneticum bellum effecerat classem iubet conuenire. [5]Interim consilio eius cognito et per mercatores perlato ad Britannos a conpluribus insulae ciuitatibus ad eum legati ueniunt, qui polliceantur obsides dare atque imperio populi romani obtemperare. [6]Quibus auditis liberaliter pollicitus hortatusque ut in ea sententia permanerent, eos domum remittit [7]et cum iis una Commium, quem ipse Atrebatibus superatis regem ibi constituerat, cuius et uirtutem et consilium probabat et quem sibi fidelem esse arbitrabatur, cuiusque auctoritas in his regionibus magni habebatur, mittit. [8]Huic imperat quas possit adeat ciuitates horteturque ut populi romani fidem sequantur, seque celeriter

4 uocatis AM, BRS : conuocatis LN euocatis β || maiorum : -em *cod. Vratislau. I, Meusel* || nauium α : nauigium β || multitudinem α : -es T^1 -is T^2, U*l* || rep(p)erire : -iri AM, B^1, T.

XXI. **1** periculum : periclum AM, B^1 || naui longa α : longa naue β || **2** ut α : uti β || quam primum ad se LN || **4** effecerat α : fec- β || **5** insulae α : eius insulae β || polliceantur α : -rentur β || **6** remittit : remisit LN || **7** iis α : his β || magni : -a RLN, f^2 || **8** ut AM β : *om.* BRSLN || celeriter α : se eo celeriter β.

prochaine. Volusénus, après avoir reconnu les lieux autant qu'il put le faire sans oser débarquer et courir les risques d'un contact avec les Barbares, rentre au bout de cinq jours et rapporte à César ce qu'il a observé.

XXII. Pendant que César s'attardait chez les Morins pour apprêter sa flotte, beaucoup de leurs tribus envoyèrent des députés lui présenter des excuses au sujet de leur conduite passée[1] : ils avaient fait la guerre au peuple romain en hommes frustes et ignorants de notre caractère ; ils se déclaraient prêts à exécuter les ordres de César. Celui-ci, trouvant la conjoncture assez heureuse, car il ne voulait pas laisser un ennemi derrière lui, la saison était trop avancée pour leur faire la guerre[2], enfin il estimait que l'expédition de Bretagne passait avant d'aussi minces soucis, fixe un chiffre élevé d'otages à livrer. Ils les lui amènent, et il reçoit leur soumission. Ayant rassemblé et fait ponter environ quatre-vingts navires de transport, nombre qu'il jugeait suffisant pour transporter deux légions[3], il distribua ce qu'il avait en outre de vaisseaux de guerre à son questeur, à ses légats et à ses préfets[4]. A ces unités s'ajoutaient dix-huit transports qui étaient à huit milles de là, empêchés par les vents contraires de rallier le même port[5] : il les assigna à la cavalerie. Le reste de l'armée fut confié aux légats Q.

avait été fait roi des Atrébates, et non des Morins : le texte VII, 76, 1 montre que César ne le fit roi des Morins qu'après les deux expéditions de Bretagne et en récompense des services qu'il y avait rendus. Cf. cependant, dans un sens contraire, Jullian, III, p. 315, n. 4.

1. Cf. plus haut, III, 28.

2. On était au mois d'août. Napoléon, p. 157, donne comme probable la chronologie suivante : construction du pont sur le Rhin (10 jours), du 12 au 21 juin ; campagne d'outre-Rhin (18 jours), du 22 juin au 9 juillet ; marche du Rhin à Boulogne (plus de 400 kilomètres), du 11 au 28 juillet ; préparatifs de l'expédition de Bretagne, du 28 juillet au 24 août.

3. César les nomme plus loin, 25, 3 et 32, 1 ; c'étaient la 7e et la 10e.

4. Il s'agit des préfets des cohortes auxiliaires : car les *praefecti equitum* furent évidemment laissés avec la cavalerie, dont il est question dans la phrase suivante.

5. Ce port était selon toute vraisemblance Boulogne, le *Portus Itius* de la seconde expédition en Bretagne (V, 2, 3 et 5,1). Pour l'identification de *Portus Itius*, sur laquelle il existe une très abondante litté-

eo uenturum nuntiet. [9]Volusenus perspectis regionibus omnibus, quantum ei facultatis dari potuit qui naui egredi ac se barbaris committere non auderet, quinto die ad Caesarem reuertitur quaeque ibi perspexisset renuntiat.

XXII. [1]Dum in his locis Caesar nauium parandarum causa moratur, ex magna parte Morinorum ad eum legati uenerunt, qui se de superioris temporis consilio excusarent, quod homines barbari et nostrae consuetudinis imperiti bellum populo romano fecissent, seque ea quae imperasset facturos pollicerentur. [2]Hoc sibi Caesar satis oportune accidisse arbitratus, quod neque post tergum hostem relinquere uolebat neque belli gerendi propter anni tempus facultatem habebat neque has tantularum rerum occupationes Britanniae anteponendas iudicabat, magnum iis numerum obsidum imperat. Quibus adductis eos in fidem recepit. [3]Nauibus circiter LXXX onerariis coactis con*str*a*t*isque, quo*t* satis esse ad duas transportandas legiones existimabat, quod praeterea nauium longarum habebat quaestori, legatis praefectisque distribuit. [4]Huc accedebant XVIII onerariae naues, quae ex eo loco ab milibus passuum octo uento tenebantur quo minus in eundem portum uenire possent ; has equitibus distribuit. [5]Reliquum exercitum Q. Titurio Sabino

9 omnibus α : *om.* β || ei : et BRLN || facultatis: -tas A, SLN || naui α : ex naue β.

XXII. **1** his : iis BRS || pollicerentur β : -centur α || **2** hoc α : haec β || satis oportune caesar β || tantularum β : tantarum α || britanniae α : sibi brit- β || iis α : his β || recepit α : -ipit T/ *om.* Ul || **3** LXXX β : octoginta OROS., VI, 9,2 : octingentis octoginta *uel* DCCC LXXX α || constratisque *Hoffmann* : contract- *codd.*, *del. Ruhnken* || quot *ed. pr.* : quod *codd.* || legiones transportandas LN || quod α : quicquid β || quaestori α : id quaestoribus β || **4** ab α : a β || distribuit α : tribuit β || **5** q(uinto) α : *om.* β.

Titurius Sabinus et L. Aurunculéius Cotta, avec mission de la conduire chez les Ménapes et dans les cantons Morins qui n'avaient pas envoyé de députés. Le légat P. Sulpicius Rufus, avec la garnison qui fut jugée convenable, fut préposé à la garde du port.

Traversée et débarquement.

XXIII. Quand il eut pris ces mesures, profitant d'un temps favorable, il leva l'ancre aux environs de la troisième veille[1] ; les cavaliers devaient gagner l'autre port, s'y embarquer et le suivre. Tandis que ceux-ci procédaient avec un peu trop de lenteur, César, vers la quatrième heure du jour[2], atteignit la Bretagne avec ses premiers navires, et là il vit, rangées sur toutes les collines, les troupes de l'ennemi en armes. La configuration des lieux était telle, la mer était si étroitement resserrée entre les hauteurs, que de celles-ci on pouvait lancer des traits sur le rivage[3]. Jugeant un pareil lieu tout à fait impropre à un débarquement, César attendit à l'ancre jusqu'à la neuvième heure[4] que le reste de sa flotte fût arrivé. Cependant, ayant convoqué les légats et les tribuns, il leur expliqua ce qu'il avait appris de Volusénus et quels étaient ses desseins ; il leur recommanda que, conformément aux exigences de la guerre, et surtout de la guerre navale, où les choses vont vite et changent sans cesse, toutes les manœuvres fussent exécutées au commandement et dans l'instant voulu. Quand il les eut renvoyés, il se trouva avoir en même temps un bon vent et une marée propice ; il donna le signal, on

rature, cf. Jullian, III, p. 337, n. 8. Le port où étaient retenus les 18 transports est Ambleteuse, à environ 10 kilomètres à vol d'oiseau au nord de Boulogne.

1. *Tertia fere uigilia.* La 3e veille était, à cette époque de l'année entre minuit et 2 h. 1/2. César rend l'expression encore moins précise en ajoutant *fere* : c'est sans doute que l'appareillage de la flotte dura plusieurs heures.

2. *Hora diei circiter quarta.* Vers 9 heures du matin. Voir plus haut, p. 20, n. 3. C'était le 25, le 26 ou le 27 août : cf. Jullian, III, p. 340, n. 5.

3. La côte que décrit ici César est la côte de Douvres. Le lieu où il débarqua ensuite, à 7 milles de là, est, au nord-est de Douvres, la côte entre Walmer Castle et Deal Castle.

4. Environ 2 heures de l'après-midi.

et L. Aurunculeio Cottae legatis in Menapios atque in eos pagos Morinorum ab quibus ad eum legati non uenerant ducendum dedit ; [6]P. Sulpicium Rufum legatum cum eo praesidio quod satis esse arbitrabatur portum tenere iussit.

XXIII. [1]His constitutis rebus nactus idoneam ad nauigandum tempestatem tertia fere uigilia soluit equitesque in ulteriorem portum progredi et naues conscendere et se sequi iussit. [2]A quibus cum paulo tardius esset administratum, ipse hora diei circiter quarta cum primis nauibus Britanniam attigit atque ibi in omnibus collibus expositas hostium copias armatas conspexit. [3]Cuius loci haec erat natura atque ita montium angustiis mare continebatur, uti ex locis superioribus in litus telum adigi posset. [4]Hunc ad egrediendum nequaquam idoneum locum arbitratus, dum reliquae naues eo conuenirent ad horam nonam in ancoris expectauit. [5]Interim legatis tribunisque militum conuocatis et quae ex Voluseno cognouisset et quae fieri uellet ostendit monuitque, ut rei militaris ratio, maxime ut maritimae res postularent, ut quae celerem atque instabilem motum haberent, ad nutum et ad tempus omnes res ab iis administrarentur. [6]His dimissis et uentum et aestum uno tempore nactus secundum

5 l(ucio) α : *om.* β || ab α : a β || ducendum α : deduc- β || p(ublium) α : *om.* β.

XXIII. **1** soluit α : naues soluit β || **2** a quibus : *del. Mommsen* || **2** *post* administratum *lacunam coniecit Bergk* || circiter diei α || copias : turmas LN || **3** atque ita α : adeo β || montium angustiis *f*, (l^1) : montibus angustis *cett.* montibus *Ciacconius* montibus anguste *Hoffmann* || uti α : ut β || **4** ad egrediendum α (*f*) : adgred- T, U*l* || locum nequaquam idoneum β || **5** et quae α : quae β || cognouisset M^1, S B^2 β : cognosset AM^2, B^1 RLN || ut rei α : uti rei β || maxime ut α : maximeque ut β maximeque *Ciacconius* || quae *Lipsius* : quam *codd.* quoniam *Ciacconius* cum *Mommsen* || iis α U : his T*f*, *l* || **6** nactus : nanctus B^1.

leva l'ancre et, après avoir parcouru environ sept milles, il arriva à une plage découverte où il put ranger ses vaisseaux.

XXIV. Mais les Barbares, quand ils s'étaient rendu compte de nos intentions, avaient envoyé en avant leur cavalerie et leurs chars — moyen de combat qui leur est familier[1], — le reste de leurs troupes avait suivi de près, et ils s'opposaient à notre débarquement. Ce qui rendait notre entreprise très difficile, c'est que nos vaisseaux, en raison de leurs dimensions, étaient forcés de s'arrêter en pleine eau, et que nos soldats, ignorant la nature des lieux, ayant les mains embarrassées, ployant sous le poids considérable de leurs armes, devaient en même temps sauter à bas des navires, lutter pour n'être pas renversés par les vagues, et se battre avec les ennemis, tandis que ceux-ci, restant à pied sec ou n'avançant que peu dans l'eau, ayant la liberté de leurs membres, connaissant les lieux à merveille, lançaient leurs traits avec assurance et poussaient contre nous leurs chevaux, qui avaient l'habitude de la mer. Tout cela troublait nos hommes, qui, d'ailleurs, n'avaient aucune expérience de ce genre de combat : aussi n'avaient-ils pas le même mordant et le même entrain qu'habituellement, lorsqu'ils combattaient sur terre.

XXV. Quand César vit cela, il ordonna que les vaisseaux longs, dont l'aspect était plus nouveau pour les Barbares et qui manœuvraient avec plus de souplesse, s'éloignassent un peu des transports et, faisant force de rames, allassent se mettre en ligne sur le flanc droit de l'ennemi ; de là, mettant en action frondes, arcs, balistes, ils devaient refouler l'ennemi. Cette manœuvre nous fut d'une grande utilité. En effet, troublés par la forme de nos navires, par le mouvement des rames, par ce que nos machines leur offraient de singulier, les Barbares s'ar-

1. Les *essedarii* étaient montés sur des chars, *esseda*, transcription d'un mot celtique formé avec la racine *sed*, s'asseoir. Les *esseda* étaient à deux roues, attelés de deux chevaux. Sur leur manière de combattre, voir plus loin, ch. 33.

dato signo et sublatis ancoris circiter milia passuum septem ab eo loco progressus aperto ac plano litore naues constituit.

XXIV. [1]At barbari consilio Romanorum cognito praemisso equitatu et essedariis, quo plerumque genere in proeliis uti consuerunt, reliquis copiis subsecuti nostros nauibus egredi prohibebant. [2]Erat ob has causas summa difficultas, quod naues propter magnitudinem nisi in alto constitui non poterant, militibus autem ignotis locis, impeditis manibus, magno et graui onere armorum oppressis simul et de nauibus desiliendum et in fluctibus consistendum et cum hostibus erat pugnandum, [3]cum illi aut ex arido aut paulum in aquam progressi omnibus membris expeditis, notissimis locis audacter tela conicerent et equos insuefactos incitarent. [4]Quibus rebus nostri perterriti atque huius omnino generis pugnae imperiti non eadem alacritate ac studio quo in pedestribus uti proeliis consuerant utebantur.

XXV. [1]Quod ubi Caesar animaduertit, naues longas, quarum et species erat barbaris inusitatior et motus ad usum expeditior, paulum remoueri ab onerariis nauibus et remis incitari et ad latus apertum hostium constitui atque inde fundis, sagittis, tormentis hostes propelli ac submoueri iussit ; quae res magno usui nostris fuit. [2]Nam et nauium figura et remorum motu et inusitato genere tormentorum permoti barbari constiterunt ac paulum modo pedem

6 aperto β : *om.* α.

XXIV. **1** egredi nauibus LN ‖ **2** oppressis α : pressis β *del Madvig* ‖ de nauibus α : nauibus β ‖ **3** expeditis AM β : -ti BRSLN ‖ **4** pugnae generis β ‖ consuerant : consueuerant L.

XXV. **1** animaduertit α : animum adu- β ‖ erat β : *om.* α ‖ **2** et remorum α : remorum β ‖ modo : *del. Meusel.*

rêtèrent, puis reculèrent légèrement[1]. Mais nos soldats hésitaient, surtout à cause de la profondeur de l'eau ; alors celui qui portait l'aigle de la dixième légion, après avoir demandé aux dieux que son initiative fût favorable à la légion : « Camarades, s'écria-t-il d'une voix forte, sautez à la mer, si vous ne voulez pas livrer votre aigle à l'ennemi : moi, du moins, j'aurai fait mon devoir envers Rome et envers notre général. » A ces mots, il s'élança du navire et se dirigea vers l'ennemi, l'aigle en mains[2]. Alors les nôtres, s'exhortant mutuellement à ne pas souffrir un tel déshonneur, sautèrent ensemble hors du vaisseau. Et quand ceux des navires voisins les aperçurent, ils les suivirent et s'avancèrent vers l'ennemi.

XXVI. On combattit avec acharnement des deux côtés. Cependant, comme les nôtres ne pouvaient ni garder leurs rangs, ni prendre pied solidement, ni suivre leurs enseignes, et que chacun au sortir de son navire se rangeait sous les enseignes qu'il rencontrait, il en résultait un grand désordre ; les ennemis, eux, qui connaissaient tous les bas-fonds, dès qu'ils apercevaient quelques isolés sortant d'un navire, profitant de leur embarras, poussaient leurs chevaux sur eux et les attaquaient ; ils entouraient en force les petits groupes, tandis que d'autres, sur notre droite, prenaient de flanc l'ensemble sous une grêle de traits. Voyant cela, César fit emplir de soldats les chaloupes des vaisseaux longs et les bateaux de reconnaissance, et il envoyait des renforts à ceux qu'il voyait en danger. Dès que nos soldats purent se reformer sur le rivage, et comme tous avaient rejoint, ils chargèrent l'ennemi et le mirent en déroute ; mais ils

1. Les vaisseaux longs étaient les navires de guerre : ils étaient 7 ou 8 fois plus longs que larges, alors que dans les transports la proportion était de 4 à 1. La plupart étaient des trirèmes; mais il y avait aussi des navires à 2, 4 et 5 rangs de rames.

2. L'aigle, enseigne de la légion, avait été créé par Marius. Il était porté par un sous-officier, l'*aquilifer*, qui appartenait à la 1re centurie de la 1re cohorte. Dans la marche, il portait l'aigle en tête de la 1re cohorte; dans le combat, derrière elle. On voit quelle est ici la nature de son initiative : dans une circonstance exceptionnelle, qui n'est pas

rettulerunt. [3] Atque nostris militibus cunctantibus, maxime propter altitudinem maris, qui decimae legionis aquilam ferebat, obtestatus deos, ut ea res legioni feliciter eueniret : « Desilite », inquit, « commilitones, nisi uultis aquilam hostibus prodere : ego certe meum rei publicae atque imperatori officium praestitero. » [4]Hoc cum uoce magna dixisset, se ex naui proiecit atque in hostes aquilam ferre coepit. [5]Tum nostri cohortati inter se ne tantum dedecus admitteretur uniuersi ex naui desiluerunt. [6]Hos item ex proximis [primis] nauibus cum conspexissent, subsecuti hostibus adpropinquarunt.

XXVI. [1]Pugnatum est ab utrisque acriter. Nostri tamen quod neque ordines seruare neque firmiter insistere neque signa subsequi poterant atque alius alia ex naui quibuscumque signis occurrerat se adgregabat, magnopere perturbabantur ; [2]hostes uero notis omnibus uadis, ubi ex litore aliquos singulares ex naui egredientes conspexerant, incitatis equis impeditos adoriebantur, [3]plures paucos circumsistebant, alii ab latere aperto in uniuersos tela coniciebant. [4]Quod cum animaduertisset Caesar, scaphas longarum nauium, item speculatoria nauigia militibus compleri iussit et quos laborantes conspexerat, his subsidia submittebat. [5]Nostri, simul in arido constiterunt, suis omnibus consecutis in hostes impetum fecerunt atque eos in fugam dederunt ; neque

2 rettulerunt BRSLN : retul- AM β || **3** atque α : at β || obtestatus [-ur T] β : contest- α || commilitones β : milites α || hostibus : *om.* U*l* || **4** magna uoce LN || ex naui se β || **5** ex α : e β || desiluerunt α *f*, *l* : desilierunt T, U || **6** primis *del. Hotman* (primi *Madvig*) || adpropinquarant AM, LN : -arent BR -auerunt Sβ.

XXVI. **1** ex α : e β || magnopere : magno opere *f*[1], U*l*[1] || perturbabantur SLN R[2] β : perturbantur AM, BR[1] || **2** naui α : -e β || **4** animaduertisset α : animum adu- β.

ne purent les poursuivre bien loin, parce que la cavalerie n'avait pu rester dans la bonne direction et atteindre l'île. Ce fut tout ce qui manqua à la fortune accoutumée de César.

Les Bretons demandent la paix.

XXVII. Les ennemis, après leur défaite, dès qu'ils eurent cessé de fuir, s'empressèrent d'envoyer une ambassade à César pour lui demander la paix : ils promirent de donner des otages et d'exécuter ce qu'il commanderait. En même temps qu'elle, vint Commios l'Atrébate, dont j'ai dit plus haut que César l'avait envoyé avant lui en Bretagne. Comme il venait de débarquer et faisait connaître aux Bretons, en porte-parole de César[1], son message, ils s'étaient emparés de lui et l'avaient chargé de chaînes ; après le combat, ils le renvoyèrent, et en demandant la paix ils rejetèrent sur la foule la responsabilité de cet attentat, en le priant de pardonner une faute due à l'ignorance. César, après leur avoir reproché de lui avoir fait la guerre sans motif, alors qu'ils lui avaient spontanément envoyé des députés sur le continent pour solliciter la paix, déclara qu'il pardonnait à leur ignorance et demanda des otages ; ils en fournirent une partie sur-le-champ ; les autres, qu'ils devaient faire venir d'assez loin, seraient livrés dans peu de jours. En attendant, ils renvoyèrent leurs soldats aux champs et les chefs commencèrent de venir de toutes parts pour recommander à César leurs intérêts et ceux de leurs cités.

La flotte éprouvée par une tempête.

XXVIII. La paix étant ainsi assurée, quatre jours après que nous étions arrivés en Bretagne, les dix-huit navires dont il a été question plus

la marche et qui n'est pas encore le combat, il prend sa place de l'ordre de marche, en tête de la légion.

1. *Oratoris modo.* César n'emploie pas le mot *legatus*, parce que Commios n'était pas chargé d'une ambassade régulière : cf. plus haut, 21, 6-8. Cela rend moins grave l'atteinte portée par les Bretons au droit des gens.

longius prosequi potuerunt, quod equites cursum tenere atque insulam capere non potuerant. Hoc unum ad pristinam fortunam Caesari defuit.

XXVII. [1]Hostes proelio superati, simul atque se ex fuga receperunt, statim ad Caesarem legatos de pace miserunt ; < sese > obsides daturos quaeque imperasset facturos [esse] polliciti sunt. [2]Vna cum his legatis Commius Atrebas uenit, quem supra demonstraueram a Caesare in Britanniam praemissum. [3]Hunc illi e naui egressum, cum ad eos oratoris modo Caesaris mandata deferret, comprehenderant atque in uincula coniecerant ; [4]tum proelio facto remiserunt et in petenda pace eius rei culpam in multitudinem coniecerunt et propter imprudentiam ut ignosceretur petiuerunt. [5]Caesar questus quod, cum ultro in continentem legatis missis pacem ab se petissent, bellum sine causa intulissent, ignoscere inprudentiae dixit obsidesque imperauit ; [6]quorum illi partem statim dederunt, partem ex longinquioribus locis arcessitam paucis diebus sese daturos dixerunt. [7]Interea suos remigrare in agros iusserunt, principesque undique conuenire et se ciuitatesque suas Caesari commendare coeperunt.

XXVIII. [1]His rebus pace confirmata post diem quartum quam est in Britanniam uentum naues XVIII, de quibus supra demonstratum est, quae

5 potuerant *Lipsius* : -unt *codd.*

XXVII. **1** sese *add. Meusel* || (facturos) esse [f. esse α sese f. β] *del. Meusel* : facturos sese *Schneider* || **2** his : hiis T iis U || atrebas α Tf^1 : -uas U*l*, f^2 || **3** deferret α : perf- β || uincula AM, BRS : uincla LN β. **4** tum : tunc LN || et β : *om* α || coniecerunt α : contulerunt β || **5** ab AM, BRLN : a S β || ignoscere : se *add. Gertz* || **6** statim partem β || arcessitam β : accersitam α || paucis α : paucis post β || sese : se T*f* || daturos α : daturos esse β || **7** in agros remigrare β || conuenire α U*l* : even- T*f* || commendare coeperunt α : commendarunt β.

haut, qui avaient embarqué la cavalerie, quittèrent le port du nord par vent léger. Ils approchaient de l'île et on les voyait de notre camp[1], lorsque soudain s'éleva une tempête d'une telle violence qu'aucun d'eux ne put plus tenir sa route, et que les uns furent ramenés à leur point de départ, tandis que les autres étaient fort dangereusement entraînés vers l'extrémité sud-ouest de l'île ; ils jetèrent l'ancre malgré la tempête, mais, menacés d'être submergés par les vagues, ils durent piquer vers le large et s'enfoncer dans la nuit; ils finirent par atteindre le continent.

XXIX. Le sort voulut que cette même nuit ce fût pleine lune[2], moment où les marées de l'Océan sont les plus hautes ; et les nôtres ignoraient la chose. Aussi les vaisseaux longs, dont César s'était servi pour transporter son infanterie[3], et qu'il avait tirés au sec, se trouvèrent-ils remplis d'eau, cependant que les vaisseaux de transport, qu'on avait mis à l'ancre, étaient maltraités par la tempête sans qu'on eût aucun moyen d'y faire la manœuvre ou de leur porter secours. Un grand nombre de navires furent brisés ; les autres, ayant perdu câbles, ancres et autres agrès, étaient hors d'usage : cette situation, comme il était inévitable, émut fort toute l'armée. Il n'y avait pas, en effet, d'autres navires qui pussent nous ramener, on n'avait rien de ce qu'il fallait pour réparer la flotte, enfin, chacun pensant qu'on devait hiverner en Gaule, on n'avait pas fait de provisions de blé pour passer l'hiver dans cette île.

Reprise des hostilités.

XXX. Quand ils surent notre embarras, les chefs bretons qui étaient venus trouver César après la bataille se

1. Le camp de César était, vraisemblablement, sur le plateau où est aujourd'hui une partie de la ville de Walmer. Cf. Rice Holmes, *Ancient Britain*, p. 673 sq.

2. La dernière pleine lune avant l'équinoxe d'automne (cf. 36,2) était, en l'année 55, dans la nuit du 30 au 31 août.

3. *Exercitum* : voir plus haut, p. 56, n. 1. Les vaisseaux longs n'avaient servi que d'appoint pour le transport des troupes (cf.

equites sustulerant, ex superiore portu leni uento soluerunt. [2]Quae cum adpropinquarent Britanniae et ex castris uiderentur, tanta tempestas subito coorta est, ut nulla earum cursum tenere posset, sed aliae eodem unde erant profectae referrentur, aliae ad inferiorem partem insulae, quae est propius solis occasum, magno sui cum periculo deicerentur ; [3]quae tamen ancoris iactis cum fluctibus complerentur, necessario aduersa nocte in altum prouectae continentem petierunt.

XXIX. [1]Eadem nocte accidit ut esset luna plena, qui dies maritimos aestus maximos in Oceano efficere consueuit, nostrisque id erat incognitum. [2]Ita uno tempore et longas naues quibus Caesar exercitum transportandum curauerat quasque in aridum subduxerat aestus compleuerat, et onerarias, quae ad ancoras erant deligatae, tempestas adflictabat, neque ulla nostris facultas aut administrandi aut auxiliandi dabatur. [3]Compluribus nauibus fractis reliquae cum essent funibus, ancoris reliquisque armamentis amissis ad nauigandum inutiles, magna, id quod necesse erat accidere, totius exercitus perturbatio facta est. [4]Neque enim naues erant aliae, quibus reportari possent, et omnia deerant quae ad reficiendas naues erant usui et, quod omnibus constabat hiemari in Gallia oportere, frumentum in his locis in hiemem prouisum non erat.

XXX. [1]Quibus rebus cognitis principes Britan-

XXVIII. **2** referrentur β : referentur AM, BRS reuerterentur LN || sui : suo *Whitte, del. R. Estienne* || **3** petierunt α : -iuerunt β.

XXIX. **2** compleuerat α : -ebat β || aut administrandi : aut *om.* U*l* || **3** compluribus LN : conpl- M cumpl- BRS cum pl- Aβ || cum α : *om.* β || id α : *om.* β || **4** naues erant usui α : eas usui sunt β || hiemari β : -are α || in his β : his [iis S] in α.

concertèrent : voyant que les Romains n'avaient ni cavalerie, ni bateaux, ni blé, se rendant compte du petit nombre de nos effectifs d'après les dimensions de notre camp, qui était d'autant plus restreint que César avait emmené ses légions sans bagages[1], il leur parut que le meilleur parti à prendre était de se révolter, nous empêcher de nous procurer du blé et des vivres, et traîner les choses jusqu'à l'hiver : quand ils nous auraient vaincus, ou qu'ils nous auraient interdit le retour, personne, pensaient-ils, n'oserait plus porter la guerre en Bretagne. Ayant donc renoué leur coalition, ils se mirent à quitter peu à peu le camp et à rappeler en secret les hommes qu'ils avaient renvoyés aux champs.

XXXI. César n'était pas encore au courant de leurs projets ; mais, après ce qui était arrivé à sa flotte, et en voyant les Bretons interrompre leurs livraisons d'otages, il se doutait de ce qui allait se produire. Aussi prenait-il des précautions pour parer à tout événement. Chaque jour il faisait apporter du blé[2] de la campagne dans le camp ; le bois et l'airain des vaisseaux qui avaient le plus souffert étaient employés à réparer les autres, et il faisait venir du continent ce qu'il fallait pour ces travaux[3]. De la sorte, les soldats s'y employant avec la plus grande ardeur, César arriva, avec une perte de douze navires, à ce que les autres fusssent en état de bien naviguer.

Une embuscade.

XXXII. Sur ces entrefaites, comme, selon l'habitude, une légion — c'était la septième — avait été envoyée au blé, et sans que rien jusque-là se fût produit qui

22,3). Sur l'affectation de ces vaisseaux, en cas de nécessité, au transport des légions, cf. *Bell. Afr.*, 2, 1.

1. D'après Athénée, VI, 105, César n'avait emmené, pour son service personnel, que trois esclaves.

2. Il s'agit, comme l'indique le singulier *frumentum* (cf. plus haut, p. 80, n. 1) de blé qui a déjà été coupé par les Bretons. D'ailleurs, la saison était trop avancée pour que presque toute la moisson ne fût pas faite (cf. page suivante, 32, 4).

3. *Ad eas res.* L'expression latine est vague. Il s'agit surtout des agrès que la tempête avait détruits.

niae, qui post proelium ad Caesarem conuenerant, inter se conlocuti, cum equites et naues et frumentum Romanis deesse intellegerent et paucitatem militum ex castrorum exiguitate cognoscerent, quae hoc erant etiam angustiora quod sine impedimentis Caesar legiones transportauerat, [2]optimum factu esse duxerunt rebellione facta frumento commeatuque nostros prohibere et rem in hiemem producere, quod his superatis aut reditu interclusis neminem postea belli inferendi causa in Britanniam transiturum confidebant. [3]Itaque rursus coniuratione facta paulatim ex castris discedere et suos clam ex agris deducere coeperunt.

XXXI. [1]At Caesar, etsi nondum eorum consilia cognouerat, tamen et ex euentu nauium suarum et ex eo quod obsides dare intermiserant fore id quod accidit suspicabatur. [2]Itaque ad omnes casus subsidia comparabat. Nam et frumentum ex agris cotidie in castra conferebat et quae grauissime adflictae erant naues, earum materia atque aere ad reliquas reficiendas utebatur et quae ad eas res erant usui ex continenti comportari iubebat. [3]Itaque, cum summo studio a militibus administraretur, XII nauibus amissis reliquis ut nauigari commode posset effecit.

XXXII. [1]Dum ea geruntur, legione ex consuetudine una frumentatum missa, quae appellabatur septima, neque ulla ad id tempus belli suspicione

XXX. 1 proelium ad caesarem α : proelium factum ad ea quae iusserat caesar facienda β ‖ equites α : et eq- β ‖ 2 factu AM, LN R[2], *f*, U*l* : -um BR[1] S, T ‖ his *f*, *l* : iis α U is T ‖ 3 rursus coniuratione facta : *del. Müller* ‖ et β : aut α ac *ed. pr.*

XXXI. 2 in castra cotidie LN ‖ erant afflictae β ‖ ex α : e β ‖ comportari α : comparari β ‖ 3 nauigari α : -are β ‖ commode : satis *ante* commode *add. Schneider.*

pût faire craindre des hostilités, une partie des Bretons restant aux champs, d'autres même fréquentant notre camp, les gardes qui étaient en avant des portes annoncèrent à César qu'un nuage de poussière d'une grosseur insolite se voyait du côté où était partie la légion. César — et il ne se trompait point — soupçonna quelque surprise des Barbares : il prit avec lui, pour aller de ce côté, les cohortes qui étaient aux postes de garde[1], et ordonna que deux de celles qui restaient prissent leur place, tandis que les autres s'armeraient et le suivraient sans retard. S'étant avancé à quelque distance du camp, il vit que les siens étaient pressés par l'ennemi et se défendaient péniblement : la légion formait une masse compacte sur laquelle les traits pleuvaient de toutes parts. Comme, en effet, le blé avait été coupé partout, sauf en un endroit, l'ennemi, soupçonnant que nous y viendrions, s'était caché la nuit dans des bois ; puis, tandis que nos hommes étaient dispersés, sans armes, et occupés à moissonner, ils les avaient assaillis soudainement, en avaient tué quelques-uns, et avaient jeté le trouble chez les autres qui n'arrivaient pas à se former régulièrement ; en même temps la cavalerie et les chars les avaient enveloppés[2].

Les chars bretons. XXXIII. Voici comment ils combattent de ces chars. Ils commencent par courir de tous côtés en lançant des traits : la peur qu'inspirent leurs chevaux et le fracas des roues suffisent en général à jeter le désordre dans les rangs ; puis, ayant pénétré entre les escadrons, ils sautent à bas de leurs chars et combattent à pied. Cependant les conducteurs sortent peu à peu de la mêlée et placent leurs chars de telle manière que, si les combattants sont pressés par le nombre, ils puissent aisément se replier

1. Il y avait d'ordinaire une cohorte de garde devant chaque porte du camp : donc, quatre cohortes. César remplace chacune d'elles par une demi-cohorte.

2. Le lieu de l'embuscade doit être cherché dans les environs de Deal : il y a là, encore aujourd'hui, de vastes champs de blé coupés de boqueteaux.

interposita, cum pars hominum in agris remaneret, pars etiam in castra uentitaret, ii qui pro portis castrorum in statione erant Caesari nuntiauerunt puluerem maiorem quam consuetudo ferret in ea parte uideri, quam in partem legio iter fecisset. [2]Caesar id quod erat suspicatus, aliquid noui a barbaris initum consilii, cohortes quae in stationibus erant secum in eam partem proficisci, ex reliquis duas in stationem cohortes succedere, reliquas armari et confestim sese subsequi iussit. [3]Cum paulo longius a castris processisset, suos ab hostibus premi atque aegre sustinere et conferta legione ex omnibus partibus tela coici animaduertit. [4]Nam quod omni ex reliquis partibus demesso frumento pars una erat reliqua, suspicati hostes huc nostros esse uenturos noctu in siluis delituerant : [5]tum dispersos depositis armis in metendo occupatos subito adorti paucis interfectis reliquos incertis ordinibus perturbauerant, simul equitatu atque essedis circumdederant.

XXXIII. [1]Genus hoc est ex essedis pugnae. Primo per omnes partes perequitant et tela coniciunt atque ipso terrore equorum et strepitu rotarum ordines plerumque perturbant, et cum se inter equitum turmas insinuauerunt, ex essedis desiliunt et pedibus proeliantur. [2]Aurigae interim paulatim ex proelio excedunt atque ita currus conlocant ut, si illi a multitudine hostium premantur, expeditum ad suos

XXXII. **1** ii α : hi β || nuntiauerunt α : renunt- β || **2** noui α : nouum β || stationibus : -e S || duas ex reliquis β || cohortes succedere AM, BRS : succedere cohortes LN succedere β || sese [*om.* S] α : se β || **3** animaduertit α : animum adu- β || **4** una pars β.

XXXIII. **1** insinuauerunt AM¹, B¹R¹S, T*f*¹ : -int M², LNB²R², *f*², U*l* || ex α T : et ex *f*, U*l* || pedibus α : pedites β || **2** paulatim α : paulum β || ex α : e β || currus α : se β.

sur eux. Ils réunissent ainsi dans les combats la mobilité du cavalier à la solidité du fantassin; leur entraînement et leurs exercices quotidiens leur permettent, quand leurs chevaux sont lancés au galop sur une pente très raide, de les tenir en mains, de pouvoir rapidement les mettre à petite allure et les faire tourner ; ils ont aussi l'habitude de courir sur le timon, se tenir ferme sur le joug et, de là, rentrer dans leurs chars en un instant.[1]

Attaque du camp romain. XXXIV. Cette tactique inattendue troubla nos soldats, et César vint fort à propos les secourir, car à son arrivée les ennemis s'arrêtèrent, et les nôtres se ressaisirent. Ayant obtenu ce résultat, César jugea l'occasion peu favorable pour attaquer et livrer bataille : il resta sur place, et, après une brève attente, ramena ses légions au camp. Pendant que ces événements se déroulaient, accaparant l'attention de toutes nos troupes, les Bretons qui étaient restés dans la campagne se retirèrent. Ce fut ensuite pendant plusieurs jours une série ininterrompue de mauvais temps, qui nous retint au camp et empêcha l'ennemi d'attaquer. Dans cet intervalle, les Barbares envoyèrent de tous côtés des messagers, faisant savoir combien nous étions peu nombreux, expliquant quelle occasion s'offrait de faire du butin et de conquérir pour toujours l'indépendance, si les Romains étaient chassés de leur camp. Cela amena la concentration rapide de grandes forces d'infanterie et de cavalerie, qui se dirigèrent vers notre camp.

XXXV. César prévoyait qu'il arriverait ce qui était arrivé précédemment : si les ennemis étaient repoussés, l'avantage de la rapidité leur permettrait de nous échapper ; néanmoins, disposant d'environ trente cavaliers, que

1. Il y a deux points obscurs dans ce chapitre : 1° les escadrons (*equitum turmae*) entre lesquels s'insinuent les chars sont-ils ceux de l'ennemi ou ceux des Bretons ? Malgré toutes les objections qu'on a faites, nous ne pensons pas que le contexte permette de voir dans ces escadrons autre chose que ceux de l'ennemi ; 2° qui, de l'aurige ou du combattant, court sur le timon des chars ? L'aurige, si c'est de lui qu'il s'agit dans la première partie de la phrase. Mais à quelle

receptum habeant. [3]Ita mobilitatem equitum, stabilitatem peditum in proeliis praestant, ac tantum usu cotidiano et exercitatione efficiunt, uti in decliui ac praecipiti loco incitatos equos sustinere et breui moderari ac flectere et per temonem percurrere et in iugo insistere et se inde in currus citissime recipere consuerint.

XXXIV. [1]Quibus rebus perturbatis nostris nouitate pugnae tempore oportunissimo Caesar auxilium tulit : namque eius aduentu hostes constiterunt, nostri se ex timore receperunt. [2]Quo facto ad lacessendum hostem et ad committendum proelium alienum esse tempus arbitratus suo se loco continuit et breui tempore intermisso in castra legiones reduxit. [3]Dum haec geruntur nostris omnibus occupatis qui erant in agris reliqui discesserunt. [4]Secutae sunt continuos conplures dies tempestates, quae et nostros in castris continerent et hostem a pugna prohiberent. [5]Interim barbari nuntios in omnes partes dimiserunt paucitatemque nostrorum militum suis praedicauerunt et quanta praedae faciendae atque in perpetuum sui liberandi facultas daretur, si Romanos castris expulissent, demonstrauerunt. [6]His rebus celeriter magna multitudine peditatus equitatusque coacta ad castra uenerunt.

XXXV. [1]Caesar etsi idem quod superioribus diebus acciderat fore uidebat, ut, si essent hostes pulsi, celeritate periculum effugerent, tamen nactus equites

3 cotidiano et : et cotidiana *Lange* || uti α : ut β || insistere : cons- T^1 || inde se β.

XXXIV. 1 nouitate pugnae : *del. Kraffert* || se ex timore α : ex timore se f^2, U*l* ex timore Tf^1 || 2 hostem β : *om.* α || et ad α : et β || 4 continuos : -o LN || dies complures β || 6 rebus α U*l* : diebus T*f*.

XXXV. 1 ut β : et α || nactus : nanctus B^1.

Commios l'Atrébate, dont on a parlé plus haut, avait emmenés avec lui, il rangea ses légions en bataille devant le camp. Le combat s'engagea, et presque aussitôt les ennemis cédèrent devant notre attaque et prirent la fuite. Nos soldats les poursuivirent aussi loin qu'ils purent courir et que leurs forces le leur permirent, en tuèrent un grand nombre, puis rentrèrent au camp après avoir incendié toutes les maisons sur une vaste étendue.

Retour en Gaule.

XXXVI. Le même jour, des députés vinrent trouver César de la part des ennemis pour lui demander la paix. César doubla le nombre d'otages qu'il avait exigés et prescrivit qu'on les lui amenât sur le continent, car il ne voulait pas, l'équinoxe étant proche, s'exposer aux dangers de l'hiver avec des vaisseaux fatigués. Profitant d'un vent favorable, il leva l'ancre peu après minuit[1] ; sa flotte atteignit intacte le continent ; mais deux navires de transport ne purent toucher aux mêmes ports que les autres, et furent poussés un peu plus bas[2].

Combats contre les Morins et les Ménapes. Quartiers d'hiver.

XXXVII. Ces navires débarquèrent environ trois cents soldats, qui se dirigèrent vers le camp romain ; mais les Morins, que César, en partant pour la Bretagne, avait laissés pacifiés, cédant à l'appât du butin, les entourèrent avec un nombre d'hommes d'abord peu considérable, et les invitèrent à déposer les armes s'ils ne voulaient pas être massacrés. Comme ceux-ci, ayant formé le cercle, se défendaient, ils ne tardèrent pas à avoir autour d'eux quelque six mille hommes, accourus aux cris. Quand il apprit la chose, César envoya au secours

fin ? N'était-ce pas pour combattre l'ennemi de plus près que les Bretons se livraient à cet exercice ? La difficulté disparaît si l'on admet que le combattant conduisait lui-même son char, et que l'aurige ne prenait les rênes que quand le maître en descendait : c'était un serviteur à qui incombaient le soin des chevaux et l'entretien du char.

1. C'était vers le milieu de septembre.

2. Sur la plage du Portel ?

circiter xxx, quos Commius Atrebas, de quo ante dictum est, secum transportauerat, legiones in acie pro castris constituit. [2]Commisso proelio diutius nostrorum militum impetum hostes ferre non potuerunt ac terga uerterunt. [3]Quos tanto spatio secuti, quantum cursu et uiribus efficere potuerunt, conplures ex iis occiderunt, deinde omnibus longe lateque aedificiis incensis se in castra receperunt.

XXXVI. [1]Eodem die legati ab hostibus missi ad Caesarem de pace uenerunt. [2]His Caesar numerum obsidum quem ante imperauerat duplicauit eosque in continentem adduci iussit, quod propinqua die aequinoctii infirmis nauibus hiemi nauigationem subiciendam non existimabat. [3]Ipse idoneam tempestatem nactus paulo post mediam noctem naues soluit : [4]quae omnes incolumes ad continentem peruenerunt; sed ex iis onerariae duae eosdem quos reliqui portus capere non potuerunt et paulo infra delatae sunt.

XXXVII. [1]Quibus ex nauibus cum essent expositi milites circiter trecenti atque in castra contenderent, Morini, quos Caesar in Britanniam proficiscens pacatos reliquerat, spe praedae adducti primo non ita magno suorum numero circumsteterunt ac, si sese interfici nollent, arma ponere iusserunt. [2]Cum illi orbe facto sese defenderent, celeriter ad clamorem hominum circiter milia sex conuenerunt. Qua re nuntiata Caesar omnem ex castris

3 secuti : equites *post* secuti *add. Lange* || quantum α : -o β || iis α : his β || in castra se β.

XXXVI. 2 ante α : antea β || propinqua : -o *Meusel* || hiemi : -is RLNB² || subiciendam : subeundam LN || 3 nactus : nanctus B¹ nantus A || 4 ad α : in β || sed α : *om.* β || iis AM, BRLN : his Sβ || quos reliqui [-quae LN] portus α : portus quos reliquae β.

XXXVII. 1 ex α : e β || si sese α : se si β si se *Klotz.*

des siens toute la cavalerie qui était au camp. Pendant ce temps, les nôtres tinrent tête à l'attaque : plus de quatre heures durant, ils combattirent avec un grand courage et tuèrent beaucoup d'adversaires tout en n'ayant que peu de blessés. Quand notre cavalerie apparut, les ennemis jetèrent leurs armes et prirent la fuite : on en fit un grand massacre.

XXXVIII. César, le lendemain, envoya son légat T. Labiénus, avec les légions qu'il avait ramenées de Bretagne, chez les Morins, qui s'étaient révoltés. Ceux-ci, les marais étant à sec, ne pouvaient s'y réfugier comme ils l'avaient fait l'année précédente ; ils tombèrent presque tous entre les mains de Labiénus. Par contre, les légats Q. Titurius et L. Cotta, qui avaient conduit les légions sur le territoire des Ménapes, après avoir ravagé tous leurs champs, coupé leur blé, incendié leurs maisons, durent revenir auprès de César, parce que les Ménapes s'étaient tous cachés dans de très épaisses forêts. César fit hiverner toutes ses légions chez les Belges. Il n'y eut que deux cités de Bretagne qui lui envoyèrent là leurs otages ; les autres négligèrent leurs promesses. Ces campagnes terminées, le Sénat, à la suite du rapport de César, décréta vingt jours d'actions de grâces.[1]

1. En 57, le Sénat avait voté 15 jours de supplication, et César fait observer (II, 35, 4) que personne avant lui n'avait eu pareil honneur. On voit par là combien le passage du Rhin et celui de la Manche avaient frappé les imaginations.

equitatum suis auxilio misit. [3]Interim nostri milites impetum hostium sustinuerunt atque amplius horis quattuor fortissime pugnauerunt et paucis uulneribus acceptis conplures ex his occiderunt. [4]Postea uero quam equitatus noster in conspectum uenit, hostes abiectis armis terga uerterunt magnusque eorum numerus est occisus.

XXXVIII. [1]Caesar postero die T. Labienum legatum cum iis legionibus quas ex Britannia reduxerat in Morinos, qui rebellionem fecerant, misit. [2]Qui cum propter siccitates paludum quo se reciperent non haberent, quo perfugio superiore anno erant usi, omnes fere in potestatem Labieni peruener[illegible] [3]At Q. Titurius et L. Cotta legati, qui in M[illegible] nap[illegible]rum fines legiones duxerant, omnibus eorum agris uastatis, frumentis succisis, aedificiis incensis, quod Menapii se omnes in densissimas siluas abdiderant, se ad Caesarem receperunt. [4]Caesar in Belgis omnium legionum hiberna constituit. Eo duae omnino ciuitates ex Britannia obsides miserunt, reliquae neglexerunt. [5]His rebus gestis ex litteris Caesaris dierum uiginti supplicatio a senatu decreta est.

2 auxilio [-um AM] misit α : misit auxilio β || 3 horis : -as LN || his : is B[1] iis *Oudendorp*.

XXXVIII. 1 iis BRSLN : his AM *om.* β || 2 qui cum α : et cum β || siccitates α : -em β || perfugio superiore anno erant usi β : superiore anno perfuerant [semper fuerant LN] usi α || omnes fere α : *om.* β || peruenerunt A, BRSLN : conuen- M uen- β || 3 at q. L, U*l* : at quintus N atq. T atque AM, S atquem BR[1] || aedificiis α : aedificiisque β || omnes se LN || ad caesarem se β.

TABLE DES MATIÈRES

GAULE
AU TEMPS DE CÉSAR
ECHELLE
Kilomètres
Milles Romains
BRITANNIA
TRINOVANTES
Tamesi F.
Canterbury
Sandown Castle
Deal Castle
Walmer Castle
Douvres
Portus Itius
OCEANVS
AMBIANI
CALETI
Samarobriva
Bratuspantium
BELLOVACI
VELIOCASSES
Sequana
VNELLI
ESVVII
LEXOVII
AVLERCI EBVROVICES
Lutecia
CORIOSOLITES
OSISMII
VENETI
REDONES
AVLERCI DIABLINTES
CARNVTES
CENOMANI
AVLERCI
Quiberon
S. Gildas
NAMNETES
ANDES
Angers
TVRONI
CELTAE
Liger F.
PICTONES
BITVRIGES
Lemonum
LEMOVICES
SANTONI
BITVRIGES
VIVISCI
PETROCORII
Duranus F.
Uxellodunum
Garunna F.
NITIOBROGES
CADVRCI
COCOSATES
SOTIATES
Sos
TARVSATES
ELVSATES
SIBVZATES
Aturus F.
TARBELLI
AQVITANI
AVSCI
Tolosa
VOLCAE TECTOSAGES
BIGERRIONES
Carcaso

Cartographie & Impression DOREL

Ce volume,
le trente-troisième
de la série latine
de la Collection des Universités de France,
publié aux Éditions Les Belles Lettres,
a été achevé d'imprimer
en avril 2023
par La Manufacture Imprimeur
52202 Langres Cedex, France

N°d'éditeur : 10630
N° d'imprimeur : 230353
Dépôt légal : mai 2023